un jour sur terre

un jour sur terre

Alastair Fothergill

Vanessa Berlowitz, Mark Brownlow, Huw Cordey,
Jonathan Keeling, Mark Linfield

Flammarion

AVANT-PROPOS

Nous photographions désormais notre planète avec une richesse de détails, une minutie et une virtuosité technique qui stupéfieraient les photographes des générations précédentes. Au cours des dernières décennies, nous avons pu capter l'image d'un continent tout entier grâce aux satellites et explorer l'univers microscopique d'une goutte d'eau. Nous pouvons photographier dans ce qui est pour nous le noir le plus absolu ou capter le battement d'ailes d'un syrphe. Nous avons emporté des appareils photo au sommet des plus hautes montagnes ou nous les avons placés dans des sondes automatiques descendant dans les abysses les plus profonds. Ils sont devenus si petits qu'il est possible de les attacher au dos d'un oiseau pour étudier son vol ou de les introduire dans un terrier sans en effrayer l'occupant. Plus récemment, nous avons accompli un véritable exploit avec des gros plans de la tête d'un loup pris d'un hélicoptère volant à si haute altitude que le rugissement des moteurs ne perturbe en rien l'animal et que le souffle des pales ne fait pas onduler la végétation. Tout ceci fait que le livre et la série télévisée qui l'accompagne peuvent vous montrer le monde tel que vous ne l'avez certainement jamais vu auparavant.

En revanche, nous devons déplorer que le monde ne sera plus le même dans quelques années. Le chameau à poil long est l'un des plus robustes mammifères actuels : jadis des troupeaux entiers parcouraient le désert de Gobi, en Asie centrale, mais il n'en reste plus aujourd'hui que quelques milliers d'individus. De même, il ne subsiste plus qu'une quarantaine de léopards de l'Amour, et ce nombre continue à décroître.

Berceaux de la vie sauvage, les régions les plus lointaines et les mieux préservées de notre planète sont également en danger. Des pipelines traversent la toundra arctique, des autoroutes déchirent la jungle amazonienne. La superficie des forêts tropicales ne cesse de diminuer pour céder la place aux plantations de palmiers à huile et la pollution marine empoisonne les récifs coralliens. Même les déserts ayant jusqu'ici échappé à l'activité humaine peuvent se transformer radicalement sous l'effet du réchauffement de la planète.

C'est pourquoi ce livre remarquable ne se contente pas de révéler et de célébrer les merveilles que notre planète présente encore en ce début de XXIe siècle. C'est aussi un cri d'alarme lancé à chacun de ceux qui se soucient des intérêts de la Terre, un appel à redoubler nos efforts pour protéger les dernières merveilles de ce monde.

DAVID ATTENBOROUGH

1 Îles Aléoutiennes
2 Barrenlands, Canada
3 Churchill, Canada
4 Baie de Chesapeake
5 Péninsule Olympic, État de Washington
6 Volcan sous-marin Davidson
7 Sierra Nevada
8 Vallée de la Mort, Californie
9 Grand Canyon, Arizona
10 Grotte de Lechuguilla, Carlsbad, Nouveau-Mexique
11 Désert de Sonora, Mexique
12 Grotte Bracken, Texas
13 Grotte des Hirondelles, Mexique
14 Yucatán, Mexique
15 Lac Nicaragua
16 Chutes de l'Ange, Venezuela
17 Dorsale du Pacifique oriental
18 Désert d'Atacama, Chili
19 Pantana, Brésil
20 Chutes d'Iguaçu, Brésil
21 Parc national de Los Alerces, Argentine
22 Forêts de Valdivia, Chili
23 Torres del Paine, Chili
24 Terre de Feu
25 Archipel du Svalbard
26 Bielowieza, Pologne
27 Grotte Chauvet, France
28 Péninsule arabique
29 Désert Occidental, Égypte
30 Soudan
31 Montagnes d'Éthiopie
32 Dépression Danakil
33 Grumeti, rivière, Serengeti
Tanzanie
34 Okavango, Botswana
35 Tsingy de Bemaraha, Madagascar
36 Rub al-Khali
(le « Quart vide »)
37 Chitra Gol, Pakistan
38 Massif du Karakoram
39 K2
40 Vallée de la Kali Gandaki, Népal
41 Everest
42 Parc national de Manas, Inde
43 Parc national de Kaziranga, Inde
44 Delta du Gange et du Brahmapoutre
45 Madhya Pradesh
46 Cauvery, fleuve, Inde
47 Amour, fleuve, Russie
48 Baie d'Ha Long, Vietnam
49 Grotte du Cerf, Sarawak
50 Grotte de Gomantong, Sabah
51 Îles Raja Ampat, Indonésie
52 Grande Barrière de corail
53 Grotte de Bat Cleft, Queensland
54 Grotte de Mangawhatikau, Nouvelle-Zélande

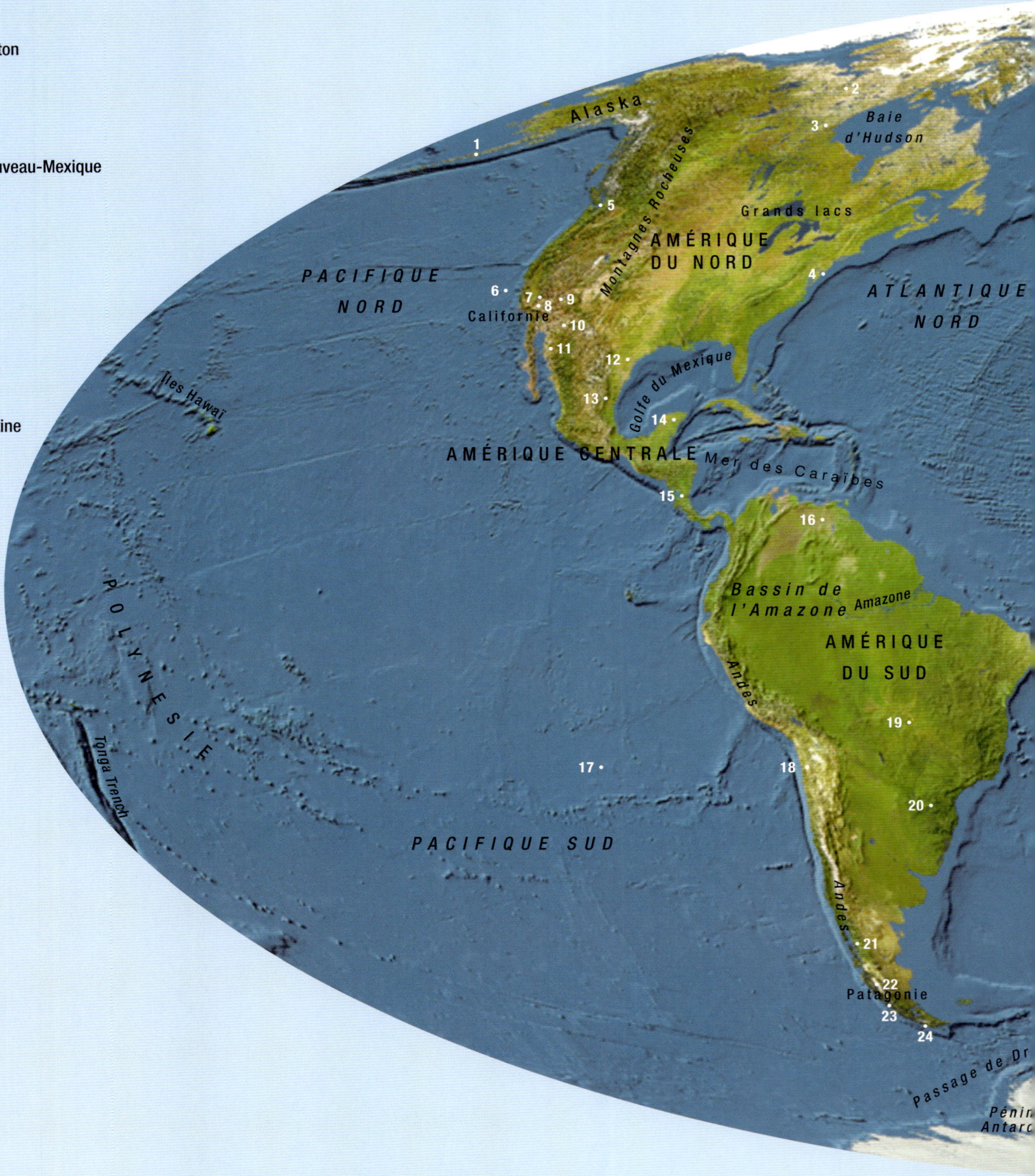

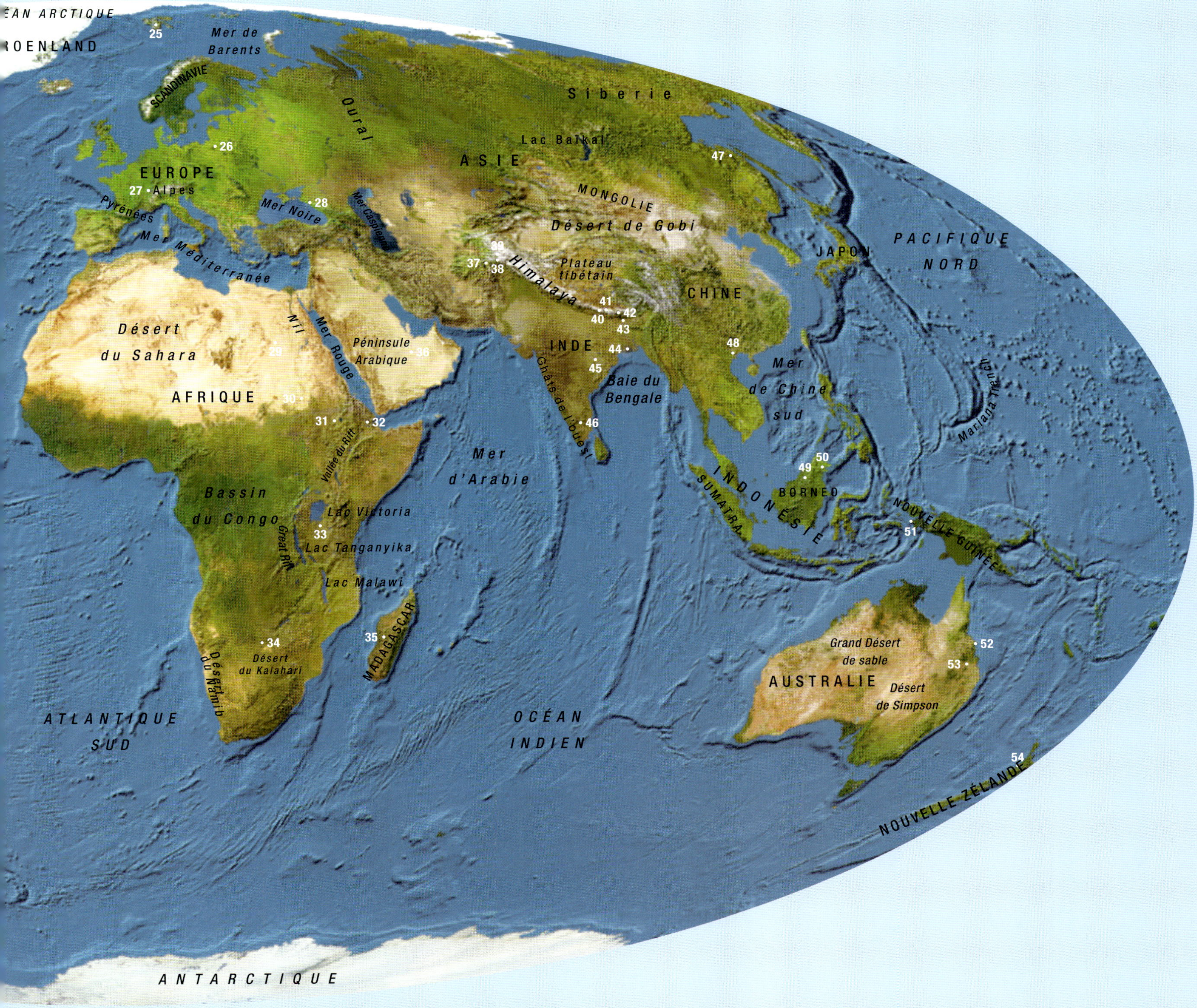
ÉAN ARCTIQUE
ROENLAND
25
Mer de Barents
SCANDINAVIE
Sibérie
Oural
26
EUROPE
27 Alpes
Pyrénées
Mer Noire
28
Mer Caspienne
Mer Méditerranée
Lac Baïkal
ASIE
47
MONGOLIE
Désert de Gobi
JAPON
PACIFIQUE NORD
37
38
39
Himalaya
Plateau tibétain
41
40
42
43
CHINE
Désert du Sahara
Nil
Mer Rouge
Péninsule Arabique
36
29
AFRIQUE
30
31
32
INDE
44
45
48
Ghâts de l'Ouest
46
Baie du Bengale
Mer de Chine sud
Mariana Trench
Mer d'Arabie
Vallée du Rift
50
49
BORNÉO
SUMATRA
INDONÉSIE
Bassin du Congo
Lac Victoria
Great Rift
33
Lac Tanganyika
NOUVELLE GUINÉE
51
Lac Malawi
MADAGASCAR
35
34
Désert du Kalahari
Désert du Namib
Grand Désert de sable
52
53
AUSTRALIE
Désert de Simpson
ATLANTIQUE SUD
OCÉAN INDIEN
54
NOUVELLE ZÉLANDE
ANTARCTIQUE

1

la Terre, notre planète

Big bang, poussières cosmiques, gravité, fusion nucléaire, forces électrostatiques, lumière du soleil, eau liquide, collisions dans l'espace, Lune, axe penché et, finalement, une planète idéale à l'éclosion de la vie. Songeons à toutes ces chances qui nous ont été données.

Quelque 35 années se sont écoulées depuis que l'homme a pu contempler la splendide sphère de la Terre au milieu des ténèbres de l'espace. En 1972, avec la mission Apollo 17, des hommes se rendirent pour la dernière fois sur la Lune, suffisamment loin pour avoir une vue d'ensemble de notre planète mère. Depuis, toutes les explorations se sont effectuées en orbite basse, à une altitude de 370 km, bien trop près du diamètre de la Terre (12 700 km) : on ne perçoit que sa courbure et rien de plus. En revanche, on voit de la Lune une sphère solitaire et bleue nimbée de nuages blancs par-delà lesquels on distingue des taches de vert. Ce sont les couleurs de la vie et, à notre connaissance, notre planète est unique au sein du système solaire. Elle seule abrite la vie et, plus que tout autre chose, cela est dû au simple hasard. Quand les dés cosmiques ont roulé dans le ciel, notre Terre a tiré un double-six.

LA PLANÈTE DE LA CHANCE

Notre système solaire a été créé il y a entre 4,5 et 5 milliards d'années. Le Soleil et les planètes se sont formés à partir d'un grand nuage de poussières et de gaz produit lors du big bang. Sous l'effet de la gravité, ce nuage s'est effondré sur lui-même et s'est mis à tourner. Au centre de ce disque tournoyant, la température est devenue telle que la fusion de l'hydrogène a formé l'hélium : notre Soleil était né. Plus loin du centre, la force électrostatique, entre autres, a aggloméré les particules de poussières pour donner naissance à des rochers qui, sous l'effet de la gravité, ont eux-mêmes produit des planètes. Mercure, Vénus, la Terre et Mars sont principalement constituées de matériaux solides aux points de fusion très élevés : ainsi, les quatre planètes les plus proches du Soleil sont rocheuses et pourvues d'un noyau métallique. On trouve plus loin les géantes gazeuses : Jupiter, Saturne, Neptune et Uranus.

Au tout début de son histoire, notre planète s'est dotée d'un certain nombre de couches. La désintégration naturelle des éléments radioactifs présents en son centre a généré de formidables quantités de chaleur et la majeure partie de la roche a fondu pour donner un « manteau » liquide. Autour s'est formée une croûte plus froide, à peine plus épaisse que la peau d'une pêche. Comme c'est encore le cas aujourd'hui, la roche en fusion jaillissait régulièrement à travers la mince croûte superficielle. Cette activité volcanique s'accompagnait d'une libération de gaz tels que l'azote et le dioxyde de carbone (gaz carbonique), constituants

CI-DESSUS *À Hawaï, le Kilauea déverse en permanence un flot de lave dans la mer. Ce volcan est situé au-dessus de l'un des trous du fin manteau de la Terre, et c'est un des plus actifs du genre.*

CI-CONTRE *La Terre vue de la Lune. Notre planète tourne autour du Soleil à la bonne distance et selon l'angle idéal pour abriter la vie.*

CI-DESSUS *Les dépôts de souffre et les flaques acides du site de Dallol – cheminées volcaniques de la dépression Danakil, en Éthiopie. Le Danakil se situe au-dessous du niveau de la mer, au nord de la grande vallée du Rift, immense fêlure de la mince croûte terrestre, et il faisait jadis partie de la mer Rouge. C'est l'une des régions les plus volcaniques du globe.*

de base de l'atmosphère. Avec eux apparut la vapeur d'eau, en si grande quantité qu'elle se condensa pour former les océans : c'est là que les formes de vie les plus simples apparurent il y a 4 milliards d'années.

Les planètes proches de la Terre ont également connu une activité volcanique et une libération de gaz et de vapeur d'eau mais, à notre connaissance, la vie ne s'est manifestée nulle part ailleurs. Le hasard cosmique semble en être la raison principale. L'orbite terrestre était à la distance idéale par rapport au Soleil. Mercure en est trop près, en moyenne à 57,9 millions de km, et n'a jamais développé d'atmosphère. Elle connaît les plus amples variations de température qui soient, passant de 430 °C le jour à – 160 °C la nuit. Il est difficile d'imaginer une forme de vie susceptible de résister à de tels extrêmes. À 108,2 millions de km du Soleil, Vénus possède une atmosphère riche en gaz carbonique : le puissant effet de serre assure une température constante, de jour comme de nuit, proche de 480 °C.

Si Vénus est trop chaude pour la vie, Mars est probablement trop froide. Elle se situe à 227,8 millions de km du Soleil et possède une atmosphère raréfiée avec très peu de gaz carbonique. La température moyenne en surface est de – 50 °C et l'eau susceptible d'y exister est en permanence à l'état solide.

À 149,6 millions de km du Soleil, notre planète semble être à la distance la plus appropriée à l'éclosion de la vie. D'une épaisseur moyenne, notre atmosphère contenait la bonne

quantité de dioxyde de carbone pour donner une température en surface parfaite de 17 °C en moyenne. Nous vivons sur la planète de Boucle d'or car, comme la soupe du conte pour enfants, la Terre n'est ni trop chaude ni trop froide, mais « idéale » pour la vie.

LA VIE VIENT DE LA LUNE

Les astronautes qui contemplaient la Terre depuis la Lune n'ont peut-être pas entièrement appréhendé le rôle vital que le satellite qu'ils foulaient a joué, et joue encore, dans la création et la préservation de la vie sur Terre. La Lune a été l'architecte de l'évolution et, sans elle, nous ne serions probablement pas là aujourd'hui. Une fois encore, la chance cosmique a été avec nous. On croit généralement que la Lune s'est formée il y a 4,5 milliards d'années quand une planète de la taille de Mars est entrée en collision avec la Terre. Ce formidable impact a projeté dans l'espace une énorme quantité de croûte terrestre, qui a orbité autour de la planète avant de fusionner pour former la Lune. La chance veut que la planète qui a percuté la Terre fût dotée d'un noyau de fer liquide. Sous la chaleur de l'impact, il est venu grossir le propre fer liquide de la Terre. Ce noyau est responsable du puissant champ magnétique qui, tel un bouclier, protège la Terre du vent solaire, c'est-à-dire des particules

émises par le Soleil. Aux deux pôles, le champ magnétique est moins fort et les particules solaires traversent l'atmosphère pour créer les splendides aurores boréales ou australes. Toutefois, dans sa quasi-totalité, la Terre est protégée du rayonnement ultraviolet fatal qui brûlerait la surface et détruirait toute vie.

L'impact devait avoir d'autres effets majeurs. La partie de la surface terrestre projetée dans l'espace pour former la Lune fut si importante qu'il ne resta plus que 30 % de la croûte originale. Ce qui subsistait était si mince que les plaques continentales se déplacèrent plus facilement. La dérive des continents a joué un rôle majeur dans l'évolution. Au fil des millénaires, les masses continentales indépendantes n'ont cessé de façonner la surface de notre planète. Leurs collisions ont produit de hautes chaînes de montagnes, tel l'Himalaya, ou creusé de larges tranchées comme la vallée du Rift, en Afrique. Ce faisant, des habitats nouveaux et différents n'ont cessé d'apparaître et de disparaître et une vie très diversifiée a évolué pour exploiter de tels environnements. Sans la collision qui donna naissance à la Lune, les plaques seraient soudées les unes aux autres, comme sur Vénus, et les habitats terrestres bien moins nombreux.

Mais ce n'est pas tout. Le choc fut tel que notre planète n'a plus tourné sur un axe droit par rapport au Soleil. L'angle de l'inclinaison ainsi créée était de quelque 23° : il n'a pas varié aujourd'hui. Sans lui, la vie sur la planète Terre serait très différente. La longueur des jours serait la même tout au long de l'année. Idem pour l'ensoleillement, et les saisons n'existeraient pas. Sans la chaleur de l'été, les pôles seraient en moyenne bien plus froids et leur influence glaciale s'étendrait bien au-delà, en direction de l'équateur. Les régions subtropicales ne connaîtraient pas le cycle des saisons sèches et des moussons, les déserts du monde seraient bien moins vastes. Les migrations animales seraient inutiles et la vie probablement moins diversifiée.

Dans le système solaire, la Lune est le plus gros satellite par rapport à sa planète mère, ce qui lui donne une grande influence gravitationnelle. La force de la gravité lunaire est responsable du cycle des marées. On le sait moins, mais c'est tout aussi important : elle a aussi un effet réducteur et stabilisant sur l'inclinaison de l'axe terrestre. Sans la proximité d'un satellite de cette dimension, la Terre serait à la merci de l'influence gravitationnelle du Soleil et de Jupiter, laquelle varierait selon l'éloignement plus ou moins important de cette planète. Sans la Lune et son effet de stabilisateur gyroscopique, l'angle de la Terre connaîtrait des variations chaotiques, jusqu'à 90° par rapport au plan perpendiculaire. Le pôle Nord serait directement exposé au Soleil et la calotte fondrait pour inonder largement notre planète. La Lune est donc le grand régulateur climatique de la Terre, et elle lui apporte la stabilité nécessaire à l'évolution de la vie.

SOLEIL PLUS EAU ÉGALE VIE

La vie dépend en fin de compte de deux ingrédients vitaux : l'énergie solaire et l'eau liquide. C'est du moins ce qu'on crut jusqu'en 1977, lorsque les explorateurs des grands fonds marins découvrirent un écosystème entièrement inédit, avec des animaux vivant près de cheminées volcaniques brûlantes. Il n'y a plus de lumière vers 3 000 m de profondeur et personne ne comprenait comment cette communauté, aussi productive que le plus riche

CI-CONTRE *La pleine lune se lève au-dessus de la forêt boréale. Notre satellite est le plus gros du système solaire par rapport à sa planète et son attraction gravitationnelle stabilise l'inclinaison de la Terre. Sans elle, notre planète serait moins hospitalière.*

CI-DESSOUS *L'eau est un autre ingrédient unique de la vie sur notre planète. Ici un lion de mer de Californie joue dans une forêt de laminaires : ces algues géantes profitent de la lumière du Soleil et de l'abondance de nutriments.*

récif de corail, se procurait son énergie. Puis on découvrit que des bactéries spécialisées tiraient cette énergie des sulfures émis par les cheminées. Pourtant, même les animaux de cette chaîne alimentaire résultent en partie de l'énergie solaire. L'oxygène leur permet de brûler les composés apportés par les bactéries ou la consommation de celles-ci. Il apparaît dans des eaux ensoleillées grâce aux plantes elles-mêmes dépendantes de l'énergie solaire. À première vue, la communauté semble vivre sans l'apport du Soleil, mais finalement, elle ne pourrait exister que sur une planète ensoleillée.

LA POMPE SOLAIRE

L'énorme diversité des habitats terrestres, des luxuriantes jungles tropicales aux étendues polaires, est principalement due à la disponibilité des ingrédients vitaux contenus dans la lumière solaire et l'eau. La quantité d'énergie solaire n'est pas la même en tout point de la Terre. Elle est plus importante aux environs de l'équateur parce que les rayons du Soleil traversent moins d'atmosphère terrestre que lorsqu'ils frappent les pôles. Quand la latitude est plus élevée, l'angle d'incidence plus petit fait aussi que l'énergie est dispensée à une zone plus vaste que sous les tropiques. La quantité d'eau disponible est distribuée de façon plus complexe, mais là aussi le Soleil joue un rôle fondamental. Quatre-vingt-dix pour cent de l'eau douce du globe vient de l'évaporation des océans ; cela se passe surtout près de l'équateur, dans les mers tropicales chaudes. Les autres 10 % proviennent de la surface des lacs et des cours d'eau ou sont produits par les plantes. L'air chaud ascendant emporte la vapeur d'eau dans le ciel ; là, elle refroidit et forme des nuages que le vent dispersera dans le monde. L'endroit exact où ces nuages dispenseront de la pluie dépend de nombreux facteurs, mais les montagnes jouent un rôle clef. Elles obligent les nuages à s'élever et à refroidir, et leur vapeur d'eau se condense sous forme de pluie. La majeure partie de l'énergie solaire venant s'abattre sur l'équateur, c'est là que l'on trouve surtout l'air chaud ascendant qui emporte l'humidité dans l'atmosphère. En s'élevant et en se refroidissant, elle produit des averses torrentielles. Une fois son humidité perdue, cet air est détourné par le mouvement de la Terre et s'éloigne de l'équateur, en direction du nord ou du sud. Quand il atteint des latitudes plus hautes et plus froides, il redescend, et cet air sec crée les bandes désertiques que l'on trouve le long des tropiques.

CI-DESSUS *Nuages créés par l'évaporation de l'eau de mer au-dessus des tropiques. Les nuages nés des océans fournissent 90 % de l'eau douce qui retombe sur les continents.*

CI-CONTRE *Botswana, delta de l'Okavango. L'eau ruisselle depuis les hauteurs et le fleuve se répand dans le paysage desséché.*

Dans les océans, la diversité et la quantité de vie sont également déterminées par la disponibilité de l'énergie solaire. Les 100 premiers mètres d'eau d'un océan éclairé par le Soleil abritent 90 % de la vie marine. Ici, c'est la disponibilité non pas de l'eau mais des nutriments vitaux – phosphore et azote principalement – qui a façonné les communautés marines. Même si les eaux tropicales reçoivent la plus grande quantité de lumière solaire, elles sont, à l'exception des récifs de corail et des étendues d'algues, largement désertiques. Elles sont si calmes que les nutriments sombrent dans les profondeurs. Les plus grandes richesses de l'océan se trouvent plutôt dans les mers tempérées agitées où des courants ascendants apportent les nutriments en grande quantité.

RICHESSES DE L'ÉQUATEUR, PAUVRETÉ DES PÔLES

Quand la lumière solaire et l'eau douce abondent toute l'année, il est à peine surprenant que les habitats les plus productifs de la planète se situent dans les régions tropicales, de part et d'autre de l'équateur. La vie abonde dans les forêts tropicales humides et les plantes y poussent plus que partout ailleurs. Plus de 200 essences d'arbres différentes peuvent occuper un seul hectare contre 10 à 20 essences en zone tempérée. Les forêts tropicales ne couvrent plus que 3 % de notre planète, mais on pense qu'elles abritent plus de 50 % des espèces animales et végétales connues. Les conditions de croissance des plantes sont parfaites, avec des températures oscillant tout au long de l'année entre 20 et 28 °C et des précipitations régulières atteignant les 2 500 mm par an.

Les plantes sont les premiers producteurs et quasiment tous les animaux dépendent d'elles pour leur énergie, de sorte que la quantité de carbone fixée annuellement par les plantes et la photosynthèse est un bon indicateur de la productivité totale d'un habitat. Les forêts tropicales détiennent le record terrestre avec une production allant de 1 000 à 3 500 g de carbone au m^2. Elles l'emportent aussi pour ce qui est de la productivité totale d'un habitat : la biomasse, poids total des animaux et des plantes, atteint les 4 500 g par m^2.

Les récifs coralliens occupent les mêmes régions tropicales, de sorte qu'on parle souvent de « forêts tropicales des mers » : c'est tout à fait exact en terme de productivité de carbone avec entre 1 500 et 3 700 g par m^2 par an. Ce chiffre est particulièrement impressionnant quand on sait que les mers tropicales peu profondes où ils se développent sont très pauvres en azote et en phosphore, deux nutriments vitaux. Il n'empêche que les récifs coralliens et les autres animaux partageant cet habitat sont parvenus à une telle productivité en recyclant de manière très efficace leurs besoins nutritionnels.

SÉCHERESSE RELATIVE DES TROPIQUES

Quand on s'éloigne de l'équateur pour se rapprocher des tropiques, le climat change. Le rayonnement solaire est important et il y fait chaud toute l'année, mais les précipitations sont moins régulières. Saison sèche et saison humide sont bien distinctes et les plantes qui poussent dans ces contrées doivent pouvoir s'adapter à ces conditions changeantes. On en a un bon exemple avec les forêts bénéficiant de la mousson au nord de l'Inde et en Asie du Sud-Est. Les arbres à feuillage persistant, typiques des forêts tropicales, sont remplacés par des essences à feuilles caduques comme le teck et l'ébène qui économisent l'eau en perdant leur feuillage chaque année. Ces arbres sont plus courts et plus espacés que ceux des forêts tropicales ; leurs racines sont aussi plus profondes. C'est le pays des entelles et des tigres, qui connaît chaque année une saison sèche allant de novembre à avril avant de subir les violentes pluies de mousson. Dans les régions plus sèches, tel le nord de l'Australie, des arbres comme l'eucalyptus sont encore mieux équipés pour affronter la sécheresse entre deux déluges.

Dans les zones tropicales les plus sèches, les arbres sont remplacés par les étendues de la savane, un habitat qui accueille un nombre étonnant de gros animaux. Il y fait chaud toute l'année, mais la vie des animaux et des végétaux y est dominée par le cycle annuel

CI-DESSUS *L'aube se lève sur la forêt tropicale de Bornéo. À l'équateur, la chaleur et la pluie perpétuelles ont créé l'habitat le plus productif de la planète.*

CI-CONTRE *Un jardin de coraux entoure l'île de Bunaken, aux Célèbes. Les eaux indonésiennes sont probablement les plus riches de la planète. Les récifs de coraux sont les forêts pluviales de la mer. Les nutriments sont rares, mais le recyclage assure la pérennité d'un système complexe et productif.*

CI-DESSUS *Vu de l'espace, le désert du Namib, au sud-ouest de l'Afrique. Bien que situé non loin de la mer, il ne reçoit pratiquement pas d'eau en dehors d'un brouillard matinal venu du littoral. Comme les autres déserts côtiers, il se situe sur la partie ouest du continent : les vents dominants apportent les nuages de pluie formés au-dessus de la mer.*

CI-CONTRE *Au Botswana, pendant la saison sèche, des éléphants entreprennent une longue marche vers les rivières et les points d'eau lointains. Les matriarches viennent en tête pour emprunter les voies d'accès traditionnelles.*

sécheresse/humidité. Pendant une grande partie de l'année, la savane d'Afrique orientale est d'un brun mordoré, mais elle verdoie à nouveau avec les pluies. La migration annuelle des gnous dans le Serengeti suit cette renaissance. Les savanes sont deux fois moins productives que les forêts tropicales en ce qu'elles ne fixent qu'entre 200 et 2 000 g de carbone au m^2, mais elles y parviennent avec seulement un dixième de la biomasse végétale de celles-ci. La savane constitue ainsi l'un des écosystèmes les plus efficaces de la planète.

DES TERRES ASSOIFFÉES

On atteint les régions les plus assoiffées de notre planète en s'approchant des tropiques du Cancer et du Capricorne. La pression y est élevée, l'air, chaud et sec, rare et les précipitations minimes : en moyenne, moins de 100 mm par an et, dans les zones vraiment désertiques, moins de 50 mm. La lumière du Soleil ne manque pas et, avec un taux d'humidité aussi bas, la couverture nuageuse est amoindrie, de sorte que 90 % du rayonnement solaire parvient au sol. Le jour, la température dépasse fréquemment les 38 °C mais la nuit, quand la chaleur se dissipe rapidement dans l'atmosphère, elle peut chuter de plus de 44 °C. Même si la plupart des déserts sont chauds tout au long de l'année, certains déserts d'altitude comme celui de Gobi, en Mongolie, peuvent s'avérer extrêmement froids avec des températures hivernales de – 21 °C. Ils se situent d'ordinaire au cœur des continents et à l'ombre de chaînes de montagnes, où l'air humide des océans pénètre difficilement. Pour survivre, les animaux et les plantes des régions désertiques doivent s'accommoder d'écarts de température extrêmes et de faibles quantités d'eau. La végétation est rare et le taux de productivité annuel n'est que de 300 g de carbone par m^2.

On retrouve un taux aussi bas sous des latitudes bien plus élevées et au milieu des océans. Le vaste désert bleu des océans tropicaux reçoit énormément de lumière, mais là encore, le manque de nutriments limite la croissance du phytoplancton (algues à la base de la plupart des chaînes alimentaires marines). Le calme règne dans les océans tropicaux, et les faibles mouvements de surface ne font pas remonter les nutriments des profondeurs. De même, ces eaux ne bénéficient pas de l'apport régulier de nutriments dont profitent les eaux peu profondes du plateau continental.

UN JUSTE MILIEU

Les régions tempérées de notre planète se situent à mi-chemin des tropiques et des pôles. C'est là que se trouvent les prairies et les forêts d'arbres à feuilles caduques du nord de l'Europe ou les forêts de conifères de l'Amérique du Nord. L'énergie solaire y est moindre que sous les tropiques, mais les étés sont encore chauds et humides, avec des précipitations annuelles entre 500 et 1 500 mm. Les saisons sont bien marquées : les animaux et les plantes qui vivent ici doivent s'adapter à leur rythme. L'hiver, particulièrement avec les climats tempérés nordiques, peut être rude, et une grande partie de l'eau douce se présente sous forme de neige ou de glace. En Europe, les chênes, hêtres, frênes et châtaigniers des forêts à feuilles larges abritent cerfs, sangliers et écureuils. La structure y est plus simple que dans les forêts tropicales avec seulement deux éléments : le taillis et la futaie. Les rayons solaires atteignent facilement le sol de la forêt riche en buissons, mousses et fleurs. La biomasse de cet habitat très productif est en moyenne de 3 000 g au m^2. En Amérique

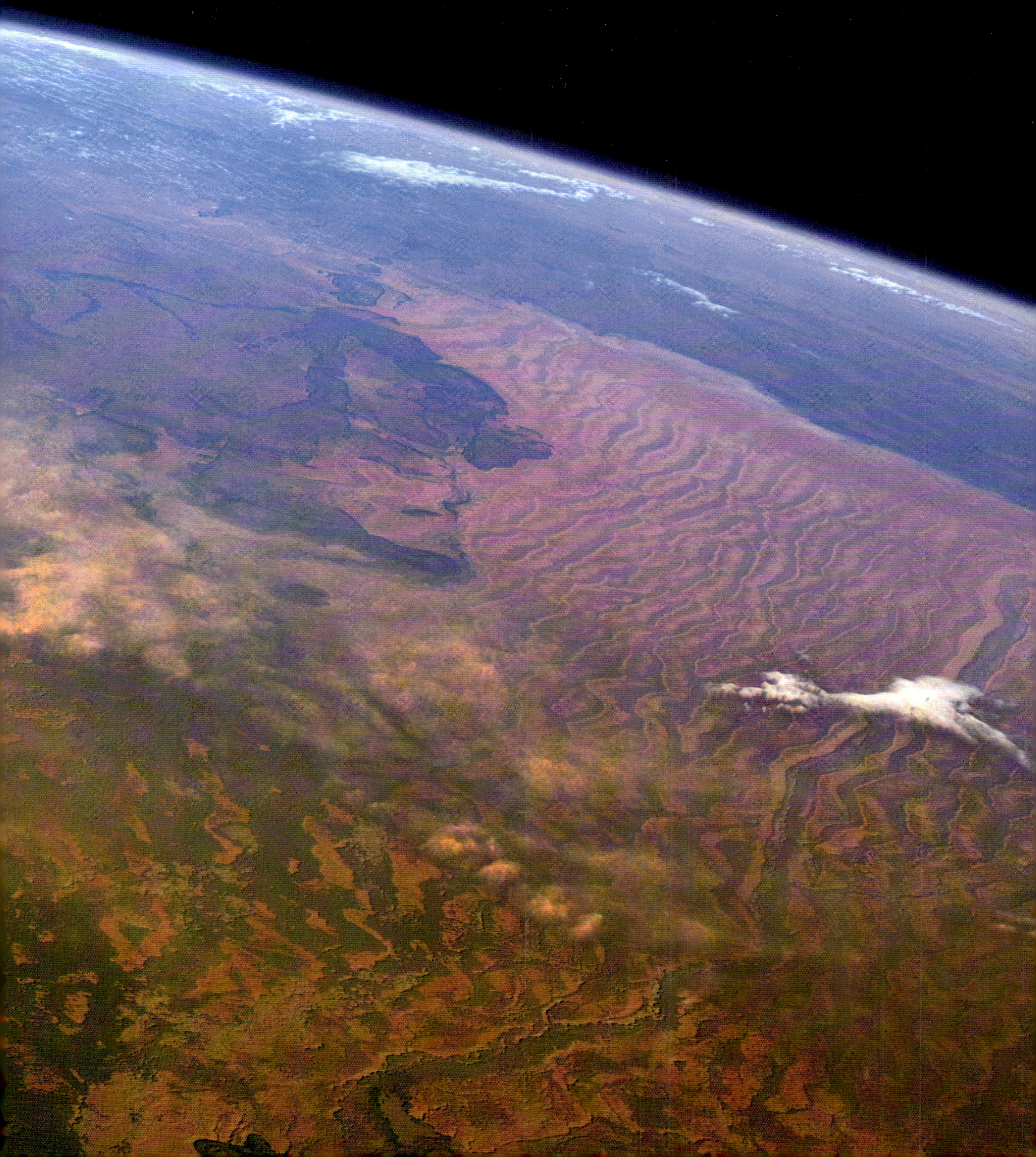

CI-DESSUS *Les kiangs, ânes sauvages du Tibet, se nourrissent presque exclusivement d'herbe, comme de nombreux animaux des plaines. Coureurs rapides, ils vivent en été en petits troupeaux, mais se rassemblent en hiver près des rares endroits encore herbeux.*

PAGES PRÉCÉDENTES *Les vents saisonniers soulèvent un énorme nuage de sable à près de 1,5 km au-dessus du Sahara. Ce type de nuage peut traverser l'Atlantique et fertiliser l'Amazone quand il atteint le Brésil.*

du Nord, les conifères sont également très répandus. Les plus spectaculaires sont les séquoias de la côte du Pacifique, où un climat côtier tempéré et très humide encourage la croissance des plus grands arbres de notre planète. Les conifères sont de plus en plus nombreux quand on se dirige vers le nord. Tout autour du nord de l'Amérique du Nord et de l'Eurasie, la ceinture continue de conifères porte le nom de forêt boréale, ou taïga. On y trouve un tiers des arbres de notre planète : c'est le domaine des loups et des lynx, des élans et des rennes. L'hiver peut être long et rude : pendant neuf mois de l'année, l'eau se présente sous forme de neige ou de glace. Avec les fontes de printemps, le sol est rapidement détrempé parce que la couche de permafrost conserve l'humidité en surface. La végétation pourrit lentement et les sols acides emprisonnent les nutriments nécessaires à sa croissance. La période de croissance est brève et les conditions très rudes interdisent la venue des arbres à feuilles caduques, mais les conifères prospèrent parce que leur forme de cône et leurs feuilles semblables à des aiguilles cireuses leur permettent d'affronter le froid et la sécheresse de l'hiver. Les précipitations sont faibles, entre 400 et 600 mm par an : dans certaines régions, elles peuvent descendre jusqu'à 150 mm. Ce n'est pas plus que ce que reçoivent bien des zones semi-désertiques, mais, avec le froid, il y a moins de déperdition d'humidité par évaporation. En revanche, la productivité des forêts boréales n'est que de 200 à 1 500 g par m^2, près de la moitié de celle des forêts d'arbres à feuilles caduques du Sud, plus chaud.

LES GRANDES PRAIRIES

L'intérieur des vastes masses continentales d'Amérique du Nord et d'Eurasie présente des conditions climatiques continentales. Il est privé de l'influence adoucissante des océans et de l'humidité qu'ils apportent, de sorte que les hivers sont froids et les étés chauds et secs. Les arbres ne poussent pas bien sous un tel climat et cèdent la place à de vastes prairies tempérées.

Dans l'hémisphère Nord, on trouve la prairie nord-américaine avec ses pronghorns, ses chiens de prairie et ce qui reste des troupeaux de bisons comptant jadis des millions d'individus. En Europe, de vastes troupeaux de saïgas (sortes d'antilopes) parcouraient il y a encore peu la steppe russe. Dans l'hémisphère Sud, on trouve exactement le même type d'habitat dans les pampas d'Amérique du Sud et le veldt sud-africain. De part et d'autre de l'équateur, les mêmes conditions climatiques – précipitations et ensoleillement – ont créé des habitats similaires.

La productivité des prairies tempérées est identique à celle des savanes situées plus près de l'équateur : les unes et les autres dépendent de cet aliment premier, l'herbe. Avec une remarquable adaptation aux changements de température et au manque d'eau, l'herbe est devenue la plante la plus abondante de notre planète : elle recouvre aujourd'hui le quart de la superficie continentale et accueille de plus gros animaux que tout autre habitat.

DES MERS RICHES MAIS RUDES

Sur la terre ferme, la vie est plus riche au niveau des tropiques, mais il n'en va pas de même dans les océans. La distribution de la vie n'est pas homogène et subit l'influence de facteurs locaux, courants par exemple, mais en règle générale, les mers des latitudes tempérées sont les plus productives. Ici, l'air venu de l'équateur rencontre l'air polaire pour créer un temps instable.

Dans l'Atlantique nord, cela prend la forme de fronts qui se précipitent vers l'Europe et déclenchent de forts orages sur le littoral occidental. Dans les hauts-fonds des plateaux continentaux, ces orages perturbent la mer jusqu'à 200 m de profondeur. Chaque printemps, le phosphore et l'azote remontés des profondeurs entraînent une production massive de phytoplancton. Vers la fin de l'été, les nutriments sont utilisés, mais les perturbations recommencent et les batteries de l'océan s'en trouvent rechargées.

CI-DESSUS *Le requin-pèlerin est le deuxième plus gros poisson au monde. On ne le trouve pas dans les eaux claires des tropiques mais dans les eaux tempérées riches en nutriments, où il se nourrit de plancton.*

CI-CONTRE *Au pôle Sud, en plein hiver, un manchot empereur est éclairé de dos par une aurore australe. Aux pôles, le champ magnétique terrestre produit par le noyau ferreux de la planète est moins important : les électrons néfastes venus du Soleil rencontrent les atomes de la haute atmosphère pour créer les aurores boréales et australes.*

DES PÔLES GLACÉS

À 65° N débute la toundra, sinistre et désolée. Ici, l'hiver est long et obscur et la température peut atteindre – 30 °C. C'est une région de haute pression et l'air glacé produit très peu de pluie. Les hivers sont trop froids pour que poussent les arbres et la productivité y est aussi faible que dans les déserts du Sud avec seulement de 100 à 400 g de carbone par m^2. En hiver, il ne reste que quelques résidents courageux tels le bœuf musqué et le renard polaire. Pendant l'été, très bref, des migrateurs viennent du sud : oies des neiges et caribous profitent des longues journées et des jeunes pousses.

Au nord comme au sud, le cercle polaire est fixé à 66,5° : c'est la ligne au-delà de laquelle, pendant un jour de l'année tout au moins, le Soleil ne se couche pas. En approchant des pôles, le nombre de jours augmente jusqu'au moment où le Soleil ne se lève et se couche qu'une fois par an. Pour ne rien arranger, la neige et la glace renvoient 85 % d'une luminosité déjà faible. L'altitude et l'isolement de l'Antarctique le rendent encore plus froid. Les températures annuelles moyennes vont de – 55 à – 60 °C et il ne tombe que 50 mm de neige. Rien ne pousse en dehors de lichens sur les rares sommets montagneux parvenus à percer la couche de glace qui recouvre tout le continent. La productivité est, on s'en doute, proche de zéro.

CHANGEMENTS SAISONNIERS

La collision bénéfique qui créa la Lune et fit tourner la Terre sur un axe incliné a, plus que tout autre facteur, contribué à la grande diversité de la vie. La Terre tourne autour du Soleil, de sorte que des parties distinctes sont tournées vers lui à des moments différents. Dans l'hémisphère Nord, le pôle Nord est plus loin du Soleil en décembre, ce qui produit un hiver

froid et sombre. Mais au fur et à mesure que la Terre décrit son orbite, ce pôle se tourne progressivement vers le Soleil : chaque jour, le Soleil est plus haut et le temps d'ensoleillement rallonge.

L'influence du Soleil continue à augmenter dans l'hémisphère Nord jusqu'au 21 juin, jour du solstice d'été, où il se trouve au-dessus du tropique du Cancer. C'est le point culminant de l'été boréal, et les régions situées au nord du cercle polaire arctique connaissent 24 heures d'ensoleillement quotidien. Dès cet instant, le pôle Nord commence à s'éloigner du Soleil et la longueur des jours diminue. L'été cède la place à l'automne et le 21 septembre, jour de l'équinoxe, le Soleil est une nouvelle fois au-dessus de l'équateur. Peu à peu, l'hémisphère Sud se rapproche du Soleil jusqu'au 21 décembre, jour de l'équinoxe d'automne, où il se trouve au-dessus du tropique du Capricorne. Ce jour marque l'apogée de l'hiver boréal et de l'été austral.

À hauteur des pôles, le passage de l'hiver à l'été est à la fois rapide et brutal. En Antarctique, par exemple, le continent double de superficie en quelques mois avec la gelée de l'océan environnant. C'est le changement de saison le plus violent de notre planète et, à l'exception des oiseaux et des phoques, la faune ne peut que partir vers le nord pour suivre le Soleil. Le rythme des saisons est le plus marqué dans les régions tempérées, à mi-chemin entre les pôles et les tropiques. On compte quatre saisons bien distinctes, mais jamais extrêmes, auxquelles s'adaptent de nombreux résidents permanents. L'océan tempéré connaît lui aussi quatre saisons. Dans les eaux peu profondes, l'allongement des jours au printemps déclenche l'apparition du phytoplancton, élément de base de la chaîne alimentaire marine. Le cycle des saisons existe même dans l'obscurité extrême des fonds marins. Grâce à la prise de vue image par image, les scientifiques ont démontré que la quantité de « neige » marine (ensemble des détritus tombés au fond) suit un cycle semblable à celui des eaux plus ensoleillées.

Dans les régions proches des tropiques, où la longueur des jours varie à peine, il n'existe que deux saisons, une sèche et l'autre humide, mais elles sont la conséquence de l'orbite terrestre. Quand le Soleil est au zénith, l'évaporation de l'eau de mer augmente, de même que l'air chaud qui l'emporte dans l'atmosphère. Cela produit davantage de nuages, d'orages et de pluie. En juin, quand le Soleil est au-dessus du tropique du Cancer, les régions tropicales nord ont une saison des pluies, alors qu'en décembre, quand il est au-dessus du tropique du Capricorne, c'est au tour de l'hémisphère Sud de connaître les pluies. Il n'y a que dans les régions équatoriales, où le Soleil se couche et se lève au même endroit quel que soit le jour de l'année, qu'il n'y a pas de cycle des saisons.

Les changements subis par leurs habitats obligent des milliards d'animaux à se déplacer en permanence pour bénéficier de la chaleur du Soleil ou de l'approvisionnement en eau douce. Chaque automne, les vulcains (variété de papillon) quittent le nord de l'Europe et se rendent en Afrique du Nord, à plus de 3 200 km, pour échapper au froid. Chaque été, 3 millions de caribous entreprennent la plus longue migration effectuée par un mammifère terrestre, jusqu'à 3 000 km, pour trouver de nouveaux pâturages. Les martinets d'Europe parcourent 18 000 km en se nourrissant d'insectes en plein vol : ils traversent le Sahara et l'Afrique de l'Ouest puis, quand la nourriture se raréfie, l'Afrique orientale, avant de regagner l'Europe pour s'accoupler. Dans les océans, la plupart des baleines parcourent de formidables distances, des lieux de reproduction situés dans les eaux tropicales chaudes aux zones d'alimentation, sous des latitudes plus élevées. En fait, l'existence de tous les animaux et plantes est dominée par un événement cosmique fortuit, cette collision qui fit basculer l'axe de notre planète de 23° et, ainsi, modifia toute l'histoire de la vie sur Terre.

CI-DESSUS *Un vulcain rouge s'envole. Comme bien d'autres animaux, souvent de plus grande taille, le vulcain d'Europe échappe au froid de l'hiver en migrant vers l'Afrique.*

CI-CONTRE *Une baleine à bosse et son petit dans les eaux chaudes des Tonga. Quand le petit est assez robuste pour quitter la « nurserie » tropicale, il effectue une grande migration vers le sud et passera l'été dans les eaux froides riches en krill. Le mégaptère est le mammifère marin qui effectue la plus longue migration : ses réserves de graisse lui permettent de survivre jusqu'à huit mois par an.*

2
les pôles, déserts de glace

C'est dans les univers glacés de l'Arctique
et de l'Antarctique que le caractère saisonnier
de notre planète se fait le plus durement sentir.
Nuit absolue et température cruelle
en hiver, journée de 24 heures en été :
c'est le monde de l'extrême.

CI-DESSUS *Une nuit d'été dans l'Antarctique.*

CI-CONTRE *L'endroit le plus froid de la Terre, l'Antarctique, est entouré en hiver d'un océan de glace.*

PAGES PRÉCÉDENTES, EN HAUT *Une mouette blanche (à gauche) et l'ombre d'un skua polaire.*
EN BAS *Des manchots empereurs regagnent la mer, Antarctique.*

Le 21 septembre est une date capitale pour ceux qui travaillent à la base Amundsen-Scott, au pôle Sud. Depuis six mois, scientifiques et techniciens vivent dans l'obscurité quasi totale, mais c'est aujourd'hui l'équinoxe de printemps : le Soleil franchit l'équateur pour rejoindre l'hémisphère Sud et briller au-dessus de l'horizon du pôle Sud. Tous les membres de la station se précipitent dehors pour admirer le premier ensoleillement depuis longtemps. Le Soleil ne se couchera plus pendant six mois et tournera sans cesse au-dessus de l'horizon : il fera jour 24 heures sur 24. Au pôle Nord, c'est exactement le contraire à la même date : le Soleil disparaît sous la ligne d'horizon et ne reviendra qu'en mars. Aux deux pôles, six mois de jour suivent six mois de nuit. On ne trouve nulle part ailleurs une telle différence saisonnière. Chaque année, l'arrivée et la disparition du Soleil dominent entièrement la vie polaire.

En dépit des énormes différences entre été et hiver, le pôle Sud jouit sur un an d'autant d'ensoleillement que l'équateur. Cependant, les pôles sont plus éloignés du Soleil et le rayonnement solaire frappe la surface à l'oblique, ce qui en réduit l'intensité. C'est pourquoi les pôles demeurent toute l'année des déserts glacés. À 60° N, latitude d'Oslo et des Shetland, l'intensité est égale à la moitié de celle de l'équateur. À 80° N, à l'extrémité du Groenland, la puissance du Soleil n'est plus que de 17 %.

Nous sommes habitués à la fraîcheur matinale ou de fin d'après-midi, mais au Pôle, c'est ainsi toute la journée. Le Soleil ne se lève jamais assez haut pour produire la chaleur écrasante qui s'abat à midi sur les tropiques. L'atmosphère terrestre diminue encore son effet : plus l'angle est ouvert, plus la distance à parcourir est importante pour les rayons venus frapper la surface terrestre.

Enfin et surtout, la couverture quasi complète de neige blanche et de glace fait que 85 % du rayonnement solaire est renvoyé dans l'atmosphère avant que sa chaleur se fasse sentir. Il n'y a qu'en novembre et en décembre, apogée de l'été antarctique, que le pôle Sud acquiert véritablement de la chaleur.

CI-DESSUS *Un ours polaire a capturé un phoque. La survie d'un ours polaire dépend de sa capacité à attraper suffisamment de phoques jeunes ou adultes au printemps et en été : pour ce faire, il faut que la banquise soit assez grande pour qu'il puisse y chasser. De nos jours, la glace fond de plus en plus tôt chaque année ; sa superficie réduite entraîne une diminution du nombre d'ours polaires.*

L'influence du Soleil est la même sur les deux pôles, mais il y a d'énormes dissemblances entre l'Antarctique et l'Arctique. Tout d'abord, il fait bien plus froid en Antarctique. La température hivernale moyenne est de – 50 °C. Même en été, celle au pôle Sud peut avoisiner les – 30 °C, bien moins que la nuit d'hiver la plus froide au pôle Nord. Cette différence s'explique surtout par l'altitude.

L'Arctique est un plateau d'eau de mer congelée. Au pôle Nord, seuls quelques mètres de glace séparent de l'océan alors qu'au pôle Sud, on se trouve à 2 900 m au-dessus du niveau de la mer et l'on ressent les effets de l'altitude. Le moindre travail épuise, et le froid extrême empêche de sortir plus d'une demi-heure d'affilée. En plein été, il fait trop froid pour exposer longtemps sa peau, et l'haleine gèle dès qu'elle sort de la bouche. En hiver, une tasse d'eau bouillante lancée en l'air gèle instantanément et retombe sur le sol sous forme de cristaux de glace. Sous vos pieds, près de 3 000 m de glace compactée au cours de centaines de millénaires recouvrent complètement le plus haut de tous les continents.

Un paysage blanc et plat s'étend jusqu'à l'horizon, sans le moindre obstacle. D'immenses chaînes montagneuses se dissimulent sous la plus grande calotte glaciaire du monde.

L'Antarctique est trois fois plus haut que tout autre continent. L'altitude moyenne est de 2 300 m, alors que celle de l'Amérique du Nord est tout juste de 72 m. Les alpinistes le savent bien, plus on monte, plus la température chute : 1 °C tous les 100 m. C'est cette altitude qui rend l'Antarctique si froid.

Autre facteur d'importance : l'isolement. L'Antarctique est un continent glacé entouré d'océans. La pointe sud de l'Afrique est à 3 600 km au nord et l'Australie se trouve à 2 400 km. L'océan Indien et le Pacifique séparent l'Antarctique de ces continents. D'intenses systèmes de basse pression entourent le continent, chassent l'air chaud venu des tropiques, et le tiennent à l'écart du reste des conditions météorologiques mondiales. Quand la mer gèle en hiver, même les brise-glace les plus puissants ne peuvent atteindre le littoral. Les quelques centaines de scientifiques qui travaillent pendant le long hiver antarctique vivent dans

l'isolement absolu. Les satellites permettent de communiquer, mais il est quasiment impossible de partir en cas d'urgence. En revanche, l'Arctique est un océan gelé entouré de masses continentales.

La partie le plus au nord du Canada est à 1 274 km seulement du pôle Nord. Les systèmes de haute pression qui se forment chaque été au-dessus de la Russie et de l'Amérique du Nord envoient de l'air chaud vers l'Arctique. En hiver, ces continents se comportent comme d'énormes appareils de chauffage à accumulation, de sorte que l'Arctique n'est jamais très froid. La logistique est également plus facile à mettre en œuvre dans l'Arctique et, toute l'année, des avions spécialement adaptés ravitaillent les communautés les plus isolées.

CI-DESSUS *Le phoque de Weddell, seul mammifère de l'Antarctique à ne pas migrer au nord quand l'hiver arrive. Vivre sous la glace l'aide à conserver sa chaleur, mais pour survivre, il doit entretenir des trous de respiration dont il mâchonne les bords. L'usure des dents explique peut-être pourquoi il ne vit pas aussi vieux que les autres phoques.*

CI-CONTRE *Nunataks (sommets de montagnes dépassant la banquise) sur la terre de la Reine-Maud, Antarctique. Les pétrels des neiges cherchent à faire leur nid sur ces pics rocheux non recouverts par la neige.*

ÉCARTS POLAIRES

Les grandes différences de température et l'isolement caractérisant les deux pôles ont produit deux communautés animales et végétales très différentes. La proximité des masses continentales a rendu l'Arctique accessible à une colonisation répétée. Chaque printemps, quand les conditions s'améliorent, les animaux arctiques peuvent se rendre dans le Nord et, à l'approche de l'hiver, regagner le Sud. Ainsi, l'Arctique abrite aujourd'hui plus de 40 mammifères terrestres, du minuscule lemming au massif bœuf musqué.

L'Antarctique n'a pas de mammifère terrestre et, à l'exception du phoque de Weddell, tous ses mammifères marins migrent vers le nord en hiver, quand la mer commence à geler. Le manchot empereur est le seul oiseau qui parvienne à rester sur place pendant l'hiver, même si son habitat se limite aux franges du continent. Moins de 20 espèces d'oiseaux vont plus au sud que les 70° S, et ce sont tous des visiteurs estivaux. En revanche, l'Arctique accueille 8 oiseaux terrestres résidant en permanence et plus de 150 visiteurs, dont au moins une centaine dépasse les 75° N.

Les plantes sont évidemment dans l'incapacité de se déplacer quand survient l'hiver. Les conditions sont si rudes en Antarctique qu'on ne trouve au sud des 80° S que de minuscules lichens, et le continent entier ne voit pousser que deux plantes à fleurs. En Arctique, on trouve plus de 90 plantes à fleurs au-dessus des 82° N.

Même si l'Arctique est plus clément et moins exigeant que l'Antarctique, les deux régions polaires demeurent les étendues désertiques les plus froides, les plus rudes et les plus vastes de notre planète. Le véritable défi à la survie, c'est la formidable variation saisonnière, des 24 heures d'ensoleillement en été à la nuit complète de l'hiver. Les températures moyennes peuvent chuter de 10 °C en un mois. Des habitats entiers sont bouleversés par la formation et la fonte annuelles de la banquise.

Au pire de l'hiver, l'océan Arctique est recouvert de près de 13 millions de km^2 de glace. En été, il en fond près de 50 %, ce qui entraîne la disparition du terrain de chasse non marin de l'ours polaire. Pendant l'automne antarctique, le front de glaciation de la mer progresse de 4 km par jour. Les pingouins et les phoques ayant besoin d'un accès direct à l'eau pour se nourrir sont repoussés vers le nord. En septembre, la glace s'étend de 645 à 3 060 km du littoral : plus de 20 millions de km^2 de banquise se seront formés et le continent aura doublé de superficie. La vie sauvage ne subit dans aucune autre partie du monde des bouleversements saisonniers aussi impressionnants.

LE PRINTEMPS POLAIRE

CI-DESSUS *Un phoque à capuchon femelle et son petit. Au printemps, la plupart des phoques de l'Arctique doivent redouter l'ours polaire qui s'en prend aux jeunes comme aux adultes. Les phoques à capuchon ont pour stratégie de mettre bas sur des glaces flottantes et de produire un lait si riche en matières grasses que les petits sont sevrés en une semaine.*

CI-CONTRE, EN HAUT *Phoque énorme, le léopard de mer reprend, au même titre que la baleine tueuse, le rôle tenu par l'ours polaire dans l'Antarctique. L'allure serpentine de leur corps sinueux les différencie de tous les autres phoques.*

CI-CONTRE, EN BAS *Des manchots Adélie et un léopard de mer s'observent.*

PAGES PRÉCÉDENTES *Un manchot empereur s'arrête près du bord de la banquise devant un iceberg de « jade ». Il a probablement été taillé à la base de la banquise. La couleur est le résultat de la pression qui, avec le temps, a écrasé les bulles d'air : ce sont elles en effet qui donnent aux icebergs leur aspect blanc.*

La terre du Roi-Charles, dans l'archipel du Svalbard, a l'une des plus hautes densités d'ourses polaires reproductrices au monde. En une seule vallée, plus de 40 mères creusent leur abri d'hiver au flanc des collines couvertes de neige. Pendant quatre mois, alors qu'il règne dehors un temps épouvantable, elles occupent ces tanières et y donnent le jour à leurs petits. Comme elles ne mangent pas et allaitent leur progéniture, elles perdent du poids.

À la fin de mars, les oursons âgés de trois mois sont prêts à quitter l'abri. La journée, la température est bien inférieure à – 25 °C, et des tempêtes aussi soudaines que brutales peuvent retenir ourses et oursons pendant plusieurs jours. Mais le Soleil revient au-dessus de l'horizon et, quelques heures par jour, une superbe lumière rosée éclaire les collines.

La mère attend le moment propice pour creuser un petit trou dans la paroi de sa tanière. Elle hume le vent et on ne voit d'elle que son museau noir. Elle doit se montrer prudente. Les mères ourses sont si nombreuses que les mâles affamés pour avoir passé l'hiver sur la banquise se repaissent volontiers d'oursons. La femelle aussi a très faim, elle a en effet perdu un tiers de son poids. Ses jumeaux restent près de la tanière, avides de découvrir leur nouvel univers, mais au bout de deux semaines, la femelle est trop affamée pour attendre davantage et elle emmène ses petits loin de la vallée. La synchronisation est parfaite : la banquise arctique est encore largement glacée et, sur ce terrain de chasse solide, les phoques femelles viennent de mettre bas.

La vie de la plupart des phoques arctiques est dominée par ce gros prédateur. Incapables de mettre bas dans l'eau, les phoques doivent se hisser sur la banquise pour avoir leurs petits. En naissant au début du printemps, ils ont tout l'été arctique pour grandir et apprendre à chasser avant la venue de l'hiver. Mais c'est le moment où la banquise est encore assez vaste pour que les ours constituent une vraie menace : les diverses espèces de phoques ont dû élaborer des stratégies variées pour tenter de protéger leur descendance.

Le phoque du Groenland met bas sur la banquise instable, du côté atlantique de l'océan Arctique, où il risque moins de rencontrer des ours. Avec leur fourrure blanche, les petits sont, comme tous ceux des phoques arctiques, camouflés. Pour minimiser les risques, les phoques du Groenland passent le moins de temps possible sur la banquise. Le lait maternel compte 45 % de matières grasses : en 12 jours, le petit triple de poids et sa graisse lui permet d'affronter seul l'océan. Le phoque à capuchon – ainsi nommé à cause de son septum nasal en forme de ballon rouge que le mâle gonfle pour courtiser la femelle – met bas lui aussi sur la banquise instable pour éviter les ours polaires. Le sevrage se fait encore plus tôt. Son lait est si riche (60 % de matières grasses) que la femelle abandonne son petit au bout de quatre jours. Les phoques annelés mettent bas plus au nord, sur la banquise permanente, et peuvent se permettre une période de sevrage de six à sept semaines.

La longueur de la saison des naissances et la solidité de la glace les rendent toutefois plus vulnérables aux ours : ils sont donc contraints de dissimuler leurs petits dans des tanières, sous la glace. Ces cachettes servent également d'abri : quand la température extérieure est inférieure à – 30 °C, celle de l'intérieure avoisine le point de congélation. Tout au long du printemps, les phoques constituent la majeure partie de l'alimentation des ours. Avec leur flair très développé, ils repèrent des phoques cachés à 2 km. Chaque abri possède une « sortie de secours » sous-marine et l'ours doit attraper sa proie avant qu'elle s'enfuie. Il se déplace lentement, en silence, vers ce qu'il croit être la cachette. Puis, le dos courbé, il saute très haut pour pénétrer en force

dans la tanière tout en bloquant l'issue de secours. Quand la neige est molle, les ours réussissent une fois sur trois, mais une fois sur vingt seulement quand elle est compacte.

De l'aube au crépuscule, pendant la majeure partie des courtes journées de printemps, les ourses parcourent les crêtes glacées pour traquer les jeunes phoques et apprendre à leurs petits à chasser. C'est une saison où les prélèvements sont assez faciles et en été, quand la banquise commence à se briser, la plupart des ours polaires ont suffisamment mangé pour affronter des périodes plus rudes.

PHOQUE CRABIER ET LÉOPARD DE MER

La banquise de l'hiver antarctique est si étendue qu'elle dissimule l'activité de reproduction de ce qui est probablement le gros mammifère le plus nombreux de la planète, l'homme mis à part. La banquise très dense qui entoure le continent est quasiment impénétrable, même avec les brise-glace les plus modernes, et nul ne peut être certain de leur nombre exact, mais au moins 14 millions, et peut-être même 40 millions de phoques crabiers se reproduisent chaque printemps sur la glace. La majeure partie de l'année, ces animaux sont grégaires et se repaissent en composant des groupes comptant parfois plusieurs centaines d'individus. En dépit de leur nom, ils ne se nourrissent pas de crabes : il n'y en a d'ailleurs pas dans les eaux de l'Antarctique. En revanche, ils mangent des sortes de minuscules crevettes appelées krill. En septembre, quand le printemps revient en Antarctique et que les bords de la banquise d'hiver commencent à fondre, les phoques crabiers se hissent sur les glaces flottantes pour mettre bas. Un petit pèse 20 kg à la naissance, mais il atteint les 100 kg en quatre semaines. Sa mère a quant à elle perdu 50 % de son poids. En Antarctique, cette croissance accélérée ne se justifie pas par la présence d'ours polaires, mais par des conditions climatiques épouvantables. La température de l'eau n'est jamais en dessous de son point de

congélation, soit – 1,8 °C, mais sur les glaces flottantes exposées au vent glacial, la température printanière peut descendre jusqu'à – 40 ou – 50 °C. La menace vient aussi de la mer. Les baleines tueuses ont élaboré une technique étonnante pour attraper les phoques crabiers et leurs petits à l'abri sur la glace. Plusieurs baleines tueuses coordonnent leurs mouvements pour sauter en même temps sur l'un des bords de la glace flottante. Celle-ci bascule et les phoques tombent directement dans leur gueule. Cette technique nécessite toutefois une plus vaste étendue d'eau, laquelle n'existe qu'à la fin de l'été. Le phoque crabier a un prédateur d'un tout autre ordre, capable de chasser au printemps parmi les glaces flottantes les plus denses.

Le léopard de mer est le plus grand des phocidés de l'Antarctique, avec son énorme tête menaçante pareille à celle d'un serpent. Si vous êtes assez hardi pour braver les eaux froides de l'Antarctique, plonger avec un léopard de mer constitue une expérience traumatisante. Il peut surgir de n'importe où. Si vous tenez une caméra ou quoi que ce soit qui produise un reflet, il peut se jeter sur ce qu'il prend pour un rival. Ce gros prédateur est capable de sauter sur une glace flottante pour attraper un petit, mais il préfère se cacher parmi les glaces pour surprendre les jeunes quand ils nagent pour la première fois. Sur les phoques crabiers qui survivent à leur première année, près de 80 % portent sur la peau des cicatrices dues aux dents des léopards de mer.

NAISSANCE SUR LES ROCHERS

Contrairement aux phoques, et à la seule exception du remarquable manchot empereur, les oiseaux sont incapables de pondre sur la glace. Il leur faut pour cela des rochers nus, ce qui est très rare. Même en été, seul 2 % du continent n'est pas recouvert par la glace, et

CI-DESSUS *Une ourse polaire sort pour la première fois de sa tanière maternelle d'hiver, terre du Roi-Charles, Svalbard.*

EN HAUT *Son flair et sa vue lui permettent de repérer la présence éventuelle de mâles. Même si elle meurt de faim, elle peut attendre jusqu'à deux semaines avant d'emmener ses petits.*

CI-CONTRE *Un des petits fait ses premiers pas en dehors de la tanière. La rencontre avec un ours polaire mâle serait à cet instant fatale.*

CI-DESSUS *Les pétrels des neiges, véritables oiseaux des glaces de l'Antarctique, doivent toutefois pondre sur la roche nue située parfois très loin à l'intérieur des terres.*

CI-DESSUS, À DROITE *Les guillemots de Brünnich se reproduisent pendant l'été arctique. Ils rapportent ici des poissons à leurs petits.*

98 % de ce chiffre se situe le long de la péninsule de l'Antarctique. Ce long bras de terre s'étend plus au nord que le reste du continent et jouit par conséquent d'un climat un peu plus clément. Au printemps, quand la banquise commence à se retirer, le premier rocher à échapper à l'emprise de l'hiver se situe sur cette péninsule : c'est pourquoi on y trouve tant de colonies de pingouins et d'oiseaux venues pondre leurs œufs. C'est la face clémente de l'Antarctique. Certains jours d'été, quand le Soleil brille, il est possible d'arpenter la péninsule vêtu d'une grosse chemise et d'un bon blouson.

Pratiquement partout ailleurs en Antarctique, la faune doit attendre plus longtemps le retrait de la banquise, bien que ce ne soit pas le cas des oiseaux vivant le plus au sud. Chaque printemps, ils parcourent des centaines de kilomètres vers l'intérieur des terres pour trouver des endroits où nicher sur les rochers. Les pétrels des neiges sont de véritables oiseaux des glaces et, même quand ils survolent la mer, ce n'est jamais loin d'un iceberg. Petits et élégants, ils semblent trop délicats pour affronter le continent Antarctique. Malgré tout, chaque printemps, on les voit partir vers le sud et parcourir jusqu'à 345 km à l'intérieur des terres pour nicher sur de lointains nunataks. Ces étonnantes flèches rocheuses sont les sommets visibles de chaînes de montagnes, submergées pour la plupart par l'épaisse banquise antarctique.

La roche nue des nunataks est si précieuse que l'un d'eux, Smarthvaren, pourtant très éloigné, attire chaque printemps des centaines de pétrels des neiges et plus d'un demi-million de couples de pétrels antarctiques. En octobre, ce nunatak est entouré d'un véritable essaim d'oiseaux effectuant leur parade nuptiale et se préparant à pondre. Les skuas

polaires tournent autour, enlèvent des adultes et se nourrissent d'œufs et de poussins. Prédateur, le skua ne survit à une telle latitude que grâce à la présence des pétrels. Ces derniers n'ont d'autre choix que de parcourir 1 000 km aller et retour pour trouver dans l'océan de quoi nourrir leurs jeunes. Les pingouins ne volent pas et la plupart des espèces doivent attendre l'été et le recul de la banquise pour accéder aux rochers qui accueilleront leurs nids. Le manchot Adélie, la plus australe des espèces à faire son nid, ne peut attendre et il lui faut marcher sur la banquise encore gelée. L'été est ici si court qu'une arrivée tardive sur les sites de reproduction traditionnels ne leur laisserait pas assez de temps. Avec leur queue-de-pie et leur démarche comique, les manchots Adélie sont l'archétype du pingouin. Leur apparition à l'horizon, certains marchant et d'autres glissant sur le ventre, indique clairement que le Soleil est revenu sur l'Antarctique et que le bref été sera bientôt là.

L'ÉTÉ POLAIRE

Dans l'Arctique, un réel changement se produit en juin quand la banquise commence vraiment à fondre. Vingt-quatre heures de jour ininterrompu injectent de l'énergie dans l'océan enfin découvert et le phytoplancton (masse de plantes minuscules) peut s'épanouir. Les copépodes (petits crustacés ayant passé l'hiver à plus de 300 m de profondeur) remontent vers la surface pour s'en nourrir. Extrêmement nombreux, ils sont à la base de la chaîne alimentaire marine de l'Arctique.

LA CHASSE EST OUVERTE

Les mégaptères (ou baleines à bosse), catégorie de baleines que l'on observe le plus fréquemment dans l'Antarctique, ont plusieurs techniques pour récolter le krill. Quand les nuées sont denses et proches de la surface, les baleines se contentent d'ouvrir leur gueule immense et de foncer sur lui. Souvent, elles agissent de concert.

Telle une rangée de tracteurs, elles écument la surface et plongent toutes en même temps, celle du milieu bénéficiant de la manière dont les autres cétacés ramènent vers elle leur proie.

Quand le banc est moins dense et plus éloigné de la surface, les baleines trouvent un autre moyen pour le concentrer. Elles plongent avec une synchronisation parfaite avant de souffler toutes ensemble. Les colonnes de bulles d'air de ces léviathans de 40 t remontent en surface et forment une spirale. Il semble que les petits crustacés, effrayés par le bruit et les bulles, cherchent protection en se regroupant au centre de la spirale. Les baleines jaillissent alors à la surface de la mer pour les engloutir (comme ci-dessus). Les oiseaux de mer plongent pour attraper le krill survivant.

LES BRISE-GLACE

On trouve au sommet de la chaîne alimentaire les baleines noires boréales, les seules baleines à fanons à vivre toute l'année dans les eaux arctiques. Elles passent tout l'hiver dans des polynies (zones sans glace en bordure de la banquise) et sont les premières à repartir vers le nord en avril. Leur tête massive, protégée par une couche de tissu fibreux, leur sert à faire éclater la glace pour respirer en surface. Communiquant sans cesse entre eux, ces groupes de géants de 100 t s'entraident pour creuser un passage dans la glace. Une fois dans l'eau libre, elles ouvrent leur gueule énorme et engloutissent des copépodes qu'elles filtrent à l'aide de leurs fanons, les plus grands fanons de toute l'espèce avec leurs 600 plaques et leurs 4,5 m de long.

CI-DESSUS *Les bélugas remontent vers le nord en passant entre les glaces flottantes. Avec les baleines blanches du Groenland et les narvals, ce sont les seules baleines résidentes de l'Arctique.*

Les baleines noires boréales précèdent les seules autres baleines résidentes de l'Arctique, le béluga et le narval. Eux aussi passent l'hiver en pleine mer et, en été, ils suivent la banquise qui se retire vers le nord et s'engouffrent dans les craquelures de la glace pour aller le plus loin possible. On a parfois vu des groupes de narvals coopérer pour briser la glace de leur front. Ils vont certainement plus au nord que tout autre cétacé, jusqu'à 320 km du pôle Nord. Les narvals et les bélugas font partie de la famille des baleines franches : ils se nourrissent de poissons et de calmars plutôt que de plancton.

IMPORTANCE DU KRILL

Aucune baleine ne réside en permanence dans les eaux de l'Antarctique, mais quand la banquise se retire, six espèces viennent y vivre : le mégaptère, la baleine bleue, la baleine franche australe, le rorqual bleu, le rorqual austral et le petit rorqual.

Le krill est à la base de la chaîne alimentaire dans l'Antarctique, au même titre que les copépodes dans l'Arctique. Comme ces derniers (eux aussi des crustacés), le krill se nourrit de phytoplancton (des diatomées principalement) et se présente en très grand nombre. La masse du krill de l'Antarctique est probablement supérieure à celle de n'importe quelle autre espèce vivant sur Terre : des recherches acoustiques l'estiment entre 100 et 500 millions de t. En été, le krill forme des sortes d'essaims contenant jusqu'à 30 000 individus par m^3. Une baleine bleue peut en consommer 3 ou 4 t par jour.

Ayant donné naissance à leur petit dans des eaux tropicales chaudes mais pauvres en nutriments, les baleines australes suivent le Soleil vers le sud pour se nourrir de krill dans les riches eaux polaires. L'hiver venu, elles effectuent le même trajet en sens inverse. Un mégaptère détient le record de la plus longue navigation effectuée par un mammifère marin avec 8 330 km, de la péninsule de l'Antarctique jusqu'au littoral caribéen de la Colombie.

STRATÉGIES DES MANCHOTS

Le krill est également l'aliment de base des pingouins de l'Antarctique. Vers la mi-décembre, à l'apogée de l'été antarctique, les œufs commencent à éclore et il est essentiel que la banquise soit rompue le plus au sud possible pour permettre aux adultes d'accéder directement à la mer et de nourrir leurs petits. Cette nécessité d'un accès direct fait que même les manchots Adélie les plus hardis ne peuvent s'accoupler plus au sud que la limite inférieure de la banquise en été. Les manchots à jugulaire et les manchots papous ne marchent pas sur la banquise au printemps et sont condamnés à se reproduire encore plus au nord. Toutes ces espèces doivent choisir des sites non seulement accessibles depuis la mer, mais aussi suffisamment exposés pour que les vents balaient les neiges hivernales avant le début de la saison de reproduction. Ces régions de roche nue sont peu nombreuses et les manchots y reviennent année après année. Les manchots Adélie et les manchots à jugulaire forment d'énormes colonies. Au cap Adare, la plus grosse colonie de manchots Adélie occupe au moins 1,5 km^2 et compte, selon les estimations, 220 000 couples : le bruit et l'odeur sont tels qu'on les perçoit à plusieurs kilomètres quand on se trouve sous le vent.

L'INVASION DU SUD

La fonte de la banquise en été ne permet pas d'accueillir beaucoup d'oiseaux. L'Antarctique ne reçoit qu'un membre de la famille des cormorans, le cormoran huppé, et un autre de la famille des mouettes et goélands, le goéland dominicain. La seule sterne continentale à se reproduire, la sterne couronnée – délicat oiseau blanc et gris argenté au bec effilé rouge sang – est rejointe chaque année par son homologue de l'hémisphère Nord, la sterne arctique. Certaines sternes arctiques suivent le Soleil pour effectuer la plus longue migration qui soit : plus de 15 000 km en ligne droite, du sommet de l'Arctique au sud du cercle Antarctique. Elles vivent ainsi deux étés par an et passent trois quarts de leur existence quasiment en plein jour, ce qui leur permet de s'alimenter pratiquement tout le temps.

L'HABITAT AU NORD

Seule une poignée d'oiseaux de mer visitent chaque année le continent Antarctique. En revanche, en Arctique, plus de 50 espèces différentes se reproduisent au point culminant de l'été, en juin et juillet. Contrairement aux pingouins, incapables de voler mais menacés par aucun prédateur terrestre, les oiseaux qui se reproduisent ici doivent craindre les renards polaires et même les ours affamés qui s'en prennent aux nids quand la fonte des glaces ne leur permet plus de chasser les phoques. Les oiseaux ont résolu ce problème de plusieurs façons. Nombre de pingouins, comme le torda, mais aussi un autre palmipède, le guillemot, nichent au sommet de falaises inaccessibles. Elles constituent un étonnant spectacle avec leurs dizaines de milliers d'oiseaux utilisant le moindre bout de terrain pour faire leur nid.

Le pingouin torda se protège en se regroupant avec ses congénères : certaines colonies du Groenland comptent plus d'un million de couples. Ils dissimulent aussi leur nid sous terre, parmi les éboulis, pour empêcher les renards de dévorer les œufs et les poussins. Les adultes sont toutefois attrapés par les goélands bourgmestres et aussi quelques faucons pèlerins.

À GAUCHE *Les guillemots de Brünnich se reproduisent par milliers sur les terrasses étroites de l'île Rubini, terre de François-Joseph, Russie. Au milieu d'une mer poissonneuse, les pics basaltiques les protègent en partie des prédateurs.*

CI-CONTRE, DE HAUT EN BAS
Un bruant des neiges. Au printemps, de nombreuses espèces nordiques se rendent en Arctique pour s'y reproduire. Grâce à une température relativement clémente, l'abondance des insectes permet de nourrir les petits.

Mergules nains. Au printemps, ces petits oiseaux quittent par centaines de milliers la mer pour les îles de l'Arctique où ils nichent dans les éboulis et les rocailles, loin des mouettes et des renards polaires.

Un renard polaire rapporte des lemmings à ses petits restés dans la tanière. En été, les poussins sont également très nombreux : ils sont ramenés aux jeunes ou conservés pour des temps plus difficiles.

Floraison d'épilobes. De nombreuses plantes survivent dans l'Arctique en poussant, fleurissant et produisant des graines pendant la courte période estivale.

CI-DESSUS *En été, la famine pousse un ours polaire à prendre des risques. Plus gros et mieux armés que lui, les morses ne sont pas normalement au menu mais, en cette saison, ils sortent de l'eau pour muer et emmènent leurs petits. Ce sont des proies de choix pour cet ours du Canada.*

PAGES PRÉCÉDENTES *Des manchots Adélie franchissent un glacier des Orcades du Sud pour rejoindre leur colonie. Les deux parents couvent et nourrissent les petits. Quand ils sont en mer, les jeunes forment des « crèches » pour mieux se protéger : celui qui s'en éloigne risque de se faire attraper par un skua.*

Pour réduire les risques, les tordas regagnent toujours leur site de reproduction en se regroupant par milliers en colonies aux cris stridents. Attendre le retour de telles colonies constitue une expérience passionnante pour les ornithologues. À un moment donné, tout est calme et les éboulis des falaises semblent morts. Soudain, des milliers de pingouins tordas vous entourent en une cacophonie de cris et de battements d'ailes noires. Cela démontre que l'océan Arctique peut entretenir une formidable quantité d'êtres vivants.

DANGER DE L'OURS

Vers juillet, alors qu'il ne reste plus que quelques glaces flottantes, oiseaux de mer de l'Arctique, phoques et baleines peuvent gagner sans peine les meilleurs endroits où s'alimenter, mais les temps sont plus durs pour les ours polaires. Sans banquise solide pour chasser les phoques, ils sont contraints de hanter les eaux. Excellents nageurs, ils peuvent sortir pendant des heures en se servant de leurs membres antérieurs comme de rames. Ils circulent sans problème entre les glaces flottantes et peuvent s'éloigner de 97 km du rivage. Ils approchent lentement, de manière furtive, le sommet du crâne au-dessus de l'eau, en espérant ne pas être vus.

À cette époque de l'année, les ours polaires chassant sur ou autour de la banquise attrapent en moyenne un phoque tous les cinq jours mais, quand la glace fond, le taux de réussite diminue et, au sud principalement, ils doivent chasser sur la terre ferme. En plus des nids d'oiseaux, les ours se contentent de baies ou de pratiquement tout ce qui est comestible pour survivre à cette période de quasi-famine. Certains ont même appris à attaquer les morses, également obligés de regagner le sol quand la banquise fond.

LA CHASSE AU MORSE

Les morses se nourrissent au fond de l'eau : leurs moustaches leur servent à trouver des coquillages et ils utilisent parfois leurs grandes défenses pour fouiller le sol. Comme la plupart des phoques polaires, ils préfèrent donner le jour à leurs petits sur la glace. En

été, ils doivent regagner la terre ferme avec eux pour y muer. Même un ours polaire, le plus grand carnivore terrestre, ne parvient pas à lutter contre un morse : certains pèsent en effet 1 500 kg.

Cependant, un ours affamé peut se précipiter au milieu d'un troupeau pour attraper un petit, riche en graisse. Les adultes le protègent à coups de défenses : les blessures sont redoutables, mais les ours prennent le risque quand ils sont sur le point de mourir de faim.

L'AUTOMNE POLAIRE

La fin de l'été est une période d'activité extrême pour les colonies de pingouins qui se hâtent d'achever le processus de reproduction avant le retour de la glace. Pendant la journée, la colonie compte très peu d'adultes, partis chercher à manger pour leurs poussins. Ceux-ci sont désormais assez gros pour ne plus avoir besoin de la chaleur de leurs parents mais, en leur absence, ils se regroupent en sortes de crèches pour mieux se protéger des éléments et des prédateurs. Les adultes reviennent en fin d'après-midi. Ils semblent encore plus affairés, comme s'ils savaient que le bref été touche à sa fin.

Leur arrivée est une aubaine pour les chionis, les éboueurs de l'Antarctique. Ces oiseaux tout blancs de la taille d'un choucas sont dotés à la base de leur bec de protubérances charnues et disgracieuses. Ce sont les seuls oiseaux exclusivement terrestres du continent : ils ne se nourrissent jamais en mer et se contentent de voler aux autres. Les excréments et les œufs de pingouins constituent une part importante de leur régime alimentaire, mais il leur arrive aussi de chiper le krill que les adultes donnent à leurs petits.

Si les chionis sont les éboueurs de l'Atlantique, les pétrels géants en sont les vautours. Avec son énorme bec crochu et sa grande envergure (2 m), le pétrel géant est un prédateur agressif qui traîne autour des crèches à la recherche d'un poussin chétif ou isolé, puis il l'attrape par un aileron ou une patte et le tue.

RETOUR À L'OCÉAN

Après deux semaines passées dans la crèche, les poussins ont maintenant 70 % de leur poids adulte et leurs parents commencent à les entraîner vers la côte : les adultes ont en effet hâte de retrouver la mer pour faire des réserves en vue de leur mue prochaine. Mais le danger est encore là. Le léopard de mer se tient juste en dessous de la surface. Avec ses 3 m de long et ses dents puissantes, c'est le prédateur dominant de l'Antarctique. Même s'il se nourrit à 45 % de krill, les pingouins en été et leurs petits au printemps jouent un rôle important dans son régime alimentaire. En automne, quand les poussins voient leurs plumes pousser, ils se mettent à l'affût. La course à la reproduction est si intense que les manchots Adélie, qui font leur nid jusqu'à 77° S, peuvent produire des petits couverts de plumes en 50 ou 60 jours. Les manchots papous sont moins pressés puisqu'il leur faut de 70 à 90 jours, mais ils ne descendent pas en dessous de 65° S. Vers la fin de mars, quand les jours raccourcissent brutalement et que chute la température, la mer commence à geler : la banquise avance vers le nord à raison de 4 km par jour, ce qui représente plus de 100 000 km² de glace nouvelle toutes les 24 heures. Devant la glace, phoques, oiseaux et baleines – pratiquement toute la faune de l'Antarctique – sont chassés vers le nord et ne reviendront qu'au printemps suivant. Dans l'Arctique, septembre marque la fin des longues journées ensoleillées et le début des orages. Tout en haut de la colline, les jeunes guillemots n'ont pas vraiment le choix : il leur faut s'envoler. Les plus chanceux glissent le long de la paroi et tombent dans la mer, mais la majorité s'écrase sur la toundra où les renards polaires les attendent avec impatience.

CI-DESSOUS *Bœufs musqués sur la défensive. Quand la tempête fait rage ou que les loups traînent alentour, ils se placent ainsi ou forment des cercles autour des petits. En hiver, il leur faut trouver des zones exposées où la neige peu épaisse leur permet de gratter pour trouver de quoi se nourrir. Leurs poils, les plus longs de tous les mammifères, les protègent du froid : par endroits, la sous-couche peut mesurer jusqu'à 30 cm d'épaisseur.*

EXODE

Sur le continent, la période de pousse intense s'achève et les animaux qui y paissent doivent repartir vers le sud. Chaque été, d'immenses troupeaux comptant jusqu'à un demi-million de caribous se dirigent vers le nord pour s'y nourrir avant de se scinder pour avoir leurs petits. L'automne venu, les troupeaux se reforment et les caribous regagnent les forêts pour y passer l'hiver. Tout au long de ce périple, ils sont harcelés par les loups gris qui sont, avec les hommes, les prédateurs les plus répandus de cette contrée. Comme la plupart des gros animaux de l'Arctique, ces loups sont plus imposants que leurs congénères du Sud. Leur poids et leur fourrure les protègent des rigueurs de l'hiver. Une meute compte habituellement de 5 à 8 individus mais, quand la chasse est bonne, 30 loups peuvent s'unir pour chasser les caribous et leurs petits.

Quand les colonies d'oiseaux de mer se sont tues et que les caribous sont partis, les ours polaires qui ont passé l'été sur la terre ferme commencent à se rassembler le long des côtes. Au Canada, Churchill possède la population la plus australe : chaque automne, des centaines d'ours attendent que la glace se reforme. Les mâles effectuent des simulacres de combat pour tester leur force et établir une sorte de hiérarchie, mais ces rapprochements forcés s'achèvent bientôt, et les ours vivent à nouveau en solitaire pour chasser les phoques sur la banquise.

L'HIVER POLAIRE

Sur les 40 mammifères terrestres de l'Arctique, 12 seulement y vivent toute l'année et affrontent le terrible hiver que connaît le Grand Nord. Les plus petits, tels les lemmings et les campagnols, n'hibernent pas mais survivent dans des tunnels creusés sous la neige en grignotant des racines. Le microclimat qui y règne permet à ces petits rongeurs de vivre plus au nord que s'ils habitaient la surface du sol. Les gros mammifères que sont les bœufs musqués sont protégés du vent et des précipitations par un matelas de longs poils tressés. Une sorte de duvet isolant forme une épaisseur dense sous cette couche protectrice. Quand les neiges de l'hiver recouvrent leurs pâturages estivaux, les bœufs musqués regagnent des terres plus élevées et plus exposées aux vents : ils fouillent alors le sol pour y trouver la végétation. Si l'hiver est particulièrement rude, ces géants de 400 kg forment un cercle comme les convois de chariots qu'attaquaient les Indiens. Serrés les uns contre les autres pour se réchauffer, leur tête massive et leurs cornes tournées vers la bourrasque, ils bravent les pires tempêtes et les quelques meutes de loups vivant encore dans cette région.

Une fois la banquise formée, phoques, baleines et oiseaux de l'Arctique qui trouvent leur nourriture dans l'océan doivent partir vers le sud pour y gagner une mer qui ne soit pas gelée. Huit oiseaux sédentaires passent quant à eux toute l'année sur la terre ferme. Le ptarmigan, sorte de lagopède qui adopte un plumage blanc en hiver, fait comme le bœuf musqué et survit en cherchant pousses et graines sous la couche de neige. Minuscules, le bruant des neiges et le bruant lapon se nourrissent d'insectes en été mais de graines en hiver. Au même titre que le sizerin blanchâtre et le sizerin flammé, ces oiseaux passent toute l'année dans l'Arctique, mais ont tout de même tendance à se rendre plus au sud quand la nourriture vient à manquer. Il ne reste que deux prédateurs : le corbeau commun, un charognard, et la

CI-DESSUS *Un pétrel géant antarctique dévore la carcasse d'un phoque. Un odorat puissant aide ces oiseaux à localiser les charognes, leur principale nourriture. Ils rôdent aussi autour des colonies de manchots pour attraper les petits égarés ou les adultes vulnérables qu'ils tuent de leur grand bec crochu.*

EN HAUT *Un jeune eider mâle avec un oursin en provenance du fond de la mer. Contrairement aux autres eiders et à la plupart des oiseaux de l'Arctique, ceux de la baie d'Hudson ne migrent pas pour échapper à l'hiver. Ils survivent en pêchant dans les fissures de la glace et les polynies, sortes d'oasis aquatiques que les courants empêchent de geler. Ils peuvent ainsi plonger pour récolter des moules et des oursins qu'ils avalent sans les broyer : leur estomac fera le reste.*

chouette harfang, qui survit en capturant les lemmings ou les campagnols assez inconscients pour sortir la tête de leurs tunnels.

Pendant les pires mois de l'hiver, les ourses polaires sont bien à l'abri dans leur tanière. La température d'une tanière – isolée par la neige – peut dépasser de 20 °C celle de l'extérieur, et les vents glacials ne posent aucun problème. Pour les mâles demeurés sur la banquise, les âpres tempêtes de décembre et de janvier sont les plus dures à supporter. Se cacher derrière un surplomb de glace, voilà leur meilleure protection contre la morsure du vent. D'une certaine façon, c'est la grande taille de l'ours polaire qui l'aide à affronter le froid, mais que se passe-t-il pour le renard polaire, bien plus petit ? Il survit dans l'ombre des ours et se repaît des restes de leur festin.

CI-DESSOUS *Un ourson polaire se sert de la neige comme d'une couverture contre le froid. L'hiver est une saison redoutable pour les ours. Les températures de l'Arctique ne sont jamais aussi extrêmes que celles de l'Antarctique, mais elles peuvent tout de même être fatales. Les ours qui n'occupent pas de tanière se réfugient derrière des crêtes ou dans des trous.*

L'ENDROIT LE PLUS FROID SUR TERRE

Les conditions hivernales dans l'Antarctique sont bien plus rudes que celles de l'Arctique. Pendant de brèves périodes, la température de l'Arctique chute parfois à – 58 °C, mais celle de l'Antarctique peut se stabiliser à – 70 °C pendant plusieurs semaines d'affilée. Sur le plateau polaire, au centre du continent, il ne pousse sur les nunataks que de minuscules lichens. À la périphérie, plus clémente, seuls un oiseau et un mammifère peuvent affronter les rigueurs saisonnières. Dans les stations scientifiques situées en lisière du continent, les hommes ferment les écoutilles. Les recherches sont

suspendues jusqu'à l'été et chacun s'active à conserver la station en l'état. Une panne de générateur ou un incendie sont synonymes de mort certaine.

Le phoque de Weddell se reproduit bien plus au sud que tout autre mammifère de notre planète. C'est peut-être le plus attirant de tous les phoques de l'Antarctique avec ses 3 m de long et sa fourrure grise ponctuée de taches noires. Contrairement aux phoques crabiers qui vivent plus au nord, parmi les glaces flottantes, ils ont opté pour une glace permanente qui ne se scinde même pas en été. Pour survivre pendant l'hiver, ils entretiennent dans la glace des trous leur permettant de respirer. Quelques mètres de glace font changer leur vie du tout au tout : au-dessus du trou, ils affrontent les pires conditions de la planète, alors que sous la glace, où le vent est inconnu, la température ne chute jamais en dessous de 1,8 °C et la nourriture abonde tout au long de l'année.

Veiller à ce que le trou reste ouvert n'est pas sans risque puisque les phoques de Weddell doivent sans cesse en ronger les bords : leurs dents s'usent très vite, et ils ne vivent en moyenne que 20 ans, alors que les phoques crabiers atteignent les 40 ans.

TRIOMPHE DE L'EMPEREUR

Au début d'avril, quand la banquise commence à se former et que le reste de la faune de l'Atlantique migre vers le nord, le manchot empereur prend la direction du sud. Un mètre de haut, deux fois plus gros que le manchot royal, le manchot empereur est un oiseau élégant

CI-DESSOUS *Le manchot empereur, seul oiseau de l'Antarctique à supporter les rigueurs de l'hiver. Ils pondent leurs œufs en hiver et les mâles se réunissent sur la glace pour couver. Se serrer les uns contre les autres, telle est l'unique façon de lutter contre le froid. Au centre du groupe, la déperdition de chaleur peut être réduite de 50 %.*

CI-DESSUS *Des manchots empereurs marchent sur la banquise pour relever leur compagnon et nourrir leur petit. Ils pondent en hiver pour que les œufs éclosent au printemps : les petits ont ainsi tout l'été pour grandir et prendre leur indépendance. Les mâles sont chargés de l'incubation : quand les poussins sont nés, ils les transmettent aux femelles et regagnent la mer où ils pourront se nourrir après des mois de privation, mais aussi revenir avec des provisions pour les jeunes.*

qui mérite vraiment son nom. En violation de toutes les règles de la nature, ils pondent leur œuf à l'automne et le couvent pendant quatre mois, les pires de l'hiver. Ce sont les seuls oiseaux à pondre sur la glace, toujours la plus solide, celle qui ne se brisera pas avant que les petits soient sevrés, à la fin de l'automne suivant.

Toutes ces colonies occupent le Grand Sud, entre 66 et 78° S, et même aujourd'hui, nul ne connaît le nombre exact de manchots empereurs. On recense pour l'instant une quarantaine de colonies disséminées tout autour du continent. Les plus grandes comptent quelque 40 000 oiseaux et on pense que la population globale est de 160 000 couples.

La femelle pond au début de mai un œuf unique qu'elle passe directement au mâle. Il le conserve bien à l'abri au-dessus de ses pattes, créant ainsi une sorte de poche protectrice dont la température est de 80 °C supérieure à la température extérieure. Les femelles regagnent la mer pour se nourrir pendant l'hiver et ne reviennent qu'au bout de 65 jours : les mâles affrontent seuls la longue nuit de l'hiver. Ils se serrent les uns contre les autres, avec des températures qui peuvent atteindre les – 70 °C et les vents, 160 km à l'heure. Le groupe tourne lentement sur lui-même pour que chacun occupe tour à tour la meilleure place. Au centre du groupe, la perte de chaleur peut être réduite de 50 %.

Il faut attendre la mi-juillet pour que les femelles reviennent de l'océan. Le Soleil commence tout juste à éclairer le Sud et les mâles jouissent désormais d'une ou deux heures d'ensoleillement lointain.

La banquise est à son maximum et les femelles doivent parcourir 160 km pour rejoindre la colonie. Leur retour doit être parfaitement synchronisé. Une fois le poussin né, le mâle ne peut lui donner qu'un seul repas avec la nourriture spéciale conservée pendant tout l'hiver dans son œsophage. Il ne peut prendre soin de lui que pendant une bonne dizaine de jours avant que la faim le contraigne à l'abandonner et à regagner la mer. Quand il y parvient enfin, il aura jeûné pendant 115 jours – détenant ainsi le record chez les oiseaux – et perdu la moitié de son poids.

En survivant au pire hiver qui soit, un mâle s'assure que son œuf éclora au tout début de l'été polaire. À l'automne, le poussin sera assez fort pour découvrir la mer, et le manchot empereur aura triomphé du plus grand changement saisonnier de la planète.

3
immensité des forêts

Entre les pôles et l'équateur s'étirent d'immenses forêts nées de l'eau et de la lumière du Soleil, pourtant l'abondance de ces dernières connaît de telles variations saisonnières que la faune, la flore, mais aussi la vie de toute la planète s'en trouvent affectées.

Les forêts saisonnières sont les poumons de notre planète. Elles produisent l'oxygène que nous respirons et débarrassent l'air du gaz carbonique que nous émettons, convertissent l'énergie solaire en une forme comestible pour les animaux, enfin elles régulent la quantité d'eau en stockant la pluie puis en la libérant lentement dans l'air (vapeur). Ce processus s'effectue aussi de façon très intense à l'équateur, où la longueur des jours ne varie pas, de sorte qu'aucun changement de saison ne vient l'altérer, mais les forêts variables couvrent une superficie bien plus importante que leurs homologues de l'équateur. Leur étendue sur un grand nombre de latitudes et leurs variations saisonnières obligent les arbres et les animaux qu'elles abritent à prendre des mesures draconiennes pour affronter des conditions extrêmes.

CI-DESSUS *Une ligne d'arbres marque le début de la grande ceinture sylvestre (ici près de la baie d'Hudson, au Canada). Au-delà, la température élevée est bien trop rare dans l'année pour permettre la croissance des arbres.*

CI-CONTRE *Au nord, une forêt de conifères en plein hiver. Ces arbres supportent le gel et la déperdition d'eau. Ils peuvent aussi se courber sous le poids de la neige.*

PAGES PRÉCÉDENTES, EN HAUT *Forêt tempérée mixte, Japon.*
EN BAS *Groupe de rhinopithèques, Chine.*

LES GRANDES FORÊTS DU NORD

Dans l'étendue désolée située aux abords de la ville de Churchill, au Canada, des arbustes rabougris n'atteignant même pas un mètre de haut forment une ceinture aux bords bien définis. D'un côté s'étend l'immense toundra arctique, de l'autre un mélange d'arbres miniatures très clairsemés. C'est la « ligne d'arbres » de la forêt, le point le plus nordique où un arbre peut pousser : c'est également le début des forêts saisonnières. La plupart des arbres rabougris sont des conifères, même si l'on trouve des saules arctiques (ou saules ligneux) et des bouleaux à peine plus hauts que la cheville.

La position de la ligne d'arbres varie avec l'altitude et l'influence de la mer, mais elle se situe habituellement autour des 65° de latitude. La composition des essences n'est pas la même en Amérique du Nord, en Scandinavie ou en Russie, mais le principe est identique. Pendant au moins 30 jours de l'année, la température monte au-dessus de 10 °C – le minimum pour que pousse un arbre. Quand ce laps de temps est moins important, la période de croissance est trop brève pour l'élaboration d'un tronc ou pour que les aiguilles délicates et nouvelles atteignent leur maturité avant l'arrivée brutale de l'hiver.

Sur la ligne d'arbres, la température peut chuter à – 50 °C. Le Soleil se lève à peine pendant plusieurs mois et, pendant sept mois d'affilée, l'eau se présente sous forme de neige et de glace de sorte que la région est aussi sèche qu'un désert. Des conditions aussi rudes exigent un équipement de survie bien particulier. Les aiguilles des conifères présentent une surface réduite et un revêtement cireux qui freinent la déperdition d'eau. Elles renferment également un liquide qui diminue les chances de voir se former des cristaux de glace. Leur couleur sombre s'explique par les pigments servant à capter la lumière faible et inclinée qui frappe ces latitudes. Même ainsi, la lutte est inégale : la période de croissance est si courte qu'une pousse de conifère met 25 ans pour s'élever au-dessus de la toundra et ressembler à un arbre, mais beaucoup meurent avant d'atteindre la maturité.

Les animaux sont rares dans un tel paysage. Ce n'est, d'une certaine façon, qu'un lieu de passage pour les créatures polaires venues se protéger des rigueurs de l'hiver et pour quelques animaux plus méridionaux cherchant à échapper provisoirement à la chaleur de l'été. Le papillon *Isia isabella* en est l'un des rares permanents et son existence est très révélatrice. Quand la chenille éclot, il ne reste plus que trois ou quatre semaines d'été. Elle consomme des saules nains, pas assez toutefois pour muer avant la venue de l'hiver. Elle s'entoure alors d'un cocon de soie pour hiberner et prend une forme solide. Au dégel, au début de juin, elle se remet à manger, mais la végétation est rare et, pour la deuxième fois, elle n'a pas le temps de se changer en papillon. À nouveau elle se solidifie pour décongeler au printemps. Le cycle peut se répéter pendant 12 années avant que la métamorphose soit complète. Il ne lui reste plus que quelques jours pour s'accoupler et pondre ses œufs avant de mourir.

CI-DESSOUS *Un grand tétras femelle se nourrit de jeunes aiguilles de pin, Finlande. Peu d'animaux digèrent les feuilles des conifères boréaux, de sorte que les grandes forêts du Nord sont vides en comparaison.*

CI-CONTRE *Désert de conifères. Les forêts boréales de conifères n'abritent souvent qu'une ou deux essences – une monoculture avec un sol presque nu.*

UN DÉSERT VASTE ET VERT

En descendant vers le sud, les arbres sont plus hauts et plus denses, au point de former une bande verte qui s'étend jusqu'à l'horizon. Au Canada, on parle de forêt boréale, du nom de Boréas, le dieu grec du vent du nord ; en Russie, c'est la taïga, mais les mots sont devenus interchangeables. La forêt est si vaste que, vue de l'espace, elle ressemble à une large ceinture verte qui fait tout le tour du sommet de la planète et n'est interrompue que par l'océan. Large de près de 2 000 km par endroits et longue de 10 000 km, elle couvre 4 millions de km^2 et abrite le tiers des arbres de notre planète. La moitié de cette forêt se situe en Russie, un tiers au Canada et le reste, en Alaska et en Scandinavie. En période de croissance maximale, elle absorbe tant de gaz carbonique et rejette tant d'oxygène qu'elle modifie sensiblement la composition de l'atmosphère terrestre.

La vue de l'espace donne l'impression d'un éden infini. Pourtant, à bien des égards, la taïga est un désert vert. Il n'y a fréquemment qu'une ou deux essences d'arbres sur des centaines de kilomètres. Ainsi, le mélèze russe peut mettre 60 ans pour ne pousser que de 2 ou 3 cm, soit dix fois plus longtemps qu'un conifère en région tempérée. De même, les animaux ne sont pas très nombreux. Les aiguilles de conifères sont peu savoureuses et, même si le tétras sombre et le grand tétras mangent les plus jeunes, comme le fait aussi le porc-épic, les autres créatures se contentent de mousses, de lichens et de graines. La situation du sol de la forêt est aussi terne. Au lieu d'un riche tapis de feuilles en décomposition, on ne trouve qu'une couche sèche et épaisse d'aiguilles qui s'altèrent lentement et laissent un terrain acide. Les champignons poussant autour des petites racines des arbres sont les seuls responsables du recyclage des nutriments. Ils digèrent entièrement les aiguilles et libèrent des substances chimiques qu'absorbent les arbres, tandis que ceux-ci leur procurent les nutriments qu'eux-mêmes sont incapables de trouver. Sans une telle relation, les arbres auraient du mal à subsister sous de telles latitudes, d'autant plus que les sols de la zone boréale sont pauvres et pierreux.

CI-DESSUS *Paysage de Laponie. En hiver, on trouve peu de signes de vie dans les forêts boréales, à l'exception de la cime des arbres et de la couverture neigeuse.*

Pendant la majeure partie de l'année, un manteau de neige recouvre ce paysage féerique. La meilleure façon de le découvrir est de survoler la forêt en ballon, assez près du sol. Les plus petits conifères ressemblent à peine à des arbres, plutôt à des silhouettes courbées vêtues de blanc. Les plus grands arborent une forme conique qui ne retient pas la neige, mais des stalactites de glace pendent à chaque branche. Les empreintes laissées dans la poudreuse portent toutes leur signature. Peut-être verrez-vous celle d'un lièvre ou d'un lynx – voire d'un glouton si la chance est avec vous – mais, souvent, des étendues immenses peuvent ne pas présenter le moindre signe de vie. Le vide, telle est l'impression dominante.

L'étude des empreintes ne suffit pas. Des oiseaux tels que le bec-croisé se plaisent à la cime des arbres. Ils passent ici toute l'année en extrayant les graines des conifères à l'aide de leur bec étonnant. La forme du bec est très importante et trois espèces ont évolué différemment pour s'adapter aux pommes de sapin, épicéa et pin, respectivement.

Des rongeurs comme le lemming peuvent vivre sous la neige sans trahir leur présence. La couche de neige les isole du froid et les protège vaguement des prédateurs, même si la chouette harfang peut les entendre et se laisser tomber, serres en avant, sur leur nid. Les lemmings survivent en mâchant des racines ou en mangeant les graines stockées au cours de l'été.

UNE MÉMOIRE ÉTONNANTE

Le casse-noix allie un outil efficace à une mémoire remarquable. Son bec puissant lui permet d'ouvrir les pommes du pin blanc et d'en ôter les pignons. Quand la nourriture abonde, il en cache dans toute la forêt en prévision des jours de disette. Il peut en stocker ainsi 30 000 mais – au lieu de tout mettre en un seul endroit comme l'écureuil – peut avoir jusqu'à 5 000 caches disséminées parmi les arbres. Peut-être l'odeur d'une cache importante attirerait-elle l'attention des ours... Le casse-noix se rappelle l'emplacement de 75 % d'entre elles.

On ignore comment il y parvient, d'autant plus que son cerveau est aussi gros que les pignons qu'il engrange. Une question se pose alors : les derniers 25 % sont-ils vraiment oubliés ou délibérément laissés sur place ? Cette quantité supplémentaire est-elle là pour pallier un « trou de mémoire » ou dans la prévision d'un hiver plus rude ? Peu importe : le pin en est le grand bénéficiaire, puisque sa reproduction dépend entièrement des 25 % de graines laissées en terre. Ni l'arbre ni l'oiseau ne pourraient vivre l'un sans l'autre.

GÉANTS

Les forêts boréales forment une ceinture autour du globe, et les animaux se ressemblent en tous lieux. Le grand cervidé appelé orignal en Amérique du Nord prend le nom d'élan en Europe. Le caribou et le renne sont presque identiques. Les gloutons, lynx et ours diffèrent peu au Canada et en Russie. Tout indique l'uniformité de la forêt. Seule exception de taille : on ne trouve de tigres qu'en Sibérie.

Les habitants de ces forêts ne se contentent pas de se ressembler : ce sont aussi des géants. Les gros animaux ont un territoire relativement moins étendu que les plus petits, et la déperdition de chaleur est moindre. Les gloutons sont les plus gros représentants de la famille des fouines, l'orignal est le plus grand cervidé, le tigre de Sibérie est le plus gros félin connu, sans proportion aucune avec ceux qui peuplent les forêts de Sumatra. Les ani-

CI-DESSUS *Un bec-croisé. Il ouvre les pommes de pin à l'aide de son bec et extrait les graines avec sa langue. Le casse-noix est un des rares oiseaux adaptés aux conifères.*

CI-DESSUS, À GAUCHE *Le casse-noix d'Amérique mange les graines contenues dans les pommes de pin. Celles-ci ont besoin de lui pour s'ouvrir et déposer leurs graines dans le sol. L'arbre et l'oiseau dépendent l'un de l'autre.*

LE GLOUTON

Le glouton est un animal ancré dans la légende. Certains voient en lui un hybride d'ours et de loup, d'autres un intermédiaire entre notre monde et celui des esprits, mais il a partout une réputation de ruse et de férocité.

Le glouton est le plus gros membre de la famille des mustélidés (blaireaux, ratels, etc.), bien adapté aux rigueurs de la vie boréale. Dans le Nord glacé, les occasions de manger sont rares et espacées, mais le glouton retourne la situation en sa faveur. Il se jette sur les charognes et parvient à éloigner ours et loups d'une carcasse. C'est aussi un chasseur actif, capable d'attraper n'importe quoi, du renne à la souris. Ses proies sont d'ordinaire des rongeurs, des écureuils et des lièvres, mais un glouton de 20 kg peut tuer un cervidé de 150 kg en lui sautant sur le dos et en le mordant à la gorge. Comme son nom l'indique, le glouton peut manger énormément en une seule fois ; il cache les restes dans la neige pour plus tard. La rareté de la nourriture fait que le territoire du glouton doit être très vaste. Celui des femelles peut dépasser les 500 km^2, celui des mâles trois fois plus.

maux de plus grande taille peuvent faire des déplacements accrus, accumuler davantage de graisse et espacer encore plus leurs repas – autant de talents fort utiles sur un territoire désolé où les animaux doivent fréquemment parcourir de grandes distances pour s'alimenter.

ÉTÉ DE REPRODUCTION

L'hiver boréal est long et rude, mais l'été est intense. En juin et juillet, la nuit ne vient pas interrompre la croissance et les grainées jaillissent de toutes parts pour produire des fleurs en un rien de temps. Les larves d'insectes pullulent dans les eaux marécageuses : leur cycle de vie s'accélère au point qu'en quelques jours, les adultes volètent, s'accouplent et pondent des œufs. Les hérissons se réveillent après huit mois d'hibernation, et leur emploi du temps est très serré : ils n'ont en effet que trois mois pour se reproduire et stocker de la graisse pour passer l'hiver suivant. Les ours sortent d'un sommeil plus troublé, puisque les petits sont nés dans la tanière. Ils s'empressent de manger les premières baies. Dans les étangs, les élans se repaissent des plantes aquatiques que près de 24 heures d'ensoleillement ont fait pousser à toute allure.

L'arrivée des oiseaux migrateurs constitue un changement de taille. Les grives et les roselins, partis passer l'hiver au sud dans les forêts d'arbres à feuilles caduques, reviennent nourrir leurs petits en attrapant des myriades d'insectes. Les oiseaux de proie, tels l'autour et la chouette, se nourrissent des jeunes oiseaux chanteurs et des rongeurs. Dans le ciel passent les oies, en route vers les vastes pâturages de la toundra. La faune n'est toutefois pas concentrée dans la forêt de conifères, elle vit plutôt parmi les bouleaux, saules et trembles qui bordent les lacs et les marécages.

CI-CONTRE, EN HAUT *Un orignal d'Alaska, le plus grand des cervidés. Comparée à sa masse, sa surface de peau assez petite lui permet de survivre dans les forêts froides.*

CI-CONTRE, EN BAS *Le tigre de l'Amour, autre géant de la forêt boréale. Ce gros prédateur a besoin d'un immense territoire et d'une abondance de proie : le déboisement, la fuite des animaux et la chasse le mettent en péril.*

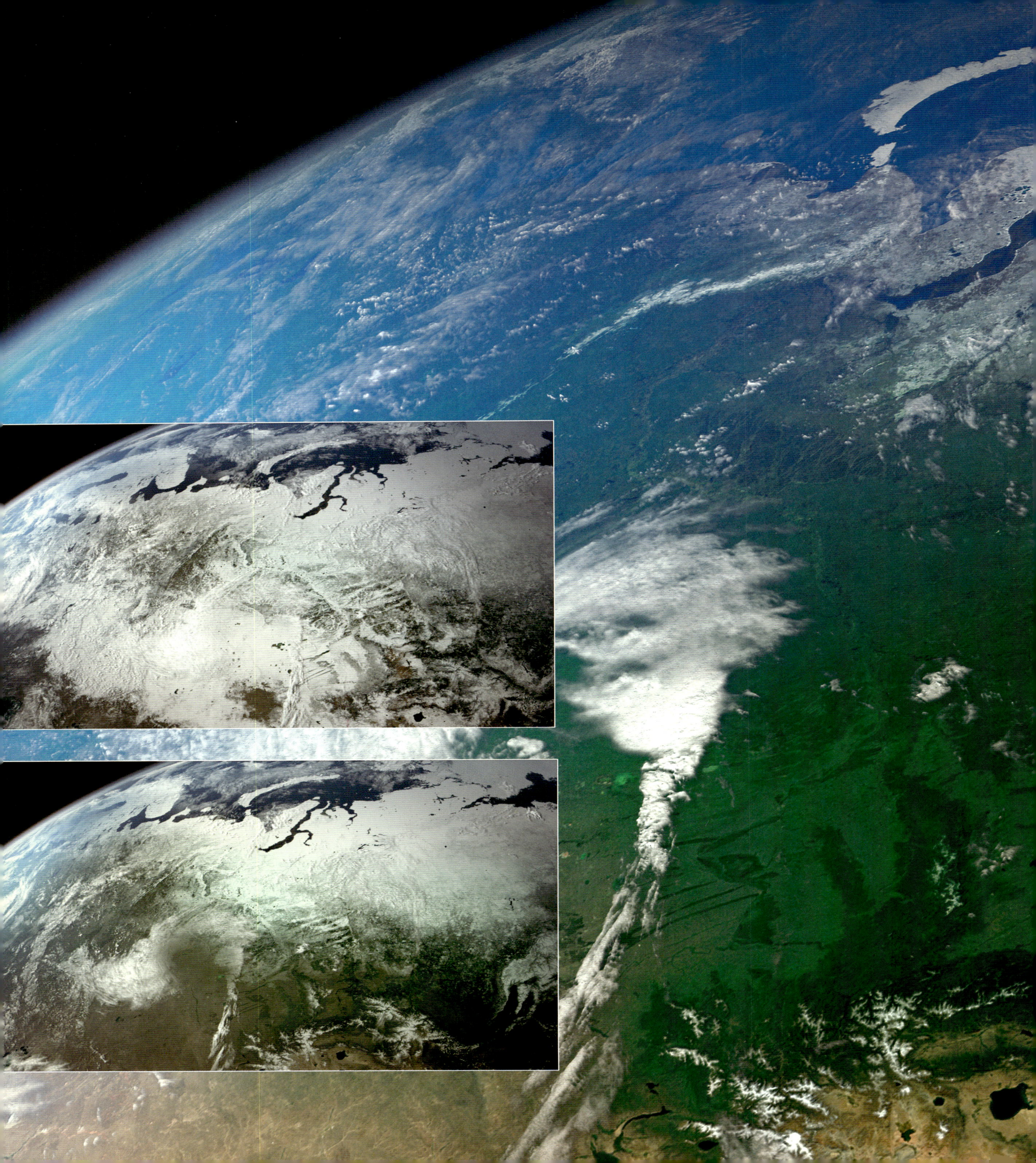

LA VIE TEMPÉRÉE

Les conifères règnent en maître entre 70 et 55° de latitude, mais lorsque l'on va vers le sud et que les étés s'allongent, la première place revient à des arbres à feuilles larges tels que le bouleau, le hêtre, le tremble et l'érable. Une feuille large capte mieux la lumière du Soleil qu'une aiguille, mais elle résiste moins au froid et, à cause de sa minceur, perd davantage d'eau. Les arbres pallient ce défaut en se débarrassant chaque hiver de leurs feuilles. L'apparition de nouvelles feuilles au printemps est largement compensée par leur productivité au cours d'une période de croissance étendue.

UNE FORÊT COMESTIBLE

Un feuillage provisoire ne peut qu'accroître la richesse de l'agenda de la forêt : graminées fleuries au printemps, vert sombre de l'été, couleurs de l'automne et silence de l'hiver. C'est toutefois la faune qui subit le plus grand impact. Les arbres à feuilles caduques constituent une nourriture excellente, contrairement aux aiguilles de conifères pratiquement immangeables. Secouez la branche d'un chêne en été, et il en tombera toutes sortes de créatures dévoreuses de feuilles, des pucerons suceurs de sève et des larves de papillons jusqu'à leurs prédateurs : coccinelles, guêpes, araignées et coléoptères. Ces petites créatures seront à leur tour attrapées par des oiseaux comme la mésange bleue et le grimpereau, lesquels deviendront la proie de l'épervier, par exemple.

Le caractère comestible de la forêt va bien au-delà des feuilles. On trouve sous les arbres collemboles, mille-pattes, limaces, escargots et créatures plus infimes encore impliquées dans la décomposition des feuilles. En comparaison, la couche d'aiguilles sèches d'une forêt de conifères est pratiquement dépourvue de vie. Les feuillus recourent à des substances chimiques pour se défendre, mais leur priorité consiste à se développer très vite avant que les feuilles de leurs rivaux interceptent la lumière. Une partie de la lumière solaire retenue par les feuilles sera transmise aux autres créatures pour tisser la trame complexe de la vie. Dans une forêt de conifères, une forte proportion de lumière est retenue captive dans des troncs géants et droits.

« VAGUE DIX »

La cigale est certainement l'animal qui illustre le mieux le caractère nourricier de la forêt. En 2004, l'État américain de l'Indiana fut le théâtre d'un formidable spectacle. En 1987, les cigales adultes de la « vague dix » pondirent sur des arbres à feuilles caduques, en particulier sur ceux dont la sève est très sucrée, l'érable par exemple. Les œufs ont éclos sur les feuilles et de minuscules nymphes tombèrent sur le sol, s'enfoncèrent en terre et plongèrent leur « trompe » dans les racines. Pendant 17 ans, elles restèrent enfouies dans la plus grande discrétion, mais en mai 2004, elles firent dans l'autre sens leur trajet initial, sortant de terre et rampant vers les branches feuillues. Avec leurs 4 cm de long, elles étaient mille fois plus grosses que lors de leur plongée souterraine. Des millions d'individus jaillirent du sol et, tels des zombies, escaladèrent de manière implacable tout ce qui était vertical. Les nymphes s'arrêtèrent à une hauteur donnée. Sous l'exosquelette craquant, le corps se réorganisait. Les adultes qui en sortirent étaient doux et blancs mais, en moins de

CI-CONTRE, EN HAUT *Floraison printanière de campanules dans un bois anglais. La plupart des plantes des forêts tempérées fleurissent à la fin du printemps. En été, une faible partie de la lumière parvient jusqu'au sol.*

CI-CONTRE, AU MILIEU *Au printemps, la canopée de cette hêtraie laisse encore passer de la lumière, mais ce ne sera plus le cas en été.*

CI-CONTRE, EN BAS *Chute des feuilles en automne. Les pigments rouges et or apparaissent quand la chlorophylle qui donne leur couleur verte aux feuilles se retire, avant la défoliation hivernale.*

PAGES PRÉCÉDENTES *Partie russe de la vaste ceinture sylvestre qu'est la taïga, mois d'août.*
INSERT SUPÉRIEUR *En janvier.*
INSERT INFÉRIEUR *En avril.*

deux heures, ils se durcirent et virèrent au brun, enfin capables d'émettre les cris stridents qui font leur renommée. Après 17 ans sous terre, les cigales ne disposaient que de 10 jours pour s'accoupler, pondre et mourir. Les animaux jouent souvent sur la quantité. Pour les cigales, c'est le meilleur moyen de défense. En quelques nuits, on en vit sortir des centaines de milliards. Les oiseaux étaient trop gros pour prendre leur essor et les tamias mangeaient à en avoir la nausée. L'effet néfaste sur les prédateurs explique certainement pourquoi les cigales synchronisent leur résurrection. Comment des nymphes enfouies savent-elles que 17 années se sont écoulées ? Peut-être goûtent-elles la sève sucrée ou sentent-elles la pression diminuer en automne quand les arbres perdent leurs feuilles, ce qui leur permettrait de compter les cycles. La preuve écologique de cet événement est inscrite dans les cercles de croissance des arbres de la région. Tous les 17 ans, à chaque émergence de cigales, les anneaux s'espacent, signe d'une croissance accrue. Pourquoi ? Cette année-là, les cigales cessent d'aspirer la sève et de ponctionner les arbres.

HÉRITAGE DE L'ÈRE GLACIAIRE

La structure des forêts tempérées est pratiquement la même dans le monde entier. Quelques grands arbres comme le chêne et le hêtre forment la canopée, alors que des arbres de plus petite taille comme l'érable, l'aulne, le cornouiller et l'aubépine, constituent l'étage inférieur, que le surcroît de luminosité rend plus complexe que ce que l'on trouve sous les tropiques. En revanche, l'éventail des essences formant cette structure varie avec l'histoire de la masse

terrestre. Les glaciations ont eu des conséquences énormes sur la multiplicité des arbres de l'hémisphère Nord. Au début de la dernière glaciation, il y a 80 000 ans, quand la glace descendit lentement du nord, les arbres d'Europe se virent interdire de « migrer » vers des climats plus chauds par la barrière est-ouest des Alpes et des Pyrénées. En revanche, en Amérique du Nord où les chaînes de montagnes sont orientées nord-sud, les arbres purent emprunter les vallées pour se diriger vers le sud. Cela explique peut-être pourquoi il y a 3 000 essences d'arbres à feuilles caduques en Amérique du Nord et seulement 1 000 en Europe.

Les arbres feuillus font un bois excellent et, une fois tombés à terre, rendent le sol propice à l'agriculture. En conséquence, dans l'hémisphère Nord, peu de forêts d'arbres à feuilles caduques demeurent intactes et leur superficie a été divisée par quatre. En Amérique du Nord, une large ceinture sylvestre devait s'étirer entre le golfe du Mexique et les Grands Lacs. En Europe occidentale et centrale et en Asie, une énorme bande était délimitée par les Alpes et les Pyrénées au sud et la forêt boréale au nord ; elle s'atténuait dans l'Oural (ouest de la Russie) pour réapparaître dans la région de l'Amour (est de la Russie) et en partie en Chine et au Japon.

LA FORÊT EUROPÉENNE

Quand la dernière glaciation s'acheva, il y a 10 000 ans, la Terre fut rapidement recolonisée par les forêts de feuillus, qui occupèrent bientôt 90 % des sols. Il y a 5 000 ans débuta une déforestation rapide. En Angleterre, en 1086, le *Domesday Book* – destiné à recenser les propriétés – indiquait que la superficie des forêts était inférieure à celle d'aujourd'hui.

CI-CONTRE *Les cigales de la « vague dix » grimpent le long d'un tronc d'arbre assez haut pour se transformer en adultes. C'est la fin de 17 années de vie souterraine où elles se nourrissaient de sève.*

CI-DESSOUS *La forêt de Bielowezia, fouillis désordre de troncs, de branches cassées et de bois en putréfaction, mais aussi refuge pour une faune très complexe.*

C'était la même chose en France, et le reste de l'Europe n'était pas loin derrière. Pour savoir à quoi ressemblait l'Europe centrale d'avant la déforestation, il faut se rendre à Bielowezia, une forêt très ancienne qui s'étend sur 1 500 km² entre la Pologne et la Biélorussie. Seul le cœur de cette forêt est vierge, contrairement à ce que l'on voit dans le reste de l'Europe. Il y pousse de grands arbres, cachés toutefois par un désordre d'arbres à tous les stades de leur croissance ; c'est très différent des traditionnelles forêts de chênes et de hêtres qui regorgent de façon anormale de gros arbres, soit parce qu'ils ont tous été plantés en même temps, soit parce que le bétail en paissant a empêché les jeunes pousses de former un taillis. Dans la plupart des forêts européennes, les arbres malades sont abattus pour des raisons de sécurité et les troncs servent de bois de chauffage, tandis qu'à Bielowezia, on trouve du bois à chaque stade de sa décomposition, de l'arbre mort encore debout au tronc renversé si pourri qu'on ne sait plus s'il est bois ou sol.

La spécificité de cette forêt ne se révèle qu'au visiteur qui prend la peine d'attendre assis sous un arbre. La vie renaît au bout d'un quart d'heure environ. Les oiseaux volètent, de petits mammifères courent sous les buissons. Il suffit de s'attarder pour entrevoir, avec un peu de chance, des animaux moins communs : hermines ou belettes, sangliers ou même bisons. Les plus grosses créatures, tels le loup et le bison, survivent ici parce qu'elles sont protégées des chasseurs, mais la plupart des 58 espèces de mammifères et des 200 espèces d'oiseaux prolifèrent parce que c'est un lieu sain qui présente une grande diversité d'essences d'arbres à tous les stades de leur croissance et un bois destiné à pourrir, donc favorable aux chaînes alimentaires et au recyclage des nutriments.

CI-CONTRE *Couleurs annonçant la chute des premières feuilles, automne en Amérique du Nord. Les arbres tempérés sont dotés d'un mécanisme, peut-être déclenché par la diminution de l'ensoleillement quotidien, qui retire les nutriments des feuilles et dissocie la chlorophylle avant les gelées fatales pour les cellules. Les pigments visibles ici sont des restes de carotène jaune et d'anthocyanidne rouge nouvellement formée.*

CI-DESSOUS *Les champignons – ici des têtes-de-soufre – sont les grands recycleurs des forêts : ils contribuent à la décomposition des matériaux végétaux tombés à terre et apportent aux arbres des nutriments vitaux.*

DIVERSITÉ DES SAISONS

Une forêt tempérée d'arbres à feuilles caduques diffère d'une saison à l'autre à un point tel que pour la comprendre, il faut tout d'abord en étudier les nombreuses facettes. En Europe, le printemps commence à la fin de février, quand l'hiver desserre son étreinte et que les oiseaux chanteurs résidents entreprennent de délimiter leur territoire. Peu après, merles et grives entament la construction de leur nid. À la fin de mars, les premiers oiseaux migrateurs reviennent, le pouillot véloce de la Méditerranée et le pouillot fitis d'Afrique. Perce-neige et primevères éclosent très tôt, avant que les feuilles des arbres ne les privent de lumière. Le printemps est bien installé quand les feuilles des hêtres et des sycomores atteignent leur plénitude. Les campanules tapissent le sol avant que la canopée se referme, à la fin d'avril, et qu'arrive le coucou.

Si le printemps est la saison du changement, l'été est celle de la productivité. Chaleur, ensoleillement maximal et humidité du sol font que la végétation pousse à toute allure et que les animaux se reproduisent. De plus en plus nombreux, les insectes sont mangés par les petits mammifères et les oiseaux, lesquels sont à leur tour la proie des hermines, des belettes et des chouettes. Le tapis de la forêt se couvre de nouvelles fleurs, de l'épilobe à la digitale, mais la croissance à ce niveau diminue quand le feuillage des plus gros arbres atteint son maximum et leur vole la quasi-totalité de la lumière.

En automne, les jours raccourcissent et l'air se rafraîchit. Le brame du cerf se fait entendre dans la forêt quand les mâles se préparent au rut annuel. Les oiseaux migrateurs commencent à s'en aller et bien des résidents s'organisent pour l'hiver : les hérissons et les loirs stockent de la graisse avant d'hiberner, les écureuils et les geais font des réserves. Les arbres perdent déjà leurs feuilles et engrangent ce qu'ils peuvent de nutriments. La sève cesse de parvenir aux feuilles, provoquant ainsi des modifications chimiques qui donnent à la forêt des couleurs spectaculaires. Avec l'humidité et la pourriture arrivent les champignons vénéneux, seuls signes visibles des réseaux fongiques qui se développent dans la forêt.

Un étrange silence s'instaure. La plupart des insectes sont morts, mais leurs œufs assureront la pérennité des espèces avec l'amélioration des conditions. Les feuilles de l'année suivante sont bien à l'abri dans des bourgeons imperméables apparus avant l'automne. Des mammifères comme le blaireau et la belette sont encore actifs, mais les autres, le loir par exemple, sont plongés dans un profond sommeil. La décomposition se poursuit à un rythme dicté par les températures. Les feuilles tombées auront disparu dans deux ans et les arbres auront absorbé la majeure partie de leurs minéraux.

CI-DESSOUS *Un poussin de guillemot marbré sur une branche de séquoia – équivalent d'un rebord de falaise. Ses parents pêchent en mer.*

CI-CONTRE *Les forêts pluviales tempérées de la côte pacifique accueillent une communauté d'épiphytes : ces plantes poussent parmi les arbres grâce au brouillard, aux fortes précipitations et aux nutriments issus de l'accumulation des déchets.*

GIGANTISME DES FORÊTS PLUVIALES

Une des dernières forêts humides tempérées se situe sur la côte pacifique de l'Amérique du Nord. Dans une telle région, on s'attendrait à trouver des feuillus, mais c'est ici le domaine des conifères : ce sont les reliques d'une époque lointaine, 50 millions d'années, où la planète était plus humide et où les conifères qui s'y étaient adaptés peuplaient l'Europe et une partie de l'Asie (les conifères modernes occupent les zones sèches, froides ou chaudes).

La majeure partie de cette forêt se situe sur la péninsule Olympic, à cheval sur le Canada et les États-Unis. Cette région reçoit 381 cm de pluie par an, soit trois fois plus qu'il n'en faut pour parler de « forêt pluviale ». En descendant vers le sud, les précipitations se font plus saisonnières, et les mois d'été seraient trop secs sans les brouillards quotidiens venus du Pacifique qui permettent à des bouquets de séquoias géants de pousser aussi bas que Big Sur, dans le nord de la Californie. Durant les « mois de brouillard », leurs aiguilles sont recouvertes d'humidité pendant la moitié de la journée et il se produit une étonnante « transpiration inversée » : au lieu de voir l'eau recueillie par les racines et transmise aux aiguilles par la sève, elle est collectée par les aiguilles avant de redescendre vers les racines. L'humidité déposée sur les aiguilles descend aussi le long de l'arbre jusqu'au sol, qui est alors gorgé d'eau en surface. Un séquoia reçoit jusqu'à 40 % de l'eau « récupérée » dans l'air par cette méthode. Cependant, une telle dépendance par rapport à l'eau a limité la répartition des séquoias.

Contrairement aux conifères du Nord, les séquoias n'ont pas besoin de se débarrasser de la neige. Au lieu d'une forme conique, ils présentent une structure tridimensionnelle étonnante avec plusieurs couches de canopées. Elles se constituent quand les pousses horizontales des grosses branches se rencontrent et forment des plates-formes sur lesquelles tombent les aiguilles et poussent d'autres plantes. Ces jardins aériens arrosés par le brouillard reçoivent bien plus de lumière que le sol de la forêt et accueillent toutes sortes de communautés animales et végétales.

La masse biologique de ces forêts peut atteindre les 200 t par ha, plus que dans une forêt tropicale, mais elle se compose presque entièrement de bois debout appartenant à une poignée d'essences d'arbres. Dans ces endroits paisibles, le caquètement d'un geai ou le martèlement d'un grand pic (sorte de pivert) résonnent dans le silence de la forêt. Le guillemot marbré est l'un des plus étranges occupants de cet habitat. Oiseau marin qui trouve sa

Le triangle d'or

Les caractéristiques d'une forêt importent peu et seules comptent celles de chaque arbre. À poids égal, le bois est plus fort que l'acier et il peut adopter des formes extraordinaires, voire impressionnantes. Façonnés par les éléments, la lutte pour la lumière avec les autres arbres et la volonté de survivre, les arbres sont devenus les structures les plus étonnantes de la nature.

Chaque ami des arbres devrait faire un pèlerinage en Californie. En quelques centaines de kilomètres, il y verrait les organismes les plus hauts, les plus gros et les plus anciens de notre planète. Le plus grand arbre du monde est un séquoia côtier du nord de la Californie, le « Stratosphere Giant », qui culmine à 112,8 m dans le Rockefeller State Park ; certains de ses voisins n'ont rien à lui envier. Le plus volumineux pousse dans le Giant Sequoia National Monument, sur le flanc méridional de la Sierra Nevada. Le « Général Sherman » ne mesure que 82 m de haut, mais ses 11 m de diamètre à la base en font l'organisme vivant le plus massif qui soit. Son écorce mesure jusqu'à un mètre d'épaisseur, ce qui l'aide à résister aux feux de forêt.

Le plus vieil arbre est un pin bristlecone des White Mountains de Californie. Avec ses 4 700 ans, il existait bien avant les pyramides d'Égypte et avait déjà près de 3 000 ans à la naissance du Christ. Souvent, les pins bristlecone ne gagnent que quelques centimètres par siècle et leurs aiguilles vivent de 30 à 40 ans. Ils poussent à 3 000 m d'altitude sur des pentes qui comptent parmi les endroits les plus secs sur Terre : en effet, la Sierra Nevada capte toute l'humidité en provenance de l'ouest. Le sol de dolomite ne contient pratiquement aucun nutriment. La rudesse de l'environnement contribue certainement à la vie ralentie du pin bristlecone.

DE GAUCHE À DROITE *Un pin bristlecone âgé d'au moins 1 000 ans sur les White Mountains de Californie. Ces pins poussent sur le versant abrité de la Sierra Nevada, à l'ouest, où les précipitations sont inférieures à 30 cm (sous forme de neige principalement) ; il n'y a pas de concurrence avec les autres arbres et peu de pourrissement.*

Séquoia géant sur le versant oriental et arrosé de la Sierra Nevada. On trouve là des arbres vieux de plus de 1 000 ans et leur écorce douce et fibreuse peut avoir 60 cm d'épaisseur : c'est une protection idéale contre le vent, le froid, la neige et les feux de forêt, même s'ils comptent sur cet élément pour repousser les conifères envahissants.

Un des plus hauts séquoias du Jedediah Smith Redwoods National Park. La branche la plus basse est à 60 m de haut.

Un séquoia de près de 100 m de haut. Le plus grand du monde mesure plus de 112 m.

CI-DESSUS *Le monito del monte, un des nombreux mammifères mal connus des forêts pluviales d'Amérique du Sud. Comme le loir, il mène une vie nocturne, habite surtout dans les arbres et hiberne dans des conditions assez rudes, mais, contrairement aux mammifères européens, il a une queue préhensile et une poche ventrale destinée à ses petits.*

CI-DESSUS, À DROITE *Autre habitant de la forêt pluviale de Valdivia, le kodkod nocturne, le plus petit félin de l'hémisphère occidental.*

pitance dans l'océan, il ne souffre pas de l'absence de nourriture parmi les conifères. Il utilise le séquoia comme d'autres oiseaux les terrasses d'une falaise. Le grand pic pond un œuf unique sur une branche étroite, bien au-dessus du sol de la forêt. Une fois le poussin né, les parents regagnent l'océan pour le nourrir, ce qui signifie qu'il passe la majeure partie de son temps tout seul sur sa branche. Peu avant de s'envoler, il se débarrasse de son duvet et ne conserve que les plumes nécessaires, puis une fois la nuit tombée, il saute de sa branche et trouve on ne sait comment le chemin de l'océan.

LE MIROIR DU SUD

Quand on se rend plus au sud à partir de l'équateur, la longueur de l'été diminue ainsi qu'elle le fait au nord et l'impact sur la répartition des forêts est semblable. Il n'est cependant pas aussi intense, car aucune terre n'est assez au sud pour soutenir la comparaison avec les forêts boréales entourant l'Arctique. L'altitude a pour sa part le même effet sur la période de croissance, c'est pourquoi l'on trouve dans le sud du Chili et en Argentine des régions peuplées de robustes conifères.

Le plus célèbre et le plus beau de tous est l'araucaria qui, avec son allure préhistorique et ses feuilles semblables à des écailles de reptile, existe depuis l'époque des dinosaures. Il peuple les pentes neigeuses des volcans des Andes pour créer un paysage d'un autre monde. Comme les arbres de la zone boréale, la dureté des feuilles de l'araucaria évite la perte d'humidité et les rend incomestibles. Seules ses graines peuvent être consommées, retirées des cônes par des conures à long bec – de véritables spécialistes au même titre que les becs-croisés et les casse-noix.

En descendant le long de ces pentes – tout en se dirigeant vers l'équateur du point de vue de la latitude –, on découvre une forêt rappelant celles de la côte pacifique de l'Amérique du Nord. Sur le littoral du Chili et de l'Argentine, la forêt pluviale de Valdivia est la deuxième plus grande forêt humide et tempérée du monde après celles du Nord-Ouest américain. Elle bénéficie constamment des pluies nées de la rencontre de l'air humide du Pacifique et des contreforts des Andes. Même Charles Darwin, pourtant résistant aux éléments, se plaignait de « la morosité et des précipitations permanentes » du lieu.

Un arbre domine la forêt : l'alerce, ou cyprès de Patagonie, qui peut dépasser les 50 m de haut et vivre 3 500 ans. Comme le séquoia, il présente un bois de grande qualité, ce qui explique sa rareté actuelle. Au Chili, il est protégé dans des endroits tels que le parc national de Los Alerces.

La forêt de Valdivia est particulière : trempée, dense, enchevêtrée et, à l'exception des quelques alerces, peu élevée. Les clairières sont souvent rendues impraticables par la présence du gunnéra, une plante bien connue des jardiniers qui, avec ses feuilles énormes et sa tige épineuse, devient géante en présence d'humidité. Le gunnéra forme une canopée très basse sous laquelle vivent des animaux miniatures.

Le poudou est le plus petit cervidé du monde avec 30 cm de haut et des cornes ne mesurant pas plus de 10 cm. C'est une créature discrète et solitaire qu'il est difficile de voir, sauf lorsqu'elle se dresse sur ses postérieurs pour manger une végétation trop haute pour elle. La nuit, on peut apercevoir un autre animal miniature, le « monito del monte », ou « singe des

CI-DESSOUS *Sur les pentes des Andes, plus grands que les hêtres, les araucarias ont plusieurs centaines d'années. Ils n'ont presque pas changé depuis leur apparition, il y a 200 millions d'années.*

CI-DESSUS *Familiers des parcs européens, les canards mandarins sont originaires de Chine, du Japon et de l'est de la Sibérie. La femelle camouflée (première image à gauche) pond dans le trou d'un arbre parfois très élevé. Une fois tous les canetons nés, elle les appelle depuis le sol et chacun saute à son tour sur le sol de la forêt.*

CI-CONTRE *Un léopard de l'Amour femelle, une des races de félins les plus en péril. Dans la forêt de caduques de la lointaine vallée de l'Amour, à la frontière sino-russe, il ne reste plus qu'une quarantaine de léopards. La chasse aux cerfs dont ils se nourrissent ne leur permettra pas de survivre très longtemps à l'état sauvage.*

montagnes ». C'est en fait un marsupial (mammifère à poche ventrale) gros comme un loir et unique survivant d'un ordre ancien. Le monito mange tout ce qu'il peut attraper, de l'insecte à la grenouille, et c'est un excellent grimpeur dont la queue préhensile lui permet de se frayer un chemin parmi les arbustes.

DIVERSITÉ DE L'ORIENT

La Russie et la Chine, respectivement le premier et le quatrième des plus grands pays du monde, présentent des exemples de chaque type de forêt, boréal, tropical ou tempéré. Ce sont toutefois les forêts tempérées qui présentent les essences les plus nombreuses – arbres à feuillage persistant et feuillus mais aussi pins tempérés –, avec de grandes zones abritant ces trois catégories. La Chine du Sud en particulier est riche en forêts de feuillus. Au sud-ouest, la province du Sichuan est dominée par des chaînes de montagnes et les différences d'altitude font que les essences et les types de forêts changent sur de très courtes distances. Le rhinopithèque est habitué à passer de l'un à l'autre. Cet animal étonnant peut grimper jusqu'à 4 500 m, le record d'altitude pour un singe. Sa fourrure épaisse le protège du froid, et ses intestins sont pourvus de poches multiples riches en bactéries qui lui permettent de digérer pratiquement n'importe quoi, même de la cellulose. Contrairement à la plupart des autres singes qui se nourrissent de fruits et d'insectes, le rhinopithèque se montre moins difficile et mange de grosses quantités de lichen, d'aiguilles de conifères ou encore d'écorce selon la période de l'année et la forêt qu'il parcourt. En hiver, la pénurie contraint les singes à former de petits groupes de 20 ou 30 individus, mais en été, ils peuvent être 600 et former ainsi les plus gros rassemblements de singes au monde.

La forêt d'arbres à feuilles caduques de la région de l'Amour, en Russie, ressemble assez aux forêts de feuillus de l'ouest de l'Europe et de l'Amérique du Nord. Les arbres nous sont familiers, de même que les nombreux geais, tamias et cerfs, mais les grands prédateurs nous le sont moins. Le tigre de Sibérie rôde dans ces forêts et il se nourrit principalement de cerfs. De même pour le léopard de l'Amour, qui chasse les chevreuils, les blaireaux et les ratons

laveurs. C'est le plus rare de la trentaine de races de léopards, et il ne doit pas en rester plus de 40 individus. En hiver, sa superbe robe rappelle celle du léopard des neiges, mais la fourrure est d'un orange profond aux taches bien espacées.

LES FORÊTS CHAUDES

Plus au sud, en direction de l'équateur, l'hiver est plus clément et les jours d'ensoleillement plus longs, les étés sont plus chauds et plus secs. Aucune gelée hivernale ne vient abîmer le feuillage et l'on voit apparaître des arbres à feuilles persistantes comme le magnolia et le chêne vert. Dans les zones les plus sèches, les conifères reprennent le dessus. Les aiguilles cireuses qui leur permettaient de survivre à la pénurie d'eau dans le Nord glacé les avantagent à nouveau.

Une part importante de la Méditerranée devait présenter ce genre de végétation – arbres à feuillage persistant comme le chêne-liège et l'olivier ainsi que conifères comme le cyprès –, mais la naissance de l'agriculture a détruit une grande partie de ces forêts, remplacées ultérieurement par une végétation importée, tel l'eucalyptus. Sous les tropiques, l'ensoleillement quotidien ne varie presque plus et le Soleil au zénith prodigue le maximum d'énergie. Quand l'eau est abondante, toutes les conditions sont réunies pour créer une jungle tropicale, le type de forêt le plus productif au monde, mais les conditions météo de notre planète sont complexes et, même à l'équateur, l'eau peut être absente pendant la majeure partie de l'année. Quand c'est le cas, la vigueur redoublée du Soleil peut provoquer une saison sèche très prononcée. Devant la photographie d'une forêt de teck indienne pendant la saison sèche, on pourrait croire qu'il s'agit d'arbres à feuilles caduques en plein hiver nordique, mais une visite sur place nous ferait rapidement changer d'avis.

La chaleur est écrasante et les feuilles de teck qui jonchent le sol craquent sous les pieds, la moindre humidité ayant été récupérée par les arbres avant même la défoliation. D'étranges cris d'oiseaux se font entendre, tel celui du paon bleu cherchant une femelle. Près d'un point d'eau, il est possible de voir une procession d'atelles ou de cerfs sambars venus se désaltérer, peut-être même des chiens sauvages ou un tigre. La forêt de teck du sud de l'Inde est le cadre du *Livre de la jungle* de Rudyard Kipling. La véritable forêt, celle qui inspira le romancier, est la réserve de Pench, 750 km^2 de tecks à feuilles caduques et d'essences diverses en plein Madhya Pradesh. Quand la forêt est au plus sec, les animaux recherchent l'ombre et font de leur mieux pour conserver l'eau, mais pour le gaur, c'est la saison du rut. Ce gros bovidé aux longues cornes et à la bosse en forme de selle relève sa lèvre supérieure (attitude dite du « flehmen », comme chez les chevaux) pour mieux capter l'odeur des femelles et se renseigner sur leur réceptivité sexuelle. Les mâles s'affrontent pour établir une hiérarchie s'il n'y en a pas déjà une, mais ils ne le font qu'en dernier recours. La forêt est maintenant nue et le gaur trouve surtout sa nourriture en s'attaquant à l'écorce du teck. Il y a toutefois un bref répit en mai avec la floraison inopinée d'un arbre, le mahua. Il choisit en effet les mois les plus secs pour produire des fleurs succulentes qui attirent les animaux de toute la forêt. Au maximum de sa floraison, un mahua accueille perroquets, écureuils et plusieurs espèces de singes. Dessous, le cerf sambar et le chital (autre cervidé) ramassent les fleurs, souvent rejoints au crépuscule par l'ours lippu. Ce spectacle nous rappelle que toute forêt vivante dépend cruellement de l'eau.

CI-DESSUS *Un gaur dans le parc national de Nagarahaur. Dans cette forêt variable, le teck se débarrasse de ses feuilles en été pour éviter la déperdition d'eau. Les gaurs mangent l'écorce pour son humidité et son caractère nutritif.*

CI-CONTRE *Un paon bleu sur un cercle de feuilles sèches, au cœur de la forêt. Pour mieux se faire remarquer, il ajoute à sa parade un son pareil à un bruissement en agitant ses pennes.*

4
plaines infinies

Les grandes plaines couvrent plus d'un quart des continents. Ces vastes espaces éminemment productifs sont nourris par les graminées et abritent la faune la plus nombreuse, mais aussi la plus diversifiée de notre planète.

CI-DESSUS *Les grandes plaines du Tibet, avec un troupeau de yaks dans le lointain.*

CI-CONTRE *Des éléphants d'Afrique et des buffles en quête d'eau traversent les plaines sèches et poussiéreuses du Botswana.*

PAGES PRÉCÉDENTES, EN HAUT *Bison d'Amérique du Nord.* EN BAS *Migration de gnous.*

Les grandes plaines occupent tous les continents, à l'exception de l'Alaska, et se présentent sous les formes les plus diverses : savanes brûlantes de l'Afrique et toundra glacée de l'Arctique, prairies à perte de vue de l'Amérique du Nord et pampas herbues de l'Amérique du Sud, plaines inondables et luxuriantes de l'Inde ou encore steppes d'altitude du plateau tibétain. Ensemble, elles représentent un quart des surfaces émergées. Les steppes de l'Asie centrale s'étirent sans interruption sur un tiers du pourtour de la Terre. Ces plaines immenses sont aussi extrêmement productives. On ne trouve nulle part ailleurs de telles concentrations animales : 1,5 million de gnous dans la savane du Serengeti, à l'est de l'Afrique, jusqu'à 2 millions de gazelles dans les steppes de Mongolie et plus de 3 millions de caribous dans la toundra nord-américaine. Ces herbivores nourrissent à leur tour des milliers de prédateurs, lions et hyènes en Afrique, loups et aigles en Amérique et en Asie. Même si le nom de ces plaines varie souvent – steppe, savane, prairie, pampa –, ces océans d'herbe ont deux choses en commun. En premier lieu, ils occupent des zones où les précipitations sont trop faibles pour entretenir une forêt et trop élevées pour la formation de déserts (250-750 mm par an). Deuxièmement, ils connaissent une période de croissance bien distincte, quand arrivent les pluies tropicales et l'été tempéré et quand dominent les graminées.

PÉRIPLE DANS LA TOUNDRA

Le voyageur qui se dirige vers le nord et franchit la ligne d'arbres entre dans la toundra arctique : cette étendue balayée par les vents, plus vaste que l'Australie, ceint l'océan Arctique. Pratiquement dépourvue de toute population et privée de toute vie pendant l'hiver sombre et glacé, la toundra se transforme en été. Quand la température au sol s'élève au-dessus de zéro suffisamment longtemps pour faire fondre la neige et la glace, chaleur et humidité sont soudain disponibles tandis que réapparaissent les nutriments prisonniers du sol glacé. Ajoutons à cela de rares prédateurs, conséquence de son éloignement, et 24 heures d'ensoleillement en été : la toundra est idéale à la reproduction. Les animaux arrivent ici par millions, et parmi eux des mammifères et des oiseaux qui avaient passé l'hiver au sud.

LA PLUS GRANDE BASSE-COUR DU MONDE

La migration transforme l'aspect de la toundra presque du jour au lendemain. Au début de mai, bien que la neige ait pratiquement fondu, la rivière Egg, sur l'île de Banks, à l'extrême nord du Canada, semble être l'endroit le plus mort sur Terre. Laminée pendant des millénaires par le pouvoir abrasif de la glace et du vent, la plaine est partout uniforme, à l'exception de quelques taches de neige. On n'entend que le vent, mais tout va changer en quelques heures.

Un jour, un bruit incroyable emplit l'air : cris rauques et cacardage marquent l'arrivée de centaines de milliers d'oies des neiges. C'est l'issue d'un long voyage, 12 semaines et 4 000 km, depuis leurs quartiers d'hiver du golfe du Mexique et du sud des États-Unis. La toundra solitaire des plaines entourant la Egg se métamorphose en une immense basse-cour : un demi-million d'oies occupent un territoire de 20 km sur 5.

Les oies des neiges forment un couple pour la vie et ont tendance à revenir chaque année sur le même site de reproduction, formant ainsi la concentration de nids d'oiseaux d'eau la plus vaste et la plus dense au monde. Sur la toundra, les nids sont disposés à une dizaine de mètres les uns des autres – suffisamment loin pour éviter les conflits, mais assez près pour se défendre des prédateurs. À distance, les couples ressemblent à des milliers de balles de golf posées à terre.

L'oie des neiges pond habituellement quatre ou cinq œufs. La femelle est chargée de couver et reste immobile pendant un mois entier durant lequel elle peut perdre 25 % de sa masse corporelle. Son compagnon la protège et surveille le nid pour éloigner les autres oies et les prédateurs – mouettes qui se saisissent des œufs délaissés ou renards polaires. Souvent, un couple de renards installe son terrier au sein ou en bordure de la colonie d'oies, même s'ils n'ont qu'un mois pour se repaître de cette manne soudaine.

Il faut un certain talent pour voler un œuf. Le renard polaire qui s'approche d'un couple s'expose à la colère du jars, à ses cris et à ses battements d'ailes. Il tourne autour du nid et cherche à éloigner le mâle mais, quand la femelle se défend à son tour, il se jette sur les œufs et en emporte un, poursuivi par les oiseaux furieux. Il peut le manger tout de suite ou le rapporter à ses petits ; il peut aussi l'enterrer pour le consommer plus tard. Il est rare qu'un renard attrape un adulte.

L'éclosion est bien synchronisée et, 23 jours après la nidification, la colonie s'enrichit de milliers de poussins tout jaunes. Les renards cherchent à en voler le maximum pour leurs propres jeunes et, une bonne année, ils peuvent en attraper une quinzaine.

En moins de 48 heures, les parents mettent en sécurité la plupart des poussins sur les lacs et les rivières qui ponctuent la toundra. Aussi vite qu'elles étaient arrivées, les oies repartent et la Egg redevient l'endroit le plus calme sur Terre. Elles se dispersent dans la plaine où, pendant deux mois, elles se nourriront d'insectes et d'herbe. Loin d'elles, les renards vivent sur leurs réserves de graisse et se contentent de ce qu'ils ont mis de côté en période d'abondance, des quelques lagopèdes et lemmings qu'ils peuvent chasser ou encore des carcasses de caribou et d'autres animaux qu'ils réussissent à trouver.

CI-DESSUS *Un renard polaire n'a pas réussi à attraper l'œuf d'une oie des neiges. Il est chassé par le jars dont le bec est redoutable.*

CI-CONTRE *La grande basse-cour de la rivière Egg : les nids sont rapprochés pour se défendre des prédateurs, mais assez espacés pour éviter les querelles.*

CI-DESSUS *Loup de l'Arctique. Les loups qui passent toute l'année dans l'Arctique ont une vie très rude. Ils laissent longtemps seuls leurs petits pour parcourir la toundra derrière les troupeaux de caribous dont ils cherchent à attraper les jeunes.*

EN HAUT *Les caribous fuient devant les moustiques.*

CI-CONTRE *Les caribous parcourent la toundra pour mettre bas. Ici, le troupeau de la Porcupine traverse l'Arctic National Wildlife.*

LES PLUS GRANDS TROUPEAUX

Au moment où les oies des neiges remontent vers le nord, 3 millions de caribous s'embarquent pour la plus longue migration terrestre qui soit. À travers forêts enneigées et rivières gelées, bravant les loups et les ours, ils se dirigent vers la toundra située en Alaska et au nord du Canada – un voyage aller et retour de quelque 3 000 km.

Comme les oies des neiges, ils regagnent la toundra pour se nourrir des jeunes plantes et élever leur progéniture loin des prédateurs. Les femelles pleines ouvrent la voie et parcourent jusqu'à 50 km par jour. Elles mettent bas vers la mi-juin sur une zone assez semblable d'une année sur l'autre (cela dépend de la neige, des conditions climatiques et de leur état physique). Quelques ours ou des loups vivent assez au nord pour profiter des naissances, mais les petits sont bien adaptés : ils se relèvent pratiquement tout de suite et réussissent à s'enfuir en courant au bout d'une journée.

Après les naissances, les caribous restent disséminés pendant une semaine ou deux, puis ils se rassemblent en vastes troupeaux et partent à la recherche de nouveaux pâturages. Les jeunes parcourent jusqu'à 14 km par jour et passent à gué rivières et lacs à côté de leur mère. Ils cherchent une végétation nouvelle, mais tentent aussi d'échapper aux nuées de moustiques. Quand il fait chaud et qu'il n'y a pas de vent, ces nuées sont si denses qu'ils peuvent à peine respirer et doivent sans cesse marcher. Ils recherchent les terrains plus élevés où souffle le vent ou encore les dernières neiges, tout ce qui peut les soulager des piqûres d'insectes. La perte de sang due aux moustiques et le peu de temps pour s'alimenter leur font perdre du poids, alors qu'ils devraient stocker de la graisse en prévision de l'hiver. Quand l'été est calme et les insectes envahissants, beaucoup de veaux petits ne grossissent pas assez et quelques-uns ne survivent pas à l'hiver.

Mouches et moustiques peuvent piquer à travers une épaisse chemise en coton et seul le port d'une moustiquaire permet d'assister au spectacle des caribous. Dans les Barrenlands du nord du Canada, le troupeau de caribous de Bathurst s'éloigne de façon étonnante du terrain où ils ont mis bas. Les jours calmes, jusqu'à 60 000 caribous serrés les uns contre les autres pour se protéger des insectes peuvent détaler au même instant. Les troupeaux ne vont pas en ligne droite et ne suivent jamais un itinéraire bien défini. Ils sont constamment en mouvement et les groupes isolés sont rares mais, si vous en voyez un, restez tranquillement assis et ils vous entoureront, de très près parfois. Vous entendrez les mères et leurs petits communiquer en émettant des sortes de grognements pour ne pas se perdre de vue.

Les bandes de loups constituent une menace permanente et peuvent causer la mort de 70 % des jeunes. Le troupeau de caribous est parfois si grand que les individus de tête paissent tranquillement sans savoir qu'un drame se déroule derrière eux. Dès qu'un veau est repéré, la traque commence. Le loup le poursuit jusqu'à ce que l'un ou l'autre abandonne, parfois au bout de 8 km.

À la fin du bref été arctique, les caribous repartent vers le sud pour s'abriter et se nourrir dans les forêts. Les plaines sont redevenues vides. Il arrive qu'un jeune caribou isolé ou égaré s'engage dans la mauvaise direction. S'il aperçoit un homme, il court vers lui comme s'il s'agissait de sa mère. La migration, les loups et le passage des rivières font que bien des jeunes sont séparés et meurent. Leur carcasse nourrira les corbeaux, les ours et les renards polaires restés sur place.

CI-DESSUS *Jeunes hyènes tachetées dans leur tanière. Les adultes les laissent plusieurs jours pour aller chasser le gnou.*

CI-CONTRE *Une marmotte de l'Arctique mange des graines pendant le bref été.*

UNE LONGUEUR D'AVANCE

Dans les grandes plaines d'Afrique, les précipitations tropicales saisonnières font que l'eau est disponible à différentes époques en différents endroits. En Afrique de l'Est, pendant la saison sèche, pour trouver l'eau et la nourriture, plus de 1,5 million de gnous traversent les plaines écrasées de soleil et les cours d'eau infestés de crocodiles. Pendant la saison humide, ils migrent vers des régions où la végétation est riche en phosphore, nécessaire à la production de lait et à la croissance osseuse des jeunes. En se déplaçant sans cesse, ils ont toujours une longueur d'avance sur bien des prédateurs. Les lions, guépards, chacals et léopards ne perturbent pas la migration parce qu'ils restent sur leur territoire pour protéger leurs petits. En revanche, les hyènes font l'aller et retour – jusqu'à 140 km – entre leurs jeunes, à l'abri dans leur tanière, et les troupeaux de gnous ; les mères peuvent s'absenter pendant quatre jours. Cette stratégie s'avère payante dans le Serengeti, où la hyène tachetée constitue le grand carnivore le plus nombreux.

Dans la toundra, les caribous devant mettre bas s'éloignent le plus possible des loups. Ces derniers ont leurs petits à la même époque : il leur faut donc quitter leur repaire, comme les hyènes, et rejoindre les troupeaux. Là encore, l'expédition nécessite une grande vigueur puisqu'elle peut s'étendre sur 200 km aller et retour.

Dans les steppes de Mongolie, se situe la dernière grande migration asiatique, quand peut-être 2 millions de gazelles quittent les sites de reproduction hivernaux pour l'endroit où elles mettront bas en été. Éviter les prédateurs, se débarrasser des insectes, trouver des minéraux et de bons pâturages sont les éléments nécessaires pour mener à bien cette migration, sans compter l'étendue de la couche de neige hivernale, mais le rôle exact de chacun de ces éléments reste à découvrir.

PUISSANCE DES GRAMINÉES

Il existe quelque 10 000 espèces de graminées. Cette famille de plantes recouvre les plaines et nourrit les grands troupeaux : elle est certainement la plus répandue et la plus abondante de notre planète. C'est aussi une des plus résistantes puisqu'elle survit aux incendies, au froid, aux inondations, à la sécheresse, au pacage et au piétinement des bêtes. Son secret est simple : contrairement aux arbres, buissons et autres plantes à fleurs, les feuilles repoussent inlassablement à partir de la base. C'est pourquoi les graminées mangées ou abîmées par le haut se régénèrent par le bas.

Les graminées ne se contentent pas de survivre, ce sont aussi des opportunistes, capables d'utiliser l'énergie du Soleil et de croître rapidement quand les conditions sont bonnes. Dans la toundra, quand arrive le bref été et que fond la neige, elles recourent à leurs réserves pour se parer de feuilles en quelques semaines. Certaines se répandent sans disséminer de graines, mais en faisant courir des stolons d'où naîtront rejets et feuilles. Pendant l'hiver, elles ne meurent pas, mais cessent de pousser en attendant le retour des beaux jours. De nombreuses espèces se retirent sous terre et subsistent en tant que rhizomes. La nourriture accumulée sous forme d'amidon leur permet de profiter des situations avantageuses dès qu'elles sortent de terre. Cependant, dans les plaines africaines, la plupart des graminées sont annuelles et survivent en répandant leurs graines quand la sécheresse arrive. Elles germent aux premières pluies et les feuilles nouvelles apparaissent en quelques jours. Il suffit d'une ondée pour que la savane reverdisse.

Grandeur et décadence

Les grandes migrations ne sont bien souvent plus que l'ombre de ce qu'elles étaient, et bien des espèces sont menacées, par l'avance humaine notamment. Il y a quelques siècles, la superficie des terres herbeuses devait être le double d'aujourd'hui, mais ces territoires sont maintenant cultivés ou enclos.

La chasse est également responsable. L'exemple le plus célèbre de chasse excessive est celle du bison d'Amérique du Nord. Jadis, plus de 60 millions de bêtes parcouraient les prairies. La chasse a quasiment exterminé l'espèce. Même si les dernières mesures en leur faveur ont ramené le nombre à 350 000 individus, ceux-ci sont consignés dans des parcs nationaux.

Au sud du Soudan, un million de cobes (sortes de grandes antilopes) parcourent chaque année plus de 1 500 km – un spectacle qui rivalise avec celui des plaines d'Afrique de l'Est. La guerre civile toujours en cours aurait considérablement diminué ce nombre.

Au XIXe siècle, en Afrique du Sud, 10 millions de springboks traversaient le veldt. Aujourd'hui, les troupeaux comptent rarement plus de quelques centaines d'individus, et des clôtures mettent souvent un terme aux voies de migration.

Le chiru entreprend encore de longues migrations à travers les plaines du Tibet. On ignore toujours pourquoi, et le lieu où ils mettaient bas était encore inconnu il y a plusieurs années. Il en existait certainement plusieurs millions, mais leur nombre avoisine aujourd'hui les 75 000. Ils sont en effet devenus victimes de la mode. Des centaines de milliers de bêtes ont été tuées pour leur laine très fine, le shahtoosh, tissée pour fabriquer des châles dont le prix dépasse les 10 000 euros. Le trafic a été partiellement démantelé, et certaines parties du Tibet sont désormais protégées.

La saga du saïga

Pour ce qui est des gros mammifères, la plus terrible chute de population animale de ces dernières années concerne l'antilope saïga, qui vit dans les steppes de l'Asie centrale. Au début des années 1990, les saïgas étaient plus d'un million. Quinze ans après, ils ne sont plus que 30 000. Le saïga a sensiblement la taille et l'aspect d'une chèvre, mais il est doté d'un museau énorme, bulbeux et flexible qui, bien que d'aspect comique, exerce une fonction importante. Ses volumineuses cavités nasales filtrent, humidifient et réchauffent l'air avant son entrée dans les poumons : le saïga vit en effet dans les steppes de Russie, de Mongolie et du Kazakhstan, où l'atmosphère est sèche et poussiéreuse.

Chaque automne, les saïgas partent vers le sud pour échapper à la neige qui commence à tomber. C'est là qu'ils s'accouplent ; au printemps, ils repartent vers le nord pour mettre bas. Ils font cela depuis des milliers d'années ; depuis des milliers d'années aussi, on les chasse pour leur viande, leur peau et leurs cornes (un anti-inflammatoire pour la médecine traditionnelle chinoise). La chasse prit des proportions alarmantes avec l'arrivée des armes et des véhicules à moteur, et le saïga faillit disparaître vers 1920. Cette pratique fut cependant interdite après la révolution russe et, dans les années 1950, la population se redressa pour dépasser les 2 millions d'individus. Les années de sécheresse ou de trop fortes neiges, ils sont nombreux à mourir de faim – jusqu'à 80 % du nombre global. Quand les conditions sont favorables, ils se reproduisent rapidement. Les femelles ont souvent des jumeaux (ce qui est rare chez les antilopes) et les jeunes atteignent leur maturité sexuelle à huit mois : ils sont donc prêts à s'accoupler au début du rut hivernal. Récemment, les saïgas ont été à nouveau durement frappés. Au début des années 1990, des amis de la nature désireux de sauver les rhinocéros encouragèrent l'utilisation de la corne de saïga plutôt que celle du rhino (également employée en médecine chinoise). C'était aussi l'époque de l'effondrement de l'Union soviétique : les règlements devinrent caducs et la chasse reprit. Avec une chasse sélective des mâles – les seuls à avoir des cornes –, la population est en grande majorité femelle et la reproduction n'est plus assurée. Tout porte à croire que le saïga du Tibet disparaîtra d'ici à un an ou deux. Si le braconnage n'est pas contrôlé, d'autres populations pourraient faire de même.

DE GAUCHE À DROITE *Au Dakota du Sud, un des derniers troupeaux de bisons d'Amérique du Nord. Il y a un siècle et demi, plus de 60 millions de bêtes vivaient dans les prairies.*

Des cobes s'affrontent. Au sud du Soudan, ces antilopes sont un million à chercher de nouveaux pâturages, mais la guerre civile les a décimées.

Springboks en mouvement. Leur migration en Afrique du Sud est un spectacle du passé : leur nombre a beaucoup baissé, et les clôtures empêchent leur passage.

Une antilope saïga présente son étonnant museau. Son histoire en Asie est le reflet de celle du bison américain : ces races sont quasiment éteintes à cause des chasseurs.

CI-DESSUS *Un kiang mâle rassemble son harem. Le kiang est le plus grand des ânes sauvages, et c'est un authentique herbivore : on le trouve dans les vastes steppes et les pâturages alpestres du plateau tibétain, aux côtés de l'antilope et de la gazelle du Tibet, elles aussi en danger.*

PLAINES D'ALTITUDE

Il y a 40 millions d'années, le sous-continent indien a percuté l'Asie. Sous le choc, les roches se sont lentement élevées à plus de 8 000 m pour former l'Everest et le reste de l'Himalaya. Cette chaîne sépare aujourd'hui deux vastes plaines différentes en tout point. Du sommet de l'Everest, par temps clair, vous verriez au nord le plateau tibétain sec et désolé – le toit du monde – pénétrer très loin au cœur de l'Asie. Au sud, vous découvririez de vastes étendues vertes et fertiles, les plaines gangétiques, où réside une des populations les plus denses du monde. À l'ombre des montagnes, le Tibet reçoit peu de pluie, alors que les plaines du Gange sont gorgées par la mousson. Le plateau tibétain était jadis le fond d'une vaste mer et l'on trouve encore des fossiles marins à plus de 4 000 m d'altitude.

C'est aujourd'hui une immense plaine, près de quatre fois grande comme la France et bien souvent plus haute que les plus belles cimes d'Europe.

En arrivant ici, la première chose que l'on remarque est le battement de son propre cœur. La tête tourne et le sang circule plus vite dans le corps pour compenser le manque d'oxygène. La deuxième chose, c'est qu'il n'y a personne. On rencontre parfois un nomade et son troupeau, mais la végétation et l'eau douce sont si rares que le bétail et les hommes évitent ces lieux. Le plateau est d'une incroyable sécheresse et le vent procure une soif perpétuelle. Pendant des jours, on ne peut voir qu'un ciel bleu à l'infini.

L'herbe réussit malgré tout à pousser dans un paysage aussi nu. Plus de 70 % du plateau sont recouverts par la prairie, et la végétation suffit aux animaux les plus robustes.

De loin, les yaks sauvages ressemblent à d'énormes vaches noires et velues. Ils sont d'une timidité maladive mais, de près, on constate que ce sont des animaux impressionnants. Leurs poils peuvent descendre jusqu'aux sabots et ils ont l'air de porter une couverture ébouriffée. Les femelles et les jeunes vivent en troupeaux pouvant réunir 200 individus, mais les mâles sont plutôt solitaires. Quand ils traversent les plaines tête baissée, leur museau carré frôle le sol pour brouter l'herbe éparse. Quand ils relèvent la tête pour regarder quelque chose, ils adoptent une posture fière et exhibent leurs cornes avant de s'éloigner. Jusqu'aux années 1950, plus d'un million de yaks sauvages vivaient au Tibet. À cause de la chasse, ils sont aujourd'hui moins de 15 000.

Dans ces plaines d'altitude, les nuits sans nuages sont froides mais, quand le Soleil se lève, la température peut monter de 27 °C. L'air raréfié et le ciel lumineux n'épargnent pas la peau. Leurs poils noirs protègent les yaks du rayonnement solaire intense ; pourtant, il existe quelques yaks sauvages mordorés. Parfaitement adapté à ces conditions de vie, le yak est le grand mammifère le plus haut du monde. Ses poumons et son cœur sont plus gros que ceux d'une vache de la même taille, et son sang véhicule davantage d'oxygène. Son épaisse toison le protège du vent et du froid permanents (jusqu'à – 40 °C).

Tout aussi robustes, les pikas vivent à la même altitude, vers 6 000 m. Parents des lapins, ces petits herbivores ressemblent au croisement d'un cochon d'Inde et d'une souris. En tibétain, leur nom signifie « lièvre siffleur ». Leur densité est très élevée – jusqu'à 300 sur un territoire grand comme un terrain de football –, mais leur vie est surtout souterraine. De nombreux trous marquent l'emplacement des terriers. Ils ne s'en éloignent jamais bien loin.

À la moindre alerte, des centaines de pikas courent en tout sens. Leur fourrure gonflée les protège du froid. Dans leur terrier, les familles de pikas se protègent des éléments et des prédateurs, mais, à l'inverse des autres petits mammifères, ils n'hibernent pas et la nourriture qu'ils ont amassée leur permet de tenir toute l'année.

Le pika joue un rôle capital dans cet environnement privé d'arbres. Les terriers accueillent des lézards et divers oiseaux nicheurs comme la niverolle (ou pinson des neiges) et le geai terrestre de Hume. Les prédateurs du plateau – loups, léopards des neiges, buses et renards – se nourrissent de pikas. Parmi ces prédateurs, l'ours brun du Tibet est l'un des plus surprenants. Cet animal, qui aurait inspiré la légende du yéti, vit dissimulé dans les montagnes entourant le plateau et ses mœurs demeurent mystérieuses.

Le Tibet est une région sèche, mais sa position et son énorme présence exercent une formidable influence sur les précipitations et le débit des cours d'eau asiatiques. En été, le Soleil tape sur le plateau qui ressemble à une immense plaque de cuisson. Quand l'air chaud s'élève, l'humidité de l'océan Indien part vers le sud. Des nuages se forment : au contact de l'Himalaya, ils créent les pluies de mousson qui s'abattent sur les contreforts et les plaines gangétiques, plus au sud. Parfois, il neige en été sur le plateau tibétain : le manteau blanc renvoie la lumière du Soleil et le plateau se réchauffe plus lentement, retardant ainsi la mousson. Puisque c'est ici le « toit du monde », tous les grands fleuves asiatiques – Gange, Brahmapoutre, fleuve Jaune, Indus, Irrawaddy et Yangzi Jiang – naissent au Tibet. Tous ensemble, ils procurent de l'eau à la moitié de la population mondiale.

CI-DESSUS *Un pika en alerte. Ce petit animal est une des principales victimes des prédateurs tibétains. Son terrier sert de nid aux oiseaux et aux reptiles, ce qui fait de lui un des plus importants mammifères du plateau.*

CI-CONTRE, À DROITE *L'automne aux abords des monts Kunlun. Les pikas y abondent et les yaks paissent le long des cours d'eau.*

CI-CONTRE, À GAUCHE, DE HAUT EN BAS *Un yak sauvage, la queue dressée en signe d'alarme. Confinés aux zones les plus isolées du plateau tibétain, les yaks sauvages sont aujourd'hui moins de 15 000.*

Un ours brun du Tibet à la face pâle très caractéristique se sert de ses longues griffes pour attraper des pikas.

Un renard du Tibet à la recherche de pikas. Il chasse le jour et se cache dans la moindre dépression, couchant les oreilles pour ne pas être vu.

UNE HERBE PLUS VERTE

Le Brahmapoutre descend du plateau tibétain pour déboucher sur les plaines de l'Inde. Le plateau tibétain se forma sur un versant de l'Himalaya et la plaine gangétique sur l'autre. C'est une large dépression qui, en plusieurs millions d'années, s'est remplie de sédiments venus des montagnes : ils atteindraient par endroits 8 km d'épaisseur. Les pluies de mousson arrosent chaque année cette région pour en faire une des plaines les plus vertes, les plus luxuriantes et les plus productives au monde.

Il suffit de suivre le Brahmapoutre pour se diriger vers l'Inde du Nord, dans le parc national de Kaziranga, en Assam. Il abrite une des plus grandes concentrations de tigres, peut-être 90, mais les hautes herbes (parfois plus de 5 m) empêchent de les voir. En revanche, on risque d'apercevoir des herbivores géants : le buffle sauvage (1 400), l'éléphant (1 000) et le rhinocéros unicorne (1 600), version cuirassée de son cousin africain.

Le parc national de Manas se trouve non loin de là. Comme Kaziranga, il est dominé par de hautes herbes mais accueille un résident des plaines de plus petite taille, le sanglier nain, le plus rare et le plus petit cochon sauvage du monde. Il se sert des herbes pour se construire un nid dont le toit le protège de la mousson, l'abrite du Soleil et accueille jusqu'à dix marcassins, assez petits pour tenir dans la paume de la main.

On représente souvent l'Afrique orientale comme une plaine infinie peuplée de hordes d'animaux pâturant. Pour une fois, le cliché n'est pas faux. C'est en effet ici qu'on trouve les plaines les plus vastes. Ces prairies tropicales débutent au sud du Sahara pour former un arc immense qui va de la côte Atlantique à l'océan Indien. De là, elles partent vers la pointe sud de l'Afrique, couvrant ainsi un tiers du continent. Ces savanes démesurées sont extrêmement productives et l'on y trouve quelques-unes des plus grandes concentrations d'animaux. La migration annuelle en Afrique de l'Est concerne 200 000 zèbres et 400 000 gazelles de Thomson ainsi que 1,5 million de gnous.

Les prairies africaines présentent aussi la plus grande diversité animale, dont une centaine d'espèces d'herbivores. C'est la conséquence d'une mosaïque d'habitats, des plaines dépourvues d'arbres du Serengeti aux prairies ponctuées d'acacias des cratères du Ngorongoro. Leur point commun, ce sont les graminées, tantôt aussi hautes qu'un éléphant, tantôt trop petites pour abriter même une fourmi.

Les éléments de cet étonnant patchwork sont la conséquence de toute une histoire d'interactions complexes entre plantes, animaux et éléments climatiques. Le feu, le type de sol, les précipitations et les grands traits du paysage ont contribué à façonner les divers types de savanes. Chaque habitat accueille des animaux très différents, du gracieux gerenuk (ou gazelle-girafe) de la savane boisée au damalisque des plaines ouvertes.

CI-DESSUS *Zèbres du Serengeti. Ces animaux dépendent beaucoup de l'eau et peuvent parcourir de longues distances pour en trouver. En saison sèche, ils sont contraints de migrer au même titre que les gnous.*

CI-CONTRE, EN HAUT *Un sanglier nain du parc national de Manas, Assam. C'est le cochon sauvage le plus petit et le plus rare (moins de 65 cm de long). Il ne vit que dans les hautes herbes où il fait son nid et fouille le sol à la recherche de racines ou de tubercules.*

CI-CONTRE, EN BAS *Un rhinocéros unicorne dans les plaines inondables du parc national de Kaziranga, Assam, Inde – son dernier bastion.*

RECYCLAGE DANS LA SAVANE

Ces innombrables animaux produisent une formidable quantité d'excréments, mais la savane est un endroit dynamique et le recyclage des nutriments est très rapide. Ils ne sont pas encore refroidis que les bousiers mâles accourent pour en faire de petites boules qu'ils apportent aux femelles – elles y pondront leurs œufs. Les bousiers les enfouissent jusqu'à un mètre de profondeur et les larves s'en nourriront dès leur naissance. Au Serengeti, les trois quarts des excréments sont dispersés par les insectes qui fertilisent ainsi le sol.

Le rapide taux de renouvellement de la savane fait que les plaines continuent à entretenir un grand nombre d'animaux pâturant année après année. Les plus nombreux et peut-être les plus influents de tous sont très souvent invisibles : il s'agit des termites. Il y en a littéralement des milliards dans les vastes colonies souterraines, et l'on pense qu'elles retirent plus de matériaux des plaines africaines que tous les grands herbivores réunis.

Il est facile de trouver de l'herbe et difficile de la digérer. Les termites et les grands herbivores recourent à des micro-organismes tels que bactéries et champignons pour dissocier les parties dures dans leur estomac. Les microbes d'une termitière, y compris les cultures de champignons enfermées dans des « chambres », sont égaux en poids aux termites qu'elle abrite (jusqu'à 7 millions chacune). Au niveau du sol, les grands mammifères herbivores servent de nourriture aux carnivores tels les lions, les léopards et les hyènes. Le nettoyage est ensuite confié aux charognards comme le chacal et le vautour.

CI-DESSUS *Des babouins traversent les eaux d'inondation de l'Okavango. Il leur faut souvent adopter une démarche verticale.*

CI-CONTRE *Sécheresse au Botswana. Quand arrive la saison sèche, même les girafes doivent partir à la recherche de points d'eau et de rivières.*

PAGES PRÉCÉDENTES *Le grand Serengeti abrite d'immenses troupeaux d'animaux des plaines. Des millions de gnous y migrent, à la recherche de la pluie et des jeunes herbes.*

PLUIE ET SÉCHERESSE

Les plaines africaines équatoriales ne connaissent pas les changements de température de la toundra, mais la variation saisonnière est tout aussi importante. La toundra et la prairie connaissent l'été et l'hiver, alors que la savane africaine a une saison humide et une saison sèche. Elle est écrasée de soleil pendant une grande partie de l'année mais, après de fortes pluies, la terre desséchée produit en quelques jours une végétation luxuriante. L'ensoleillement tropical et les pluies saisonnières apportent une nourriture renouvelable à des millions d'herbivores, de la petite antilope dik-dik à l'énorme éléphant. Derrière eux vit une impressionnante armée de prédateurs, du lion au chien sauvage et du guépard à la hyène. Étonnamment prolifiques, les savanes africaines entretiennent une vie animale 200 fois supérieure en poids à celle d'une forêt pluviale de même superficie. Toutefois, le mode de vie tropical se caractérise aussi par l'abondance et la famine.

Le moment et la quantité des précipitations sont imprévisibles, et la sécheresse est chose commune. Quand il pleut, la quantité annuelle peut se déverser en quelques semaines. Parfois, le sol est si desséché ou la pluie si drue que la majeure partie de l'eau ne pénètre pas. Le violent Soleil tropical en fait s'évaporer jusqu'à 80 %, et le peu d'humidité qui reste doit assurer la vie pendant le restant de l'année. Dans la savane, la vie animale et végétale doit pouvoir réagir aux caprices du climat. L'herbe peut rester dormante jusqu'au retour de conditions favorables, mais les animaux qui en dépendent se doivent de migrer. Ce sont les cycles annuels d'humidité et de sécheresse qui provoquent les grandes migrations.

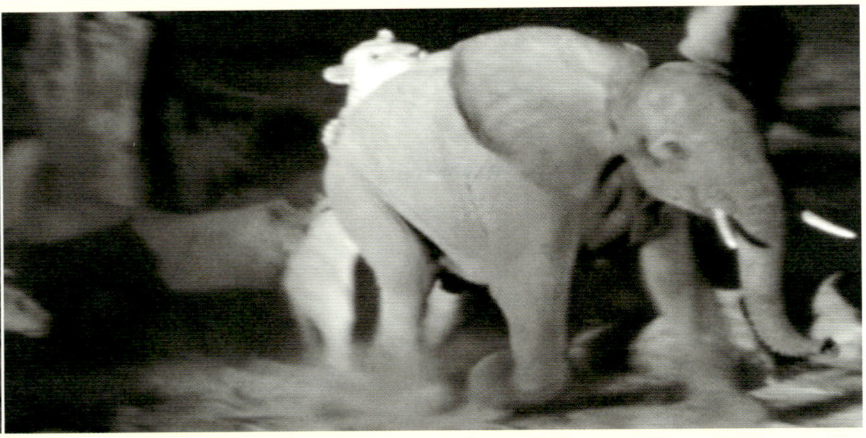

PROIES ET PRÉDATEURS

Quelquefois, des groupes individuels d'animaux s'adaptent à des conditions très spécifiques. Dans la majeure partie de l'Afrique, les lions et les éléphants ont tendance à s'éviter, mais autour de quelques points d'eau du parc national de Chobe, au nord du Botswana, cela se passe différemment. Sous le couvert de la nuit, les lions chassent les éléphants.

Pendant la saison sèche, il arrive qu'il ne pleuve pas pendant huit mois, et les températures atteignent les 50 °C. Les éléphants ne peuvent passer que quelques jours sans s'abreuver et, au cours des mois les plus secs, ils sont des dizaines de milliers à traverser l'hinterland sec pour rejoindre des endroits où l'eau abonde, tels la rivière Chobe et les marais du fleuve Okavango. Des milliers d'éléphants suivent toujours le même chemin en groupes pouvant rassembler une centaine d'individus. Leurs pattes puissantes creusent des sillons dans la terre. Le nord du Botswana abrite 130 000 éléphants, soit un quart de la population terrestre. Bravant les tempêtes de poussière et la chaleur écrasante, adultes de 6 t ou éléphanteaux de quelques semaines parcourent jusqu'à 80 km par jour pour trouver de l'eau.

Une partie du parc national de Chobe est ponctuée de petits points d'eau que fréquentent les éléphants – une étape obligée avant les lointaines rivières. Une fois arrivés, ils se bousculent pour avoir chacun sa place, mais les lions ne sont pas loin. Pour boire, il leur faut s'insinuer dans le troupeau et passer entre les pattes des pachydermes, mais ceux-ci les repoussent : les adultes chargent et font s'élever la poussière tandis qu'ils frappent de leur trompe. Les lions parviennent tout de même à se désaltérer. Trouver de quoi manger est encore plus difficile : les gnous, zèbres et buffles qui vivaient là pendant la saison humide sont partis depuis longtemps.

La nuit tombe. Tout semble paisible. Les éléphants boivent et l'on entend le clapotement rythmé de l'eau, ainsi que le bruissement des peaux épaisses qui se frottent les unes aux autres. Ils accueillent par des grondements les troupeaux qui ne cessent d'arriver, en particulier ceux qui comportent des jeunes et profitent de la fraîcheur nocturne.

Après le coucher du Soleil, les lions sont plus à l'aise, plus confiants, plus alertes aussi. L'équilibre du pouvoir s'est modifié.

CI-DESSUS *Un trou d'eau, étape pour les éléphants, mais lieu d'embuscade pour les lions.*

EN HAUT *La mort d'un éléphant. Une lionne saute sur l'arrière-train d'un jeune. Une fois agrippée, elle monte sur son dos et le chevauche jusqu'à ce qu'il s'enfonce dans les broussailles. Quatre ou cinq autres femelles s'en prennent à ses membres postérieurs, ce qui le fait ralentir, puis d'autres lionnes encore jusqu'à ce qu'il succombe sous le poids. Une femelle lui mord l'extrémité de la trompe pour l'empêcher de respirer et s'assurer le contrôle de cette arme potentiellement dangereuse.*

CI-CONTRE *Face-à-face. Pendant la journée, les éléphants règnent en maîtres près des points d'eau du parc national de Chobe. Ils en chassent les lions, mais la nuit, les rôles sont inversés.*

Ici, l'importance de leur groupe est peu ordinaire. En Afrique, il est rare de voir ensemble plus de 10 ou 12 adultes, mais à ce point d'eau, ils peuvent être 30, parfois même 50. Dans le noir, ils prennent position sur la piste creusée par les éléphants et ne cherchent pas à échapper à leur avancée. Cela ressemble à une embuscade mal préparée. Couchées dans le sable frais, deux ou trois femelles scrutent le troupeau. La tension est palpable. Les éléphants rencontrent malencontreusement la troupe de félins. Dans l'obscurité, ils sont assez maladroits, peut-être parce que leur vue n'est pas aussi bonne que celle des lions. Ceux-ci ignorent les grands mâles, trop forts pour eux.

Parfois un ou deux individus à peine sevrés passent à côté des lions. Ils ne mesurent que 2 ou 3 m au garrot et circulent en dehors des troupeaux. Quand ils sont assez près de la troupe, les lions bondissent. Les éléphants barrissent, les fauves rugissent. La nuit africaine explose. Un jeune éléphant se sauve, poursuivi par 30 félins. Une lionne saute sur son arrière-train pour le mordre et le griffer. D'autres la rejoignent. Écrasé par le nombre, l'éléphant tombe à genoux. Il lui faudra près d'une demi-heure pour mourir.

Normalement, les lions chassent des proies plus petites comme le gnou et le zèbre mais, dans certaines parties de l'Afrique, ils peuvent s'en prendre à des éléphanteaux ou des adultes blessés. À ce point d'eau, et en l'absence de proies plus habituelles, les lions semblent avoir élaboré une stratégie pour supplanter les pachydermes adolescents. Des attaques aussi risquées nécessitent une troupe assez importante. Des femelles sont blessées, certains éléphants parviennent à les contourner pour les poursuivre à leur tour. D'autres sont aidés par leur mère, qui tente de se débarrasser des fauves à coups de trompe et de défenses.

Des observations menées sur six semaines permettent de dire qu'une attaque sur quatre est couronnée de succès. Une grande troupe est capable de dévorer un éléphant en moins de deux jours. Les lions peuvent tuer deux nuits de suite avant d'avoir terminé de manger un animal. Pendant la saison sèche, ils prélèvent parfois 30 ou 40 éléphants.

CI-DESSUS *Un oryctérope, animal nocturne qui se nourrit principalement de termites. Ses pattes puissantes et ses griffes acérées lui permettent de creuser la terre la plus sèche et d'atteindre les termitières.*

CI-CONTRE *Des pronghorns américains, l'espèce la plus rapide qui soit sur de courtes distances. Le pronghorn présente des muscles du bas du torse très puissants, des pattes légères et une démarche aérienne : l'idéal pour courir dans les plaines. Ses gros yeux et sa vision binoculaire l'aident à repérer les prédateurs. De telles adaptations sont peut-être dues à ce qu'il était jadis la proie d'un superprédateur aujourd'hui disparu, une sorte de guépard alliant l'endurance à la rapidité.*

LA VIE SOUTERRAINE

Le manque d'abri constitue l'un des défis majeurs lancés aux animaux des grandes plaines. Les arbres sont rares, il est difficile de s'abriter du soleil et du vent ou de se cacher des prédateurs. De nombreux mammifères vivent sous terre, de sorte que certaines plaines paraissent désertes au premier abord. C'est le cas des steppes de Mongolie, où l'on peut parcourir des kilomètres sans voir un seul animal. Les terriers abritent cependant de nombreux mammifères comme les marmottes, les hamsters, les gerbilles et même un félin, le chat manul.

Les animaux vivant dans des terriers sont répandus dans toutes les grandes plaines : pika au Tibet, lemming dans la toundra, viscache (ou lièvre des pampas) en Amérique du Sud ou encore écureuil terrestre en Amérique. Les plus gros terriers sont ceux de l'oryctérope (ou cochon de terre). Il peut creuser un tunnel de 10 m de long avec une entrée assez large pour faire passer un homme. Les terriers les plus complexes sont ceux des chiens de prairie des plaines d'Amérique du Nord. Ces rongeurs vivent dans de gigantesques colonies – des « villes » – contenant des millions de résidents et s'étendant sur de grandes distances. Parfois, l'absence d'arbres fait que les tunnels abandonnés sont repris

par des chouettes, les chevêches des terriers. Elles ont le sens pratique : le mâle place des excréments de bison ou de bétail devant le trou, ce qui attire des bousiers qu'elle peut ensuite manger.

AVANTAGE DU NOMBRE ET DE LA RAPIDITÉ

Dans ces paysages plats à l'infini, la vitesse est stratégique pour les prédateurs comme pour leurs proies, et cela n'a rien d'étonnant si les animaux des plaines sont parmi les plus rapides au monde. En Afrique, le guépard peut atteindre les 103 km à l'heure et l'autruche, 72 km à l'heure. En Amérique, le pronghorn (ou antilope à cornes fourchues) a été enregistré à 88,5 km à l'heure sur 800 m ; il peut courir à 67 km à l'heure pendant plus de 1,6 km.

Les herbivores ne pouvant vivre sous terre se protègent en formant de vastes troupeaux, jusqu'à 100 000 individus dans le cas de la gazelle de Mongolie. Davantage d'animaux, c'est aussi davantage d'yeux pour guetter les loups, par exemple.

Comme les oies des neiges, les caribous, les gnous et bien d'autres animaux des plaines, les femelles ont une période de mise bas parfaitement synchronisée (une semaine en juin pour la grande majorité). Quand les nouveau-nés sont si nombreux, les prédateurs peuvent en tuer une fraction avant qu'ils soient assez âgés pour s'échapper. De la toundra arctique et du plateau du Tibet aux savanes tropicales de l'Afrique, d'immenses troupeaux se rassemblent dans les vastes plaines pour élever leurs jeunes. Ensemble, ils constituent le plus grand agrégat animal de la planète.

5
étendues de sable

En perpétuelle transformation, balayées par le vent, tour à tour écrasées de soleil ou paralysées par le froid, voici les dernières étendues sauvages de la planète, les régions les plus arides du monde. Seuls les animaux et les plantes les plus robustes peuvent y survivre, usant chacun de stratagèmes qui lui sont propres.

À leur retour, les astronautes ayant orbité autour de la planète racontent tous la même chose. Ce qui les a le plus impressionnés, ce n'est pas la blancheur des calottes polaires, ni le réseau compliqué des deltas des fleuves, ni même la massive chaîne de l'Himalaya, mais bien les déserts. Ils décrivent les extraordinaires couleurs rouge sombre du grand désert de sable australien, les formes superbes nées des dunes géantes du Namib et, plus que tout, l'absence complète de tout signe indiquant une présence humaine. La seule étendue des déserts les a émerveillés, ce qui n'a rien d'étonnant quand on sait que les régions désertiques et semi-désertiques constituent le plus grand paysage naturel de notre planète. Elles couvrent en effet près de 50 millions de km^2, soit un peu plus d'un tiers de la surface continentale, et s'étendent d'année en année.

Il est aisé de reconnaître un désert vu de l'espace, mais le définir est autrement plus difficile. En latin, *desertum* signifie « endroit abandonné ». Pour le botaniste, un désert, c'est une vaste région sans étendues végétales pérennes. Le climatologue dirait que la caractéristique principale est un manque de précipitations combiné à de hautes températures, ce qui produit l'évaporation. La réalité n'est pas aussi simple. Dans le désert de Gobi, la température peut atteindre les – 40 °C, tandis que de nombreux arbres et arbustes poussent dans le Kalahari. En Europe, nous songeons à la mer de sable infinie du Sahara, mais en Amérique du Nord, toute région aride dépourvue d'agriculture peut être qualifiée de désert. La définition la plus utile et la mieux acceptée est la suivante : un désert aride reçoit moins de 50 mm de pluie par an. Cela inclurait donc les régions polaires : au pôle Sud, par exemple, les précipitations annuelles moyennes varient entre 20 et 50 mm.

DEUX BANDES DE SABLE

Les déserts du monde sont répartis selon une étonnante symétrie. La plupart sont en effet situés sur deux bandes de sable qui entourent la planète au niveau des tropiques. Au nord, on trouve les déserts et les semi-déserts de l'Amérique du Nord, la vaste étendue du Sahara – la plus grande du monde, égale en superficie aux États-Unis –, les déserts d'Arabie et ceux d'Asie centrale. Dans l'hémisphère Sud, il y a le désert d'Atacama au Chili et les semi-déserts de Patagonie, le Namib et le Kalahari en Afrique, enfin les déserts d'Australie, le plus sec de tous les continents habités puisque 80 % de sa superficie totale est soit aride soit semi-aride.

Si ces déserts se trouvent aux abords des tropiques, le grand responsable en est le mode de circulation de l'atmosphère terrestre. Elle agit comme une machine thermique que l'énergie solaire maintient sans cesse en mouvement. À l'équateur, le Soleil est à la verticale, de sorte que les régions voisines sont celles qui absorbent le maximum de rayonnement solaire. L'air se réchauffe, se dilate et s'élève, transportant avec lui d'énormes quantités de vapeur d'eau arrachées aux océans tropicaux. Ensuite, il refroidit, perd de sa puissance et s'étire latéralement vers le nord et le sud. Le refroidissement réduit la capacité de l'air à retenir l'eau, et l'humidité se condense pour produire les déluges typiques des régions équatoriales. L'air privé d'humidité continue d'avancer vers le nord et le sud, puis il retombe. Ce faisant, il se contracte et se réchauffe, si bien qu'on trouve au niveau du sol, le long des tropiques du Cancer et

CI-CONTRE, EN HAUT *Polygones de sable à travers le Salar d'Uyuni. En Bolivie, les restes d'un lac d'altitude ont donné ce désert de sel.*

CI-CONTRE, EN BAS *Le désert de Gobi recouvert de neige. Grand comme la Hollande, il connaît des variations de température extrêmes.*

CI-DESSOUS *Vues de l'espace, les dunes linéaires du désert de Simpson, Australie – les plus longues dunes du monde.*

PAGES PRÉCÉDENTES *Éléphants acclimatés au désert du Namib.*

du Capricorne, un air brûlant à haute pression. Cet air et les vents qui lui sont associés sont la raison principale pour laquelle les déserts du monde sont distribués au nord et au sud de ces deux bandes symétriques.

DES BARRIÈRES CONTRE LA PLUIE

D'autres facteurs plus locaux créent aussi des déserts. Les montagnes peuvent obliger l'air à s'élever et à abandonner son humidité, créant ainsi des versants où il ne pleut pas. Les grandes chaînes montagneuses des Rocheuses et des sierras influencent la majeure partie des régions désertiques d'Amérique du Nord. En Californie, par exemple, le désert Mojave se situe du côté abrité de la sierra Nevada et des montagnes de San Bernardino, qui bloquent les vents humides du Pacifique. Il connaît ainsi les précipitations les plus faibles de tous les déserts nord-américains – seulement 40 mm de pluie par an dans la vallée de la Mort, la région la plus chaude de ce continent. En Amérique du Sud, la longue chaîne des Andes interdit le passage des pluies venues du Pacifique pour créer le vaste semi-désert de Patagonie. De même, l'Himalaya empêche la mousson indienne d'atteindre le plateau tibétain. Les dimensions d'une masse continentale jouent aussi leur rôle : de vastes parties de l'Asie centrale sont désertiques parce que trop éloignées de l'océan pour recevoir de l'air humide.

Curieusement, quelques-uns des endroits les plus secs au monde se trouvent très près des océans. Atacama en Amérique du Sud, le Namib en Afrique et Sonora, dans la péninsule de Basse-Californie, sont des déserts nés de la proximité de courants marins froids. Ils

se sont tous développés le long du littoral occidental de leur continent, où les vents ont tendance à souffler en direction du large et à entraîner l'eau de surface vers la mer. Elle est remplacée par de l'eau froide venue des profondeurs, et tout air humide croisant ces bandes liquides se rafraîchit. L'humidité se condense en mer sous forme de pluie ou constitue d'épais bancs de brouillard le long des côtes. La pluie ne parvient pratiquement jamais jusqu'au désert assoiffé. C'est pourquoi Atacama, par exemple, est le désert le plus sec que l'on connaisse. Il pleut entre 1 et 5 mm par an, et certains endroits n'ont pas reçu de pluie depuis des années. La longue bande d'Atacama débute au Pérou, à 400 km de l'équateur, dans une région où l'on s'attend à trouver une humidité tropicale permanente. On voit bien que les facteurs locaux jouent un rôle important dans ce domaine.

LA RÉGION LA PLUS CHAUDE

Les déserts constituent les environnements les plus chauds de toute la planète. La couverture nuageuse est quasi inexistante et le soleil peut faire monter la température à 40 °C, parfois même 50 °C. Même les hommes habitués à ce type de chaleur ont du mal à sortir quand il est midi. Les Touaregs du Sahara et les Bédouins des déserts d'Arabie savent depuis longtemps qu'il est vital de se protéger la tête ; de plus, ils ne circulent que dans la fraîcheur relative du petit matin ou de la fin d'après-midi.

Mais quel est l'endroit le plus chaud de tous ? Les méthodes d'enregistrement des températures sont sujettes à controverse et certains prétendent que la vallée de la Mort, en Californie, détient le record absolu avec 57 °C à l'ombre en juillet 1913. On

CI-DESSUS *Grandes nappes de brouillard sur la limite côtière du désert du Namib, Afrique. Son humidité permet la survie d'animaux et de plantes bien adaptés.*

CI-CONTRE, EN HAUT *Atacama, le désert le plus sec du monde, le long du littoral chilien. Les eaux froides du Pacifique provoquent une barrière pluviale permanente ; la seule humidité qui parvienne à l'intérieur des terres est celle du brouillard.*

CI-CONTRE, EN HAUT *Un cactus Eulychnia poussant en bordure du désert d'Atacama, couvert de rosée due au brouillard matinal venu de la mer.*

s'accorde cependant à décerner le titre à El Azizia, en Libye, où l'incroyable température de 57,8 °C à l'ombre a été enregistrée le 13 septembre 1922.

En moyenne, le Sahara, situé très au sud, est le désert le plus chaud de la planète alors que le désert de Gobi est le plus froid. Il est recouvert de neige pendant deux mois. En hiver, la température peut atteindre les – 40 °C mais elle dépasse souvent 40 °C en été.

LES FORCES AU TRAVAIL

CI-DESSUS *Les dunes roses du Mali. Les dunes de sable constituent 20 % des déserts du monde.*

CI-CONTRE *Les collines dénudées du semi-désert des badlands d'Amérique du Nord. Elles ont été érodées par des rivières aujourd'hui disparues, puis par le vent et des orages rares mais intenses.*

L'eau et le vent exercent leur travail d'érosion plus violemment dans le désert que dans tout autre environnement, et leurs forces combinées ont créé quelques-uns des décors les plus spectaculaires. Sans la protection des arbres et des arbustes, l'érosion due à l'ardeur du Soleil, aux nuits glacées et à la violence des vents aurait mis la Terre à nue. Des générations d'explorateurs n'ont pu résister à l'appel de ces paysages. Aujourd'hui encore, alors que le dromadaire est remplacé par le 4 x 4, une marche dans le désert est une expérience inoubliable.

Presque chaque semaine, de vieux camions quittent Tombouctou, au Mali, pour se diriger vers le nord et traverser le Sahara. Ils emportent des moutons que l'on vendra sur les marchés du Sud algérien. Après ce voyage éprouvant, ils rapportent des dattes à Tombouctou. Grimpez dans l'un de ces camions, et vous découvrirez toute la gamme des beautés du désert.

Peu après avoir quitté Tombouctou, on traverse une sorte de chaussée faite de petits rochers rendus lisses par le vent. C'est le reg, caractéristique d'une grande partie du sud du Sahara. Avec un peu de chance, on peut passer devant des groupes de grands piliers rocheux qui cassent la monotonie environnante. Après trois ou quatre jours de route pénible, on atteint les dunes que chacun s'attend à trouver dans le désert. Les camions semblent minuscules à côté des dunes de sable massives du Sud algérien, impossibles à franchir sans l'aide de chameaux.

MERS DE SABLE

Même dans les déserts les plus arides, d'infimes quantités d'eau sont présentes dans la roche. Les incessantes fluctuations de température ne cessent de geler et de liquéfier cette eau. Après avoir été cuits et glacés ainsi pendant des millénaires, les rochers les plus gros éclatent en fragments qui, à leur tour, se dissocieront pour former les grains de sable. Soufflés par le vent, projetés contre les falaises, frottés les uns contre les autres, ces grains s'arrondissent et se couvrent d'une couche d'oxyde de fer rouge. Ils continuent de voleter et s'entassent pour former des monticules – ces dunes uniques qui occupent aujourd'hui 20 % des déserts du monde.

Les dunes de sable sont particulièrement évocatrices des paysages désertiques. Des vents puissants soufflent le sable pour en faire quelques-unes des sculptures les plus fluides de la nature – petits tas ou montagnes hautes de 300 m et longues de plusieurs

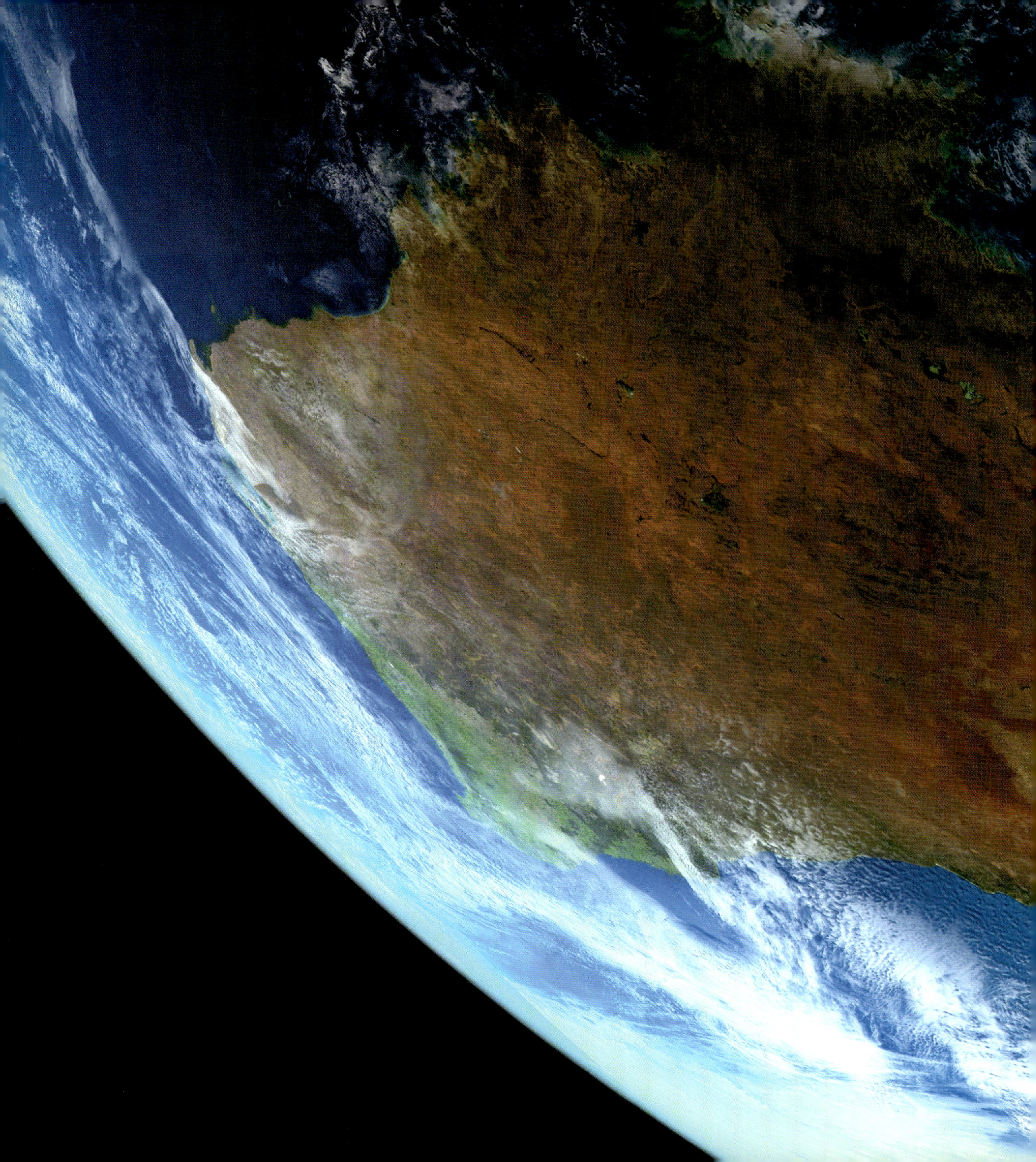

CI-DESSUS *Champignons de craie – tout ce qui reste d'un ancien fond marin aujourd'hui érodé –, désert Occidental, Égypte.*

PAGES PRÉCÉDENTES *Les grands déserts d'Australie vus de l'espace.*

kilomètres. Regroupées, elles forment ces paysages ondulés appelés mers de sable, la plus grande de toutes étant le Rub al-Khali, le « Quart vide », sur la péninsule d'Arabie. Sa superficie, 560 000 km^2, est à peu près celle de la France.

Les différences locales en matière de circulation de l'air et de quantité de sable produisent divers types de dunes. Les plus communes sont linéaires : elles forment une série de lignes parallèles, comme des vagues venant frapper un rivage. Typiques des déserts australiens où l'on trouve les plus longues dunes du monde – les crêtes de sable rouge du sublime désert de Simpson, en Australie-Méridionale (partie la plus sèche du continent), font en effet 360 km de long. Les majestueuses dunes de sable de Sossuvlei, dans le désert du Namib, sont parmi les plus hautes (jusqu'à 300 m). Façonnées par le vent, ces sculptures fluides glissent lentement à la surface du globe, de 10 à 20 m par an pour la plupart, mais cela peut aller jusqu'à 50 m.

L'ART ÉOLIEN

Le vent est une force puissante, surtout lorsqu'il transporte des particules de sable, et en certains endroits il a créé des paysages dignes des autres planètes. À petite échelle, le vent érode les roches pour leur donner une forme arrondie et patinée appelée ventifact. À plus grande échelle, l'érosion éolienne peut sculpter de spectaculaires piliers rocheux et des collines aux formes aérodynamiques, les yardangs. On trouve quelques-uns des plus beaux yardangs dans le désert Occidental d'Égypte, où tout un fond marin crayeux a donné naissance à d'étranges configurations. Cela ressemble souvent à de monstrueux champignons blancs au pied rocheux fuselé. En Iran, dans le désert de Dasht-e Lut, les yardangs ressemblent à de hauts immeubles, de sorte que les Iraniens parlent de cités du désert.

PUISSANCE DES TEMPÊTES

Rien ne transforme plus vite un paysage désertique qu'une énorme tempête de sable. Les vents saisonniers font s'élever de gros nuages de sable et de poussière qu'ils soufflent sur les déserts, enfouissant au passage des villages entiers et masquant le ciel. Les rares animaux à même de survivre dans de telles conditions ont su s'adapter : c'est le cas du chameau, avec ses cils d'une longueur étonnante et ses narines tapissées de poils qu'il peut fermer individuellement. Au

LE POUVOIR DE L'EAU

L'eau a largement participé à la création des formes du désert. Il y a des millions d'années, des torrents se sont frayé un chemin dans des plaines rocheuses. Ces rivières sont depuis longtemps asséchées, mais leur puissance a sculpté d'étonnants paysages. On en a un des plus beaux exemples dans l'ouest de l'Amérique du Nord, où roches tendres et argile ont été érodées pour générer des badlands désertiques.

C'est ainsi que sont nés les mesas, buttes, crêtes acérées, piliers et colonnes aux formes extraordinaires des badlands d'Amérique du Nord. À Bryce Canyon, dans l'Utah (à gauche), les tours roses sont tout ce qui reste d'un plateau calcaire, les roches plus tendres ayant été emportées par d'anciennes rivières. Même aujourd'hui, la pluie contribue à grignoter les roches tendres du désert. Une végétation éparse et un sol peu épais, mais aussi des averses brèves et violentes, font que les régions semi-désertiques subissent l'érosion par l'eau la plus forte au monde.

Sahara, les murs de sable atteignent parfois 1,5 km de haut et sont visibles de l'espace. On pense que ce désert génère chaque année 300 millions de t de sable porté par le vent et capable d'atteindre le Groenland ou l'Amérique du Sud. C'est la plus grande source de poussière qui soit, et elle joue un rôle fondamental dans l'écologie globale, créant des tempêtes en Floride, aidant aux floraisons de plancton dans l'Arctique et même fertilisant l'Amazone.

LA VIE DANS LA FOURNAISE

Les animaux et les plantes qui tentent de survivre dans les déserts doivent relever deux défis : le manque d'eau et les températures extrêmes. Une étonnante variété d'espèces animales et végétales – appartenant à quasiment tous les grands groupes – s'est parfaitement adaptée à ces conditions très rudes.

Les plantes n'ont pas le choix et doivent demeurer où elles poussent : il est donc normal qu'un désert soit défini par son absence de végétation. Dans les grands espaces du Sahara – 9 millions de km^2 –, on n'a à ce jour identifié que 1 400 espèces végétales. Dans le monde, la majorité des plantes du désert n'ont que deux stratégies : résister à la sécheresse ou l'éviter. Celles qui résistent luttent en permanence, les autres sont éphémères et n'apparaissent que quand les conditions s'améliorent.

RÉTENTION D'EAU

Pour retenir le peu d'eau qu'elles reçoivent et éviter de se dessécher, les plantes résistantes se sont adaptées de diverses manières. Soit elles la stockent, soit elles minimisent les risques d'évaporation. Elles ont des feuilles petites et simples, au revêtement mince – afin de prévenir au maximum la déperdition d'eau – ou, parfois, pas de feuilles du tout. Les pierres vivantes,

ou lithophages, du désert du Namib sont l'exemple extrême d'une telle stratégie puisqu'elles ressemblent à une poignée de petits cailloux gris. Cela les protège des herbivores ; de plus, leur forme arrondie les expose aussi au minimum et réduit d'autant la déperdition d'eau.

Les racines des plantes du désert se présentent sous trois formes : systèmes extensifs, peu profonds et fibreux qui profitent au mieux des averses soudaines et imprévisibles ; bulbes stockant l'eau souterraine ; et racines pivotantes profondes. La plupart des buissons et arbres du désert sont petits ou trapus avec de longues racines leur permettant de puiser l'eau en profondeur. Il y eut longtemps au Sahara un acacia solitaire qui servait de poteau indicateur aux caravanes. Cette sentinelle finit par mourir et l'on découvrit que ses racines allaient jusqu'à 35 m de profondeur. Celles d'autres arbres du désert comme le mesquite et le tamarisk peuvent atteindre 50 m de long.

Les racines du buisson de créosote nord-américain s'infiltrent si efficacement dans la terre environnante que la plante semble capable d'extraire chaque molécule d'eau qui s'y trouve. Aucune autre plante ne peut survivre dans les environs, même ses rejets, de sorte que sa reproduction est assez délicate. La solution consiste à coloniser le sol voisin, non pas en dispersant ses graines, mais en faisant partir de la base un nouveau réseau de racines qui se développera lentement. Le buisson de créosote s'étend en direction de l'extérieur, et les racines intérieures meurent : son anneau est ainsi de plus en plus grand. Un de ces buissons a plus de 11 700 ans, ce qui en fait un des organismes individuels les plus vieux de notre monde.

SOLUTIONS ÉPINEUSES

Symboles du désert, les cactées ont un réseau de racines fibreuses et peu profondes qui s'étirent sur une vaste superficie, toujours assez près du sol. Elles sont conçues pour une rapide absorption des faibles précipitations locales. Les cactus ont également cherché à résoudre le problème de l'eau en transformant leurs feuilles en épines, ce qui réduit au

CI-DESSOUS *Formation d'une tempête de sable. Ce type de tempête se déplace à vive allure et peut apparaître en quelques minutes. Le sable soulevé parvient parfois au bout du monde – par exemple, celui du Sahara vient fertiliser l'Amazone.*

À DROITE *Certainement le plus célèbre des cactus, le saguaro du désert de Sonora domine toutes les autres cactées.*

CI-DESSOUS *Un grand-duc a fait son nid dans un saguaro, comme s'il s'agissait d'un arbre. Ce cactus nourrit aussi de ses fleurs et de ses fruits rafraîchissants les oiseaux migrateurs et les chauves-souris.*

maximum la déperdition d'eau, tout en les protégeant des animaux. Les herbivores assoiffés posent un tel problème aux plantes du désert qu'elles sont souvent vénéneuses ou couvertes d'épines.

On trouve en Amérique l'ensemble des 2 000 espèces de cactées terrestres. Leurs formes variées et leurs dimensions sont conçues pour réduire leur surface et minimiser l'évaporation. Les stomates d'une plante (pores lui permettant d'absorber du gaz carbonique) perdent aussi une humidité précieuse, c'est pourquoi les cactées en ont réduit le nombre et la taille. Elles sont fermées pendant la chaleur du jour et ouvertes la nuit pour capter le gaz carbonique. Le gaz est stocké sous forme d'acide organique pour être traité pendant la journée, quand le Soleil rend à nouveau possible la photosynthèse. Cette technique intelligente est celle de bien des herbes du désert.

La plus étonnante spécialisation des cactus est peut-être le stockage de l'eau. En Amérique du Nord, le désert de Sonora peut se vanter de posséder le plus grand nombre et la plus belle diversité de cactus au monde. Sur ses 27 espèces, la plus impressionnante est le saguaro, pareil à un cierge géant et symbole même de Sonora. Constituée de sortes de plis, sa tige pousse pendant 75 ans avant de se doter de branches latérales. Un saguaro peut vivre 200 ans et produire plus de 40 millions de graines, mais une seule parviendra à maturité. Ce cactus peut atteindre les 15 m de haut, peser plus de 15 t et présenter jusqu'à 50 branches. Son système de racines est aussi long que le tronc est haut et, en une seule journée, il peut absorber une tonne d'eau quand les précipitations ont été particulièrement violentes. Après plusieurs averses du même type, elle constitue jusqu'à 80 % de son poids global. Ce géant majestueux permet de nourrir de nombreux animaux. Il produit la nuit de belles et grandes fleurs blanches qui attirent des chauves-souris pollinisatrices. Ses fleurs et ses fruits alimentent aussi les animaux migrateurs, tels les oiseaux-mouches et certaines chauves-souris pourvues d'un long museau. Sans les saguaros, beaucoup d'animaux seraient incapables de traverser le désert.

CI-DESSUS *Un biznaga (ou coussin de belle-mère) devant un tuyau d'orgue et un saguaro. Le désert de Sonora, Arizona, présente la plus grande diversité de cactées au monde. Ici, le paysage est exceptionnellement verdoyant. Une averse inattendue a fait germer des graines dormantes, dont celles d'une variété de coquelicot.*

ASTUCES ANIMALES

Les animaux qui survivent dans le désert sont, à bien des égards, encore plus remarquables que les plantes. Ils doivent non seulement éviter de se déshydrater, mais aussi, pour la plupart, maintenir leur température corporelle. Les mammifères, en particulier, sont sensibles aux grandes variations de température, et leur capacité à supporter des nuits glaciales est aussi importante que leur aptitude à affronter les rigueurs du Soleil.

Vie éternelle et résurrection

Le welwitschia est l'une des plantes les plus étranges : il pousse dans le désert du Namib et tire le maximum des brouillards matinaux en provenance du littoral atlantique. Sur plusieurs millions d'années, il a évolué pour donner une énorme base gonflée, pareille à un navet, d'où ne sortent que deux feuilles géantes : elles se scindent en rubans effilochés pouvant atteindre les 9 m de long. Cette plante vit parfois plus de 1 500 ans : elle ne cesse de grandir, et l'extrémité de ses feuilles se déchire au contact du vent. Leur aspect déchiqueté ne les empêche pas de recueillir l'eau. Recouvertes de fibres qui captent l'humidité du brouillard, elles en absorbent une partie par leurs stomates et dirigent le reste vers le centre de la plante et ses racines.

Pendant une sécheresse extrême, certaines plantes ne présentent plus aucune vie au-dessus du sol. Ces géophytes, tel le cactus-vierge à floraison nocturne, survivent sous terre grâce à leurs bulbes, tubercules, nodules ou rhizomes. Les herbes font ainsi, en développant un système de racines vaste et complexe. Quand la pluie tombe enfin, ces plantes dormantes reconstituent un feuillage en quelques jours.

Une plante extraordinaire du désert d'Atacama n'a pas la moindre racine. *Tillandsia latifolia* est une broméliacée, plus exactement une « plante de l'air » : elle n'a que des feuilles raides disposées en une boule qui roule dans le désert quand le vent souffle. Sa structure a pour but d'absorber l'humidité du brouillard produit par les courants froids du Pacifique.

Déserts fleuris

La transformation quasi immédiate d'un paysage désolé en un tapis de fleurs aux couleurs vives constitue l'un des plus beaux tours de magie de la nature. Tel est le spectacle qu'offrent les plantes évitant la sécheresse par le biais d'une stratégie éphémère. En effet, ces graines passent un moment de leur vie sous forme de plantes : elles sont conçues pour éclore à la vie presque instantanément quand un orage s'abat sur le désert. C'est le cas d'espèces passagères comme le coquelicot, le ciste ou les graminées. En règle générale, les précipitations saisonnières suffisent tout juste pour assurer leur survie, mais parfois les pluies sont si fortes que tout le paysage s'en trouve changé. On voit soudain germer des graines qui dormaient depuis 30 ans dans un sol desséché.

Pour ne pas gâcher leurs chances lors d'une averse minute, le revêtement des graines possède un inhibiteur chimique qui doit être dissous par une bonne quantité de pluie avant leur germination. Après avoir

attendu des années, elles se déchaînent littéralement en développant de grandes feuilles et des fleurs aux couleurs éclatantes.

Le désert se fleurit en quelques jours, mais le spectacle peut s'achever au bout de quelques semaines. Les plantes veulent être pollinisées le plus vite possible et produisent d'énormes quantités de graines pouvant rester dormantes très longtemps : certaines conservées 250 ans dans un musée ont germé après avoir reçu suffisamment d'eau.

L'effet Lazare

La pluie et la végétation peuvent rajeunir des formes de vie de toutes sortes. Dans le désert de l'Arizona, les fortes averses semblent faire frémir le sol. Le pied-en-bêche occidental, qui sommeillait depuis dix mois dans la boue sèche, relance son cycle de vie en quelques heures. Dès qu'ils sortent de terre, ces crapauds lancent des appels frénétiques, car, comme les fleurs du désert, ils ont peu de temps pour se reproduire avant que le Soleil contraigne leurs jeunes à se cacher.

Des insectes comme le criquet pèlerin recourent à la même stratégie pour survivre aux longues sécheresses. Leurs œufs peuvent attendre 20 ans les conditions d'éclosion idéales. Leur nombre explose alors, produisant des essaims quasi bibliques. L'un d'eux a couvert plus de 200 km^2, mais il y en avait plusieurs du même ordre dans la région : leur population globale a été estimée à 500 milliards d'individus ! Un criquet consomme son poids de nourriture toutes les 24 heures, de sorte que les essaims doivent se déplacer en permanence. En parcourant 130 km par jour, ils ont vite fait de détruire toute végétation. Le désert retrouve alors son aspect désolé.

DE GAUCHE À DROITE *Welwitschia mirabilis – la plante aux plus vieilles feuilles du monde. Elle vit dans le désert du Namib, mais assez près du littoral pour tirer profit du brouillard qui vient la nuit de l'Atlantique.*

Cette sorte d'amaryllis fleurit après les pluies d'été dans le désert du Kalahari. Elle s'adapte aux conditions difficiles en restant dormante sous forme de bulbe, avant de fleurir très vite dès que les pluies arrivent.

Une abronie – plante annuelle du sud des États-Unis qui passe la majeure partie de sa vie sous forme de graine. Dès qu'il pleut en quantité suffisante, il ne lui faut que quelques semaines pour tapisser le désert. Les poils de ses feuilles et de ses tiges forment un tampon humide qui les isole de l'air chaud.

Un agave succulent décoré de campanules du désert. Cette plante annuelle décrit à toute allure son cycle vital sous l'action des pluies torrentielles.

DANS LA CHALEUR DU JOUR

Un air et un sol brûlants interdisent à la plupart des animaux de sortir en plein jour. Une petite taille est alors un avantage. Il suffit de quelques heures d'ensoleillement pour que les surfaces de sable soient insupportables, mais il fait étonnamment frais à quelques centimètres de profondeur. Les petits animaux du désert – scorpions, reptiles et rongeurs – le savent bien, et ils ont appris à survivre sous terre ou sous un rocher jusqu'à la tombée de la nuit. La petitesse est si avantageuse qu'une grande variété de petits mammifères ont évolué pour s'adapter à la vie dans le désert. Le Sahara, par exemple, abrite une quarantaine d'espèces de rongeurs, dont les gerbilles et les souris. Ils ont souvent de grandes pattes arrière pour courir très vite sur le sable au cas où il leur faudrait sortir de leur trou. La souris à poche va encore plus loin : en période d'extrême chaleur ou de sécheresse, elle se retire dans un terrier et se plonge dans un état de dormance semblable à l'hibernation et appelé estivation.

Si le mode de vie d'un animal le contraint à sortir en pleine lumière, il ne peut survivre qu'en trouvant de l'ombre et en réussissant à perdre de la chaleur. L'écureuil terrestre africain se sert de sa queue comme d'un parasol : il l'incline pour se protéger au maximum et gonfle ses poils pour se faire une sorte de dais. D'autres mammifères transforment certaines parties de leur corps en radiateur : le lièvre américain, le fennec du Sahara et le bandicoot australien ont fait de leurs oreilles de puissants appareils d'échange thermique.

La sudation et le halètement permettent aussi l'évaporation et le rafraîchissement du corps. Certains marsupiaux australiens salivent abondamment dès que la température grimpe. Avec leur langue, ils étalent leur salive sur leur corps pour qu'elle les rafraîchisse en s'évaporant. Les kangourous disposent sur leurs « avant-bras » de zones réfrigérantes – un réseau de capillaires proches de la surface – qu'ils couvrent de salive quand la température augmente.

CI-DESSOUS *Cousin de l'araignée, le solifuge (ou scorpion jaune), dont la cuticule très épaisse réduit la déperdition d'eau. La nuit, sur le sable, il se sert de ses énormes mâchoires pour tuer scorpions, araignées et insectes.*

CI-DESSOUS, À DROITE *Ce lézard du Namib chasse de jour. Pour éviter de se brûler, il ne pose jamais plus de deux pattes en même temps.*

Certains gros mammifères du désert ont une fourrure incroyablement épaisse qui conserve la température la nuit, bien sûr, mais constitue aussi un bouclier thermique très efficace. Par exemple, la couche externe de la toison broussailleuse d'un chameau peut être de 30 °C plus chaude que son corps.

Les gazelles et les antilopes n'ont pas de fourrure épaisse, et l'éclat du Soleil serait susceptible de les brûler en un rien de temps. Certes, elles pourraient perdre de la chaleur en suant et en haletant, mais ce serait aussi perdre beaucoup d'eau. Elles font donc remonter leur température corporelle jusqu'à 46 °C, ce qui occasionnerait des dommages cérébraux chez les autres mammifères. L'oryx réussit à ce que la température de son cerveau soit inférieure de plusieurs degrés à celle du reste de son corps : ses conduits nasaux et un système complexe de vaisseaux sanguins rafraîchissent le sang irrigué vers le cerveau.

CI-DESSUS *Un chameau sauvage de Bactriane et son jeune cherchent de l'eau dans le désert de Gobi. Ces chameaux sont en péril, et les dernières populations vivent en Chine et en Mongolie. Ils sont adaptés à la sécheresse et aux températures extrêmes. En hiver, ils ont une toison épaisse (ici la mère perd la sienne) et s'abreuvent en mangeant de la neige. En été, leur température fluctue pour éviter la sudation ; ils conservent l'eau en produisant des excréments secs et de l'urine en petite quantité. De longs cils et des narines qu'ils peuvent obstruer les protègent de la poussière ; leurs pattes larges et rembourrées leur permettent de fouler le sable brûlant.*

PAS UNE GOUTTE À BOIRE

Même aux températures normales, les animaux ont besoin d'équilibrer l'humidité récupérée avec celle perdue lors de la respiration et de la sudation. Ce problème se pose tout particulièrement aux animaux de petite taille. La surface de leur corps est relativement élevée par rapport à leur volume, ce qui les rend plus vulnérables à la déperdition d'eau due à l'évaporation. En comparaison, les insectes et les arachnides (araignées, scorpions et assimilés) ont une bonne longueur d'avance. Ce sont les animaux les plus nombreux du désert, et ils ont l'avantage de posséder un exosquelette imperméable conçu pour résister à la dessiccation. Les insectes du désert ont des cuticules cireuses plus épaisses pour diminuer encore plus la dessiccation. Insectes et arachnides sont toutefois vulnérables aux températures extrêmes, et ils sont peu nombreux à demeurer en surface pendant la journée. Les scorpions, par exemple, ont une déperdition d'eau très faible et boivent rarement, tirant de leur nourriture tout ce qui est liquide, mais ils passent les heures du jour cachés dans des terriers ou sous des rochers, ne sortant que la nuit pour chasser.

AVANTAGES D'UNE PEAU ÉPAISSE

CI-DESSUS *Le pied-en-bêche creuse avec ses pattes puissantes. Sous terre, il se protège de la sécheresse grâce à un cocon de peau et ne ressort l'été suivant qu'avec la pluie. Il s'accouple alors et pond dans des flaques provisoires. En deux jours, des têtards en sortiront.*

CI-CONTRE *L'oryx, un des rares grands herbivores vivant dans le désert. Il se nourrit de tout ce qu'il trouve en paissant ou en grattant pour déterrer racines et tubercules (sources d'humidité) ; pour trouver de l'eau, il effectue aussi de longs déplacements.*

Avec leur peau mince et perméable, les amphibiens trouvent particulièrement pénible la vie dans le désert. Ceux qui y survivent ont tendance à passer une grande partie de leur vie sous terre. Dans les déserts australiens, il existe au moins 20 espèces de grenouilles et crapauds fouisseurs qui creusent à l'aide de leurs pattes en forme de pelle. Ils peuvent aussi développer un cocon externe de peau morte qui les aide à préserver leur humidité une fois enterrés. Quand les pluies arrivent enfin, les grenouilles sortent pour s'accoupler. Les mares sont vitales à leur reproduction, mais la minuscule grenouille corroboree (3 cm) d'Australie-Occidentale a résolu le problème en pondant dans le sable des œufs qui n'éclosent que lors d'une forte pluie.

Chez les vertébrés, les reptiles sont ceux qui ont le mieux réussi à exploiter l'environnement désertique. On les trouve dans tous les déserts du monde et, rien qu'au Sahara, il en existe une centaine d'espèces. Leur atout majeur, c'est leur peau épaisse et imperméable qui retient bien l'eau. Animaux à sang froid, ils ne comptent pas sur l'apport de nourriture pour préserver leur température corporelle et survivent en cas de disette dans la plupart des déserts. La chaleur du Soleil étant nécessaire au réchauffement de leur corps, ils agissent à l'inverse des autres animaux et chassent le jour. Les températures extrêmes leur posent tout de même des problèmes. Un certain lézard du désert du Namib ne place en permanence que deux pattes sur le sol, une à l'avant et une autre, opposée, à l'arrière. En changeant régulièrement de pattes, il réussit à ce qu'elles ne soient jamais trop chaudes.

UN PLUMAGE HUMIDE

Les oiseaux sont adaptés aux déserts parce que leur température corporelle, supérieure à celle des mammifères, peut se maintenir à 45 °C pendant une longue période. Les espèces sont assez petites, alouettes et pluvians par exemple, et ont souvent choisi de rester inactives pendant le jour. Elles ont aussi l'avantage de voler, donc de pouvoir chercher les rares

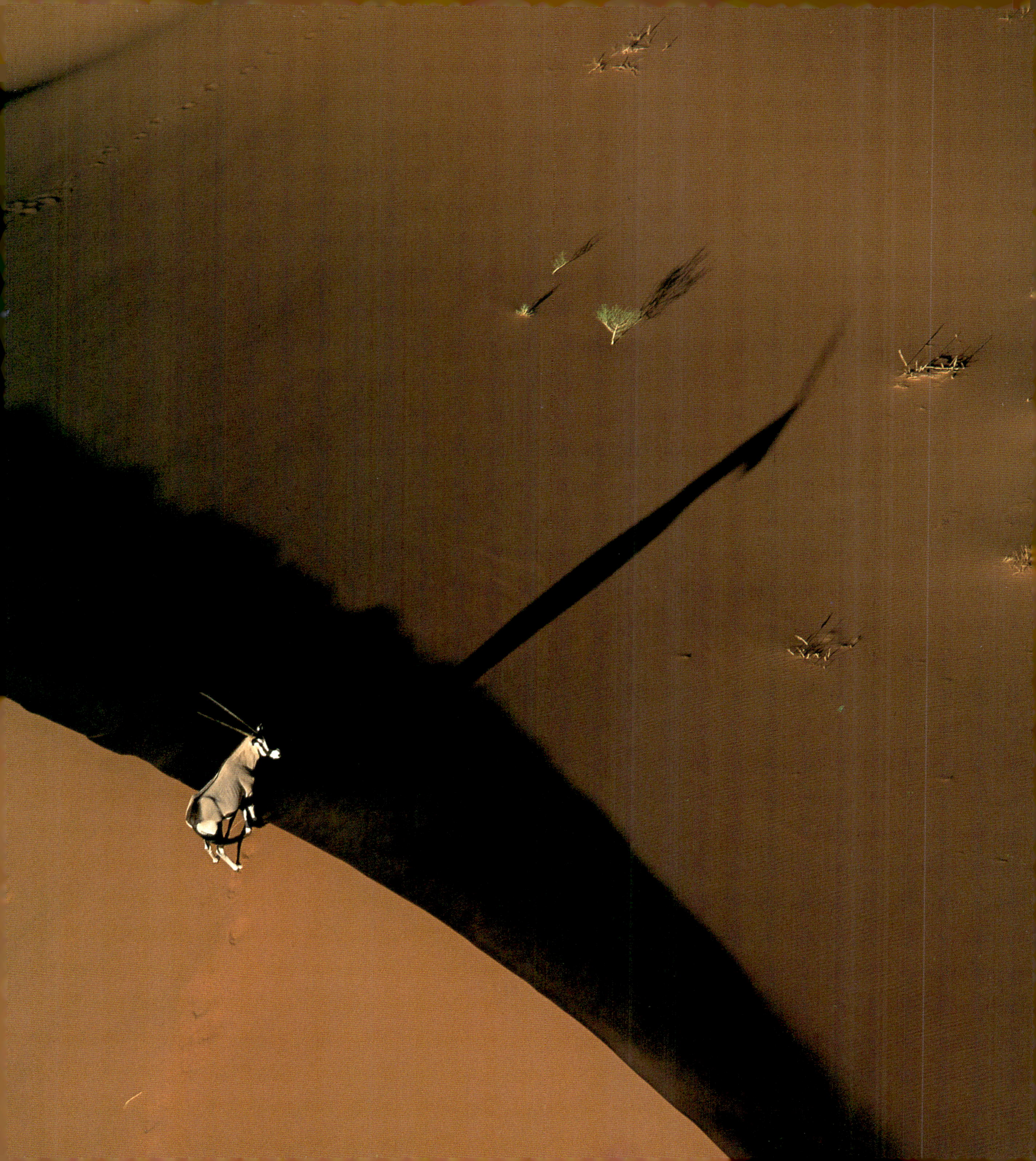

points d'eau. Dans les déserts australiens, la perruche ondulée voyage au sein d'immenses volées, et ces nomades aux couleurs chatoyantes suivent les pluies incertaines.

Le problème de l'eau se pose de façon plus accrue quand les adultes s'occupent de leurs poussins. Ceux-ci tirent l'eau de la nourriture qu'on leur apporte mais, quand elle n'est pas assez humide, d'autres sources leur sont nécessaires. Les petits du ganga namaqua connaissent bien ce problème. Leurs parents doivent apporter de l'eau, même si le nid est à 45 km de la source, et la solution trouvée est assez élégante. Les plumes du poitrail et du ventre du mâle s'imprègnent d'eau comme une éponge. Au point d'eau, il commence par s'abreuver puis il se baigne jusqu'à saturation de son plumage. Au retour de leur père, les petits se bousculent pour sucer ses plumes.

Dans les déserts de l'Arizona et du Mexique, le grand géocoucou a imaginé une façon différente de donner à boire à ses jeunes. Les géocoucous nichent dans des cactus ou des buissons et élèvent deux ou trois petits capables d'avaler et de digérer de copieux repas. Très tôt, ils acceptent insectes et lézards. Pourtant, parents et jeunes semblent se chamailler au moment du repas : aucun ne veut lâcher la nourriture. Cette attitude est essentielle au processus de nutrition. L'adulte fait couler le long de l'insecte ou du lézard l'eau qu'il a lui-même produite pendant sa digestion. Il ne mange que lorsque les petits ont terminé leur repas.

CI-DESSUS *Un géocoucou donne à boire à son jeune. Il offre un lézard ou un insecte au poussin et ne le lâche que quand l'eau qu'il a accumulée a coulé dans le bec de l'oisillon.*

CI-CONTRE *La vipère de Peringuey se déplace à grande vitesse par ondulations latérales. Elle est parfaitement adaptée aux dunes mouvantes du désert du Namib, Afrique. Le jour, elle ondule sous la surface du sable, où elle guette sa proie. Seuls ses narines et ses yeux (situés quasiment sur le dessus de la tête) sont apparents.*

L'EAU MÉTABOLIQUE

Les mammifères dont le régime alimentaire est riche en protéines ont également un problème. Les protéines contiennent de l'azote et se métabolisent en urée, très toxique quand elle s'accumule dans le corps. Elle doit donc être éliminée sous forme d'urine, ce qui signifie une déperdition d'eau. Certains animaux du désert produisent de l'eau métabolique, créée au cours du métabolisme normal du corps. Le rat-kangourou a si peu d'eau pendant la journée qu'il se cache dans un terrier et bouche l'accès à son nid avec des morceaux de terre. Il perd quand même beaucoup d'eau par évaporation ou respiration, à tel point que le nid est humide et que le stock de graines risque de moisir. Pour remplacer cette eau, le rat-kangourou n'a qu'une solution, fabriquer de l'eau métabolique.

UTILITÉ DE LA GRAISSE

Les chameaux peuvent passer des mois sans boire quand la végétation est verdoyante mais, pendant l'été saharien, la nourriture est rare et se présente sous forme sèche. Ils peuvent tenir une semaine ou plus sans eau et jusqu'à dix jours sans nourriture en brûlant la graisse accumulée dans leurs bosses. En métabolisant la graisse avec l'oxygène, ils peuvent dégager 500 g d'eau pour 500 g de graisse. Quand ils recommencent à boire, ils absorbent très vite 30 % de leur masse corporelle – jusqu'à 50 l en quelques minutes – et stockent cette eau dans leur estomac. Les bosses de graisse et la toison épaisse les isolent et ils suent à peine.

Cette isolation thermique est particulièrement importante pour le chameau de Bactriane, qui vit en Chine et en Mongolie. Dans le désert de Gobi, les écarts de température atteignent parfois 38 °C et, pendant deux mois, le plus froid des déserts peut être recouvert de neige. Malheureusement pour les chameaux, l'air est si sec que la neige ne fond pas mais s'évapore dans l'atmosphère. Ils n'ont d'autre choix que de manger cette neige. En avaler de grandes quantités serait dangereux et, comme la neige tient longtemps, ils n'en absorbent que 10 l par jour.

LES GÉANTS DU DÉSERT

On ne s'attendrait pas à trouver les plus grands herbivores du monde dans le désert, mais il reste deux petites populations d'éléphants à la frontière du Sahara, au Mali et en Namibie, le long de la côte occidentale de l'Afrique. Ces animaux sont tout spécialement adaptés à la vie dans le désert, avec un corps plus petit et des pattes plus grosses que les autres éléphants d'Afrique. Leurs larges pieds les aident à fouler un sable meuble quand, pour chercher l'eau et la nourriture, ils parcourent quelque 60 km par jour. Dans le désert du Namib, les éléphants ont appris à creuser le sol pour trouver les racines des plantes riches en nutriments. Contrairement aux éléphants de plaine qui ont besoin de leur eau quotidienne, ceux du désert peuvent passer cinq jours d'affilée sans boire.

Plus étonnant encore, le désert du Namib abrite une petite colonie de lions qui survivent en mangeant des oryx. Ils se sont adaptés à ces rudes conditions en ayant des territoires plus vastes et des troupes plus petites que leurs congénères du reste de l'Afrique. Il est remarquable qu'avec une densité aussi faible, les lions du désert réussissent à avoir les portées les plus nombreuses et le taux de survie des jeunes le plus élevé de tous les lions d'Afrique. Pour le moment tout au moins, ces mammifères font partie des plus robustes survivants du désert.

CI-DESSOUS *Les lions du Namib, un des derniers groupes de lions à survivre dans le désert en possédant de vastes territoires – plus grands que ceux de tout autre félin d'Afrique. L'oryx est leur proie de prédilection.*

CI-CONTRE *Éléphants du Namib. Ils survivent en mangeant très peu – bien souvent des racines de plantes du désert – et sont plus petits que leurs cousins africains ; leurs pattes plus larges les aident à marcher sur le sable en quête de nourriture et de points d'eau.*

6

sommets vertigineux

Les montagnes sont le symbole même de l'étendue désertique. Seuls les plantes et les animaux les plus robustes survivent au froid qui règne à une telle altitude. Elles peuvent aussi naître dans la fournaise avant de s'assagir, victimes des ravages de la glace et de l'eau.

Chaque chaîne de montagnes a une personnalité bien distincte, façonnée par une histoire unique. Les hauts sommets de l'Himalaya sont jeunes et couronnés de neige et de glace – un monde figé que nul ne peut habiter en permanence. Le massif éthiopien est ancien, bas et verdoyant – il y vit une faune très diversifiée. Les autres grandes chaînes s'inscrivent entre ces deux extrêmes, et chacune est le résultat des millénaires de bouleversement que connut notre planète.

Ce qui constitue une montagne dépend du paysage environnant et de la façon de la considérer. Les collines Watchung, dans le New Jersey, n'ont que de 120 à 150 m de haut, alors que les protubérances de 3 600 m de l'Himalaya passent aux yeux des Tibétains pour de vulgaires contreforts. Voltaire, le plus rationnel et le plus sceptique des philosophes, trouvait grotesque l'affirmation de son ami, le comte de Buffon, pour qui même les collines françaises n'avaient pas toujours existé. Buffon était fasciné par les coquillages découverts dans les roches desdites collines. Comment pouvaient-ils y être arrivés ? Sa conclusion était la suivante : des animaux marins avaient vécu là où se dressaient à présent les montagnes. Des sédiments tendres les avaient recouverts et changés en roches dans des mers peu profondes, puis ces roches avaient été soulevées au-dessus du niveau de la mer. Ridicule, disait Voltaire : des pèlerins avaient apporté ces coquillages avec eux, c'était aussi simple que ça.

À l'époque de Buffon, la géologie en était à ses balbutiements et la théorie de l'évolution ne serait pas proposée avant cent ans. Aujourd'hui, nous savons qu'une montagne n'est pas éternelle. Elle naît, connaît une jeunesse vigoureuse puis une longue maturité et parfois une vieillesse plus longue encore, pour finir par s'user et disparaître.

NAISSANCE D'UNE MONTAGNE

La Terre est recouverte d'une couche rocheuse scindée en sept fragments inégaux pouvant toutefois s'adapter les uns aux autres comme les pièces d'un puzzle. On pense que ces segments, ou plaques, se déplacent très lentement (de 1 à 10 cm par an). Quand ces plaques tectoniques s'écartent, de nouveaux fonds océaniques peuvent apparaître dans leur sillage ; quand elles se rencontrent, les roches n'ont de place que pour s'élever et former des montagnes. Survoler la dépression Danakil, en Éthiopie, c'est emprunter une machine à remonter le

CI-DESSUS *Mares acides et dépôts de soufre sur la croûte volcanique de Dallol, désert du Danakil, Éthiopie, sur la faille de la grande vallée du Rift.*

CI-CONTRE *La grande vallée du Rift, Kenya. Ici, l'activité violente qui déchira la croûte terrestre a provoqué l'effondrement d'énormes plaques entre des failles parallèles, mais aussi la formation d'une chaîne volcanique.*

PAGES PRÉCÉDENTES, EN HAUT *Torres del Paine, dans les Andes chiliennes.* EN BAS *Singes géladas dans le massif éthiopien.*

temps pour voir en action le monstrueux processus de création de la Terre. Les représentations de plaques tectoniques que proposent les manuels prennent vie avec le paysage.

Avec sa chaîne de volcans récents et leurs champs de lave noire qui serpente dans le désert, le Danakil est l'un des endroits les plus géologiquement actifs. Vu des airs, le site de Dallol n'est pas très impressionnant – une zone désertique un peu plus orange que son environnement –, mais quand l'hélicoptère se pose, on découvre un des paysages les plus étonnants de la planète.

Ce qui surprend d'emblée, c'est une température si intense que chaque pore de la peau réclame de l'eau – en moyenne 48 °C en plein jour, une des plus élevées qui soient. Des vapeurs sulfureuses brûlent les yeux et l'on erre dans un paysage digne de Mars. C'est là le fond d'un cratère terrestre situé à quelque 50 m au-dessous du niveau de la mer, le plus bas de notre planète. Un jour, ses éruptions atteindront la surface, le volcan jaillira du sol et une nouvelle montagne sera née.

La dépression Danakil se situe à l'extrémité nord de la grande vallée du Rift, partie d'un immense ensemble de failles dans la croûte terrestre menaçant de couper l'Afrique en deux. Sa formation a débuté il y a 100 millions d'années quand des masses souterraines ont commencé à se déporter dans des directions opposées. Quand la croûte terrestre s'est étirée, des volcans ont fait éruption, qui ponctuent aujourd'hui toute la longueur du Rift. Un jour, la faille sera telle que les eaux salées de la mer Rouge se répandront sur le désert et que la Corne de l'Afrique se séparera du continent pour former une île.

CI-DESSOUS *Espèce rare en voie de disparition, le lycaon vit dans les pâturages d'altitude et la lande du massif éthiopien. Il avait probablement pour ancêtre un loup eurasien, mais son comportement rappelle plutôt celui du coyote. Il se nourrit principalement de petits rongeurs.*

CI-CONTRE *Le gélada, autre espèce confinée au toit de l'Afrique. Là, il ne craint pas les prédateurs et n'entre pas en concurrence avec d'autres herbivores. Les falaises lui offrent un refuge pour la nuit.*

LE TOIT DE L'AFRIQUE

Le massif éthiopien est la plus vaste zone montagneuse d'Afrique, avec l'une des plus hautes montagnes du continent, le Ras Dashen, qui culmine à 4 620 m. Il y a deux milliards d'années, ce massif était aussi plat que la dépression Danakil mais, au cours des millénaires, la lave en fusion jaillie du cœur de la Terre créa un dôme de 1 000 km de diamètre, le « toit de l'Afrique ». Au nord se dressent les monts Simien qui connurent une glaciation il y a 10 000 ans – la glace et la pluie ont créé un fabuleux paysage de canyons et de flèches.

À 4 000 m d'altitude vit le walia ibex, venu d'Europe au cours des récentes glaciations, quand la toundra réunissait Europe et Afrique. Ce type de chèvre ne survit que sur les cimes les plus isolées : ses sabots caoutchouteux lui permettent de grimper des pentes vertigineuses pour trouver l'herbe dont elle se nourrit. Elle partage les hauts plateaux avec des bandes de singes géladas qui, pourvus de doigts puissants, se déplacent eux aussi sur des escarpements périlleux.

Les géladas se nourrissent presque exclusivement d'herbe, en particulier des graminées alpines riches en protéine qu'on ne trouve qu'à ces hauteurs. Il est capital de préserver son énergie et sa température corporelle. Les géladas sont couverts d'une fourrure épaisse et ne mangent qu'assis, se traînant sur leur postérieur pour passer d'une touffe d'herbe à une autre. Très souvent, les primates se servent de leurs parties génitales comme d'indicateurs sexuels, mais les femelles passent tant de temps assises qu'elles ont remplacé les couleurs criardes de leur arrière-train par une poitrine dépourvue de poils qui se gonfle et vire au rose lorsqu'elles sont prêtes à s'accoupler. Les fossiles montrent que les géladas étaient jadis très répandus en Afrique, il en existait même une espèce géante, de la taille d'un gorille. On pense qu'ils

quittèrent les chaudes plaines africaines et s'isolèrent dans les montagnes à cause de la présence des prédateurs et de la concurrence des autres primates, en particulier des humains. Les monts Simien furent un refuge idéal avec leur herbe abondante, la rareté des autres herbivores et l'accès facile aux aires de repos situées dans les collines toutes proches. Cela n'empêche pas les géladas de se montrer prudents et de paître en bande aux côtés des ibex. Les ibex sont plus grands et, dans les hautes herbes, repèrent plus facilement les prédateurs ; en revanche, ils bénéficient de l'ouïe et de la vision des géladas, dont les groupes peuvent se composer de 800 individus à la fin de la saison humide – peut-être un des plus grands rassemblements de primates de la planète.

Dans le passé, le lycaon (ou loup d'Éthiopie) qu'on ne trouvait que dans ce massif constituait peut-être une menace de taille pour les ibex et les géladas, mais il n'en reste plus aujourd'hui que 500 – c'est l'un des grands prédateurs les plus rares d'Afrique. La proie privilégiée du lycaon est le rat-taupe géant. Il chasse normalement seul et, grâce à son ouïe très fine, son museau pointu et ses incisives tournées vers l'avant, il capture les rats-taupes dans leur terrier.

Quand le climat s'est réchauffé après la dernière glaciation, la large ceinture de végétation subalpine dont dépendaient ces animaux s'est contractée à plus haute altitude. Les cimes froides reçoivent toutefois trois fois plus de précipitations que les plaines, distantes de 35 km, offrant ainsi un refuge par rapport au reste de l'Éthiopie, aride et nu, mais la sécheresse gagne du terrain, de sorte que la bande de végétation et ses animaux est peu à peu repoussée vers le toit de l'Afrique.

CI-DESSOUS *Le Soleil se lève sur le lac Pehoe et Cuernos del Paine dans le parc national de Torres del Paine, Patagonie, Chili. Les montagnes font partie de la cordillère des Andes qui s'étire le long de la côte occidentale de l'Amérique du Sud. Le passage de la croûte pacifique sous la plaque continentale entraîne une activité volcanique ininterrompue.*

LA PLUS LONGUE CHAÎNE DE MONTAGNES SUR TERRE

Les volcans d'altitude les plus actifs du monde se situent dans les Andes : le Tupungato au Chili (6 550 m d'altitude) et le Cotopaxi en Équateur (5 897 m). L'activité volcanique démontre que les processus bâtisseurs des Andes se poursuivent aujourd'hui. Quand la croûte du Pacifique, plus dense, se glisse sous la bordure occidentale de l'Amérique du Sud et l'oblige à se plisser, elle fond et remonte en surface lors de violentes éruptions volcaniques.

Les Andes forment aussi la plus longue chaîne de montagnes connue puisqu'elles s'étirent sur 67° de latitude. Cela modifie les effets de l'altitude : plus on se dirige vers le sud, plus la ligne d'arbres est située bas. Les arbres des Andes boliviennes tropicales poussent jusqu'à 4 000 m d'altitude, mais en Terre de Feu, subpolaire, la ligne se situe presque au niveau de la mer.

Les gens du cru disent que pour voir la Patagonie, il suffit de rester immobile : elle passera un jour ou l'autre devant vous. Le vent est certainement la première chose que l'on remarque quand on atteint le point le plus méridional des Andes – des bourrasques glacées dépassent les 160 km à l'heure. Trois immenses couches de glace dominent la région. Étalées sur plus de 18 130 km^2, c'est la plus grande étendue de glace en dehors des pôles, au point qu'elle génère son propre climat.

Il n'y a pratiquement aucune vie, et survivre sur ces bords nécessite beaucoup d'énergie. Les trois tours montagneuses de Torres del Paine se dressent ici. Il y vit plus de 40 espèces de mammifères, qui subissent le climat d'altitude le plus instable de la planète. Les tempêtes de neige dévalent le long des tours : même au cœur de l'été, la température peut chuter de façon spectaculaire et plonger les animaux dans un blizzard glacé. Camélidé ancêtre du lama domestique, le guanaco est particulièrement bien acclimaté grâce à son épaisse fourrure laineuse, et il vit en grand nombre dans le parc national de Torres del Paine. En revanche, on ne voit pas les animaux de montagne répandus en Amérique du Nord et dans les autres régions du monde – moutons et bouquetins – parce qu'ils ne sont pas descendus vers le sud après la réunion des deux Amériques.

LIONS DES ANDES

Le mot inca pour lion des Andes est puma, ce qui signifie « puissant » – une description parfaite du puma de Patagonie. Le territoire du puma est plus vaste que celui de tout autre mammifère, du sud du Yukon (Canada) jusqu'au détroit de Magellan. Il en existe plus de 25 races, mais le plus grand est, de loin, le puma de Patagonie : sa masse imposante l'aide à conserver la chaleur en hiver. Les pumas du parc de Torres del Paine sont généralement solitaires : le groupe le plus important est constitué d'une mère et de ses jeunes, qui restent 18 mois auprès d'elle. Pour trouver sa nourriture, une femelle a besoin de 100 km² et un mâle, encore plus.

Les élevages de moutons en lisière du parc constituent une tentation irrésistible. Bien que protégés par le gouvernement chilien, les pumas sont persécutés : les propriétaires de ranches offrent des primes et vont jusqu'à recruter des chasseurs de lions professionnels. On estime à 25 le nombre de pumas de Torres del Paine, mais leur nature discrète rend ce chiffre incertain. Il pourrait augmenter suite à la croissance de la population de guanacos, leurs proies principales – plus de 3 000 actuellement.

À GAUCHE *Parc national de Torres del Paine. Spectacle rare, quatre jeunes pumas se repaissent d'un guanaco tué par leur mère.*

CI-CONTRE *Un troupeau de guanacos paît sous les trois tours de Torres del Paine. Ces « chameaux de montagne » sont parfaitement adaptés aux grandes fluctuations de température et à la rareté de l'affouragement.*

PAGES PRÉCÉDENTES *Les Andes, épine dorsale de l'Amérique du Sud, commencent à l'équateur pour finir 7 000 km plus au sud en Terre de Feu, à 1 125 km de l'Antarctique.*

L'ÉPINE DORSALE NORD-AMÉRICAINE

Vue de l'espace, la cordillère, principal système montagneux des Amériques, se déploie telle une épine dorsale sur le côté occidental des deux continents. Elle débute en Alaska, près du cercle polaire arctique, et s'étire en une série quasi ininterrompue de chaînes de montagnes. À une époque, les Andes et les montagnes Rocheuses ne devaient former qu'une seule entité mais, contrairement aux Andes dont la croissance se poursuit toujours – la croûte océanique continuant de se glisser sous le littoral occidental de l'Amérique du Sud –, les Rocheuses sont en déclin, voire mortes. La plaque passant sous l'Amérique du Nord en est à sa fin, mettant un terme aux plissements qui donnent à ces montagnes l'aspect de vagues.

REFUGE HIVERNAL

En hiver, les Rocheuses disparaissent sous la neige – par endroits, près de 60 m tombent chaque année. Les pentes entre 35 et 45° sont propices aux avalanches, l'angle le plus dangereux étant de 38°. On voit dans l'angle précis de la pente l'explication de la survie en hiver d'un animal donné, le grizzly. Il préfère se retirer dans sa tanière quand l'inclinaison est de 30° – assez grande pour que le toit ne s'effondre pas sous le poids de la neige, assez petite pour que l'ouverture disparaisse derrière une couche isolante.

Un grizzly entre dans sa tanière en novembre ou décembre et, pendant les six mois suivants, il vivra sur ses réserves de graisse. Il pratique une sorte d'hibernation où la respiration ne s'effectue qu'une fois par minute et où le rythme cardiaque tombe à dix pulsations dans le même laps de temps. La femelle s'est accouplée en juin, mais l'embryon ne se développe pas tant que l'hibernation n'a pas débuté. Si elle n'a pas stocké assez de graisse pour elle-même et sa descendance, aucune nidation ne prendra place. Les oursons naissent en janvier, mais ne sortent pas avant une douzaine de semaines. Les pentes escarpées empêchent les mâles – deux fois plus gros que les femelles – d'atteindre les tanières et de dévorer les jeunes, mais la nourriture est rare et, au bout de quelques semaines, les petits doivent quitter la nursery aux côtés de leur mère. Plus de la moitié des grizzlys meurent la première année – prédation, infanticide, accidents, faim et maladies.

CI-DESSOUS *Une mère grizzly et ses deux oursons tout juste sortis de leur tanière hivernale. Elle doit les conduire des sommets couverts de neige qui les ont vus naître vers des régions où la nourriture est plus abondante.*

En été, les cimes ont perdu leur neige et présentent la vraie nature des Rocheuses. Les plus hauts sommets sont conquis par d'excellents grimpeurs tels que la chèvre des montagnes Rocheuses, animal à mi-chemin entre la chèvre et l'antilope, mais plus proche d'aspect du bœuf musqué. De tous les mammifères américains, c'est le mieux équipé pour affronter ces sommets vertigineux : une double fourrure qui l'isole parfaitement et des sabots à la fois caoutchouteux au centre pour s'agripper aux roches lisses et recouverts de kératine sur les bords pour prendre pied en tout endroit.

Sur les pentes les plus basses, la plupart des grizzlys accumulent de la graisse pour l'hiver, mais certains grimpent jusqu'aux sommets pour un festin surprenant : des papillons de nuit, par millions. Chaque été, les légionnaires noires migrent vers les régions montagneuses pour se nourrir la nuit du nectar des fleurs. Pendant la journée, elles se nichent dans les éboulis, où les ours les trouvent. On ne croirait pas que des papillons constituent un repas copieux pour un ours mais, consommés par millions, ils sont aussi nutritifs qu'un saumon et sa laitance.

CI-DESSUS *Une partie des Rocheuses (ici en Alberta, Canada) – série de chaînes montagneuses qui s'étirent sur toute l'Amérique du Nord. Contrairement aux Andes d'Amérique du Sud, ce sont des « montagnes mortes ».*

À GAUCHE *La chèvre des Rocheuses, bâtie pour la vie en montagne. Elle présente un large poitrail et des épaules bien musclées, des pattes relativement courtes et des sabots adaptés au terrain. Sa fourrure longue et épaisse lui permet d'affronter les hivers les plus rudes.*

LES DESTRUCTEURS DE MONTAGNES

Les cours d'eau nivèlent tout. Dans les régions montagneuses, ils creusent de profondes vallées en V, emportant au loin les débris érodés pour les déposer enfin dans la mer. Les principaux fleuves de l'Himalaya, l'Indus et le Gange, charrient à eux deux un milliard de tonnes de sédiments chaque année. Une file de camions transportant ces matériaux ferait plus de 40 fois le tour de la planète. On aboutit ainsi au plus grand dépôt de sédiments du monde : l'« éventail » du Bengale couvre près de 57 000 km^2. Quand la neige s'accumule au sommet des montagnes, l'excédent se dégage sous forme d'avalanches terriblement destructrices puisque leur vitesse atteint les 400 km à l'heure. D'une année sur l'autre, elles suivent toujours le même itinéraire, le plus pratique. Quand les chutes de neige sont importantes, leur coulée est très large mais, dans le cas contraire, les arbres peuvent tenter de reconquérir leur territoire.

FLEUVES DE GLACE

La neige qui s'accumule dans des dépressions ou des cirques se change en glace sous l'action de son propre poids et crée un glacier. Sept pour cent de l'eau douce mondiale est stockée dans les glaciers, lesquels couvrent 10 % des terres émergées (32 % lors de la dernière glaciation). Si toute cette glace fondait, le niveau de la mer s'élèverait de 70 m.

Au Pakistan, Baltoro fait partie du plus grand système de glaciers de montagne au monde. Avec 60 km de long et une largeur pouvant atteindre les 6 km, il est alimenté par plus de 30 affluents.

Quand il descend le long de la pente, la glace superficielle craque et forme de profondes crevasses. Les débris des terrains environnants constituent des moraines latérales ou disparaissent dans le glacier pour être éjectés tout en bas sous forme de moraine terminale (la moraine médiane – bande noire qu'on voit au milieu de certains glaciers – est formée par le rapprochement des moraines latérales de deux glaciers). Avec le temps, l'air est évacué des cristaux de glace, qui prennent alors une teinte bleutée. Le glacier de Kutiah fait partie du même système et détient le record d'expansion : en 1953, il a avancé de plus de 12 km en trois mois, soit une moyenne quotidienne de 112 m.

L'avancée des glaciers érode les montagnes en arrachant les rochers aux vallées et en broyant le lit rocheux. Ce sont les forces érosives les plus puissantes de la planète. Des puits verticaux se forment quand les ruisseaux nourris par les eaux de fonte plongent à l'intérieur d'un glacier : ces « moulins » offrent aux glaciologues la possibilité d'observer le fonctionnement intérieur d'un glacier. Le mouvement interne n'est en aucun cas uniforme : l'avance est plus rapide au centre que sur les bords, exactement comme pour une rivière. Ce mouvement est également plus lent en profondeur. La connaissance de ces paramètres permet d'effectuer un calcul plutôt macabre : dans combien de temps réapparaîtra le corps d'un homme prisonnier des glaces ? Pendant l'été 1956, un glacier situé au pied du Weisshorn, en Suisse, rejeta le corps intact d'un alpiniste allemand de 19 ans, Georges Winkler, tombé du sommet en 1888. La glace avait mis 68 ans pour transporter le cadavre sur 1,5 km.

CI-DESSOUS *Pakistan, le glacier de Baltoro érode la vallée dans laquelle il descend. Les « traces » sont les moraines médianes – des crêtes de matériaux montagneux ayant convergé pour former une immense rivière de glace, parfois large de 6 km.*

CI-CONTRE *Une avalanche de poudreuse à Gasherbrum, dans le Karakoram, la plus haute chaîne de montagnes à séparer le Pakistan de la Chine. Ces pentes sont plus mortelles que toute autre dans le monde.*

CI-DESSUS *L'Everest, la plus haute montagne du monde, émerge au-dessus de la chaîne de l'Himalaya. Quand la mousson souffle dans l'Himalaya et atteint le sommet de l'Everest (8 850 m), il reste très peu de pluie, de sorte que la pointe de cette énorme pyramide est relativement privée de neige. Le manque total de nourriture et les vents glacés font que personne ne peut y vivre de manière permanente.*

CI-CONTRE *Vue d'un satellite, la chaîne de l'Himalaya – l'Everest est le plus grand pic triangulaire, au centre. La longueur de ce massif est égaleau sixième de la circonférence de la planète. L'Himalaya s'est élevé il y a 50 millions d'années et ses crêtes tranchantes – pas encore érodées par les éléments – témoignent de sa relative jeunesse.*

Les scientifiques suisses furent les premiers à étudier les habitudes des glaciers et à conclure que ceux de leur pays sont les vestiges des immenses champs qui recouvraient encore le nord de l'Europe il y a 12 000 ans. Les estimations actuelles indiquent que la calotte glaciaire des Alpes a peut-être 1,5 km de profondeur. Le pays était enseveli sous des millions de tonnes de glace solide et seuls dépassaient les sommets des plus hautes montagnes. Au siècle précédent, ils ont beaucoup réduit, comme presque tous les autres glaciers du monde d'ailleurs, mais ces dernières décennies ils auraient recommencé à grossir suite à une augmentation des précipitations. Cependant, la plupart fondent plus vite qu'avant.

LA CARACTÉRISTIQUE PHYSIQUE MAJEURE DE NOTRE TERRE

L'Himalaya ne connaît que les superlatifs : plus haute montagne, plus haut col, gorge la plus profonde, plantes et animaux vivant à la plus grande altitude. Des routes ou des voies ferrées traversent les autres chaînes de montagnes, mais pas l'Himalaya. Ce massif est si vaste qu'on peut le survoler mais pas le pénétrer, l'escalader mais pas le conquérir, le cartographier mais rarement l'habiter. Il forme, comme a pu le dire Kenneth Mason, ancien haut responsable des

études topographiques en Inde, « la caractéristique physique majeure de notre Terre ». À l'époque où les dinosaures dominaient la planète, le continent Inde flottait librement dans l'hémisphère Sud. Il y a 70 millions d'années, il franchit l'équateur pour finir par heurter la plaque continentale asiatique. Les bords des deux continents s'écrasèrent l'un contre l'autre pour former l'Himalaya, mélange de roches anciennes en provenance des deux plaques et de roches sédimentaires plus récentes venues du fond de la Téthys, cet espace océanique qui séparait l'Inde de l'Asie. L'implacable mouvement vers le nord se poursuit toujours, ce qui explique pourquoi l'Himalaya continue à grandir et pourquoi les séismes sont si nombreux dans cette région.

Il suffit de se pencher sur une carte en relief du monde pour voir que l'Himalaya ne forme pas un arc parfait comme les Alpes ou un long trait comme les Andes. Le massif serpente en traversant l'Afghanistan, le Pakistan, l'Inde, le Népal, le Bhoutan et la Chine. L'Himalaya inclut aussi plusieurs autres massifs : l'Hindu Kush à l'ouest et le Karakoram, qui s'étend sur le nord du Pakistan et l'État de Jammu-et-Cachemire. On dit souvent qu'ils sont transhimalayens et la question n'est toujours pas réglée de savoir s'ils appartiennent à l'Himalaya ou non. Ce dernier s'étire sur la frontière nord de l'Inde, du Népal et du Bhoutan. Ce qui est certain, c'est que ce gigantesque système montagneux a dressé l'une des plus formidables barrières contre le climat et, par conséquent, la vie.

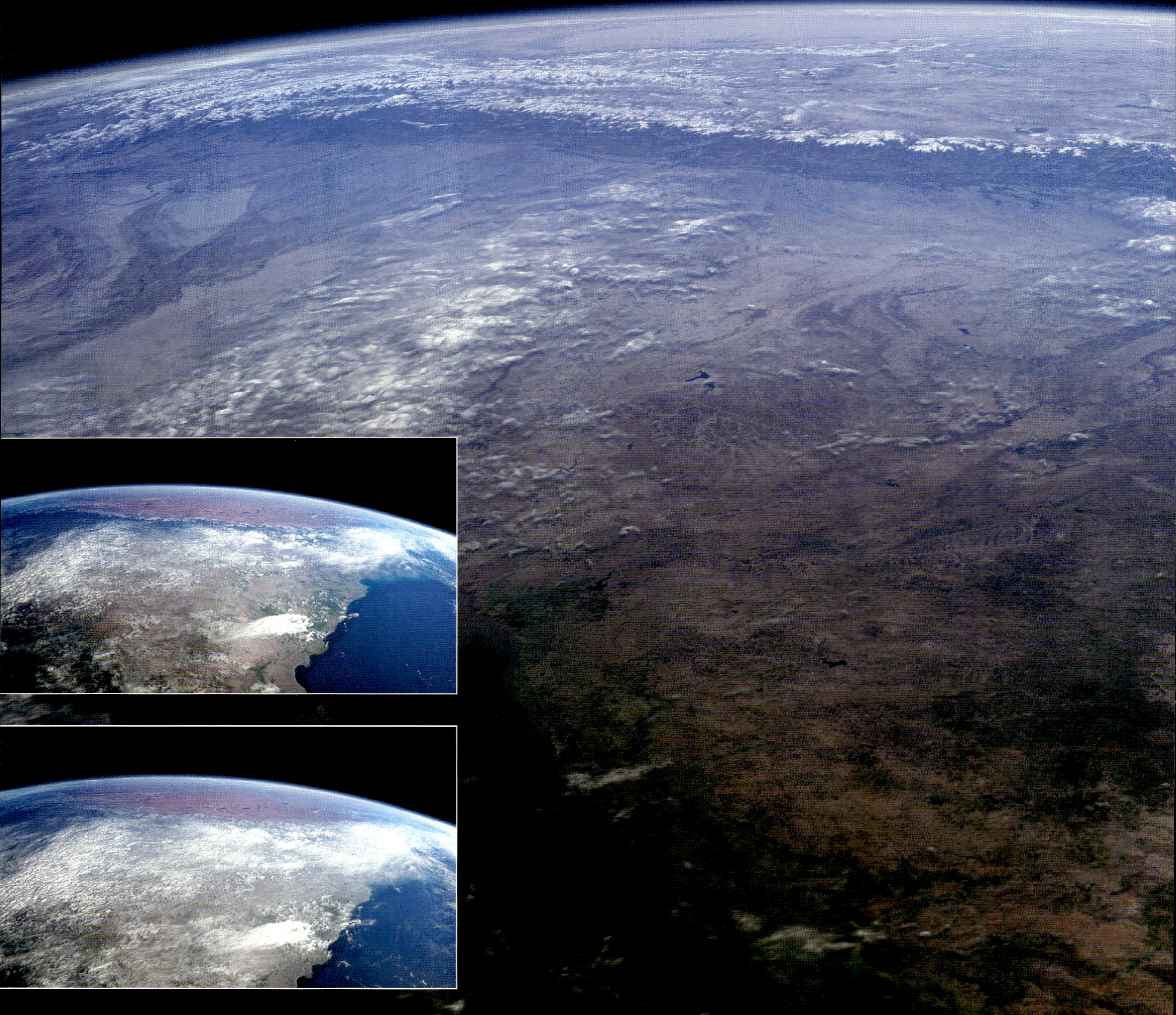

LE GRAND VENT

L'Himalaya est si vaste qu'il a façonné le climat mondial. Quand les continents se sont heurtés, l'Inde a poussé l'Asie vers le haut et créé le plateau tibétain, vaste comme la moitié des États-Unis. À 5 km au-dessus du niveau de la mer, il joue le rôle de « brique chauffante », faisant le plein de soleil et attirant l'air marin de l'océan Indien. Il en résulte la mousson, gigantesque système météo qui apporte un répit bienvenu à l'Inde après la sécheresse annuelle. Les scientifiques pensent que la mousson s'est beaucoup renforcée il y a 20 millions d'années, peut-être lorsque l'Himalaya avait 2 ou 3 km de haut, augmentant de manière significative les différences de température entre le plateau tibétain et la mer.

On peut être en sueur sur les contreforts de l'Himalaya, au milieu de la jungle indienne par une température de 38 °C mais, juste au-dessus, c'est un univers de glace, balayé par des vents pouvant atteindre les 160 km à l'heure et capables de faire chuter la température jusqu'à – 70 °C. Huit kilomètres de grimpée font passer par une gamme de climats et d'habitats qu'on ne peut d'ordinaire rencontrer qu'en se rendant de l'équateur au Pôle. Nul autre endroit sur Terre ne connaît une élévation si importante sur une distance si courte.

Il est un autre axe le long duquel l'Himalaya a créé la diversité. Le voyageur qui se tient sur le versant sud, dans la partie orientale de la chaîne, se trouvera plongé dans une forêt brumeuse riche en orchidées et en espèces orientales, mais il rencontrera un désert vide en se rendant sur le versant nord, à l'ouest. Ce contraste marqué résulte de l'interaction de la chaîne et de la mousson qu'il a créée.

La mousson n'est pas une pluie, mais un vent porteur de pluie. Entre avril et octobre, ce vent part à l'assaut des pentes de l'Himalaya : il se dilate et refroidit, la vapeur d'eau se condense et des pluies torrentielles s'abattent sur le versant méridional. Au-dessus de 6 000 m, il ne reste quasiment plus d'humidité : cela explique en partie pourquoi le sommet de l'Everest se dresse telle une pyramide noire que ne recouvre pas la neige. En se déplaçant vers l'ouest, le poids de la mousson diminue pour se réduire pratiquement à rien quand elle atteint l'Hindu Kush et le Karakoram.

CI-CONTRE *Le K2 – 239 m de moins que l'Everest – s'élève au-dessus des autres pics du Karakoram, au nord du Pakistan.*

PAGES PRÉCÉDENTES *Vus d'un satellite, des nuages de pluie transportés au-dessus de l'Inde par les vents de mousson.*
PHOTO PRINCIPALE *Situé au nord, le vaste plateau tibétain se réchauffe en été et attire l'air marin chargé d'humidité venu de l'océan Indien (à droite). Les masses nuageuses qui en résultent traversent le continent d'est en ouest.*
ENCARTS *La mousson arrive à l'ouest sur le Pakistan, mais la barrière de l'Himalaya l'empêche d'aller au nord – le plateau tibétain est ainsi brûlé en permanence.*

MORT DANS LE KARAKORAM

La chaîne du Karakoram forme un arc qui sépare le Pakistan de la Chine. Le nom signifie « montagnes de gravier noir », ce qui décrit bien sa nature désertique, mais ne prépare en rien à son étendue. Les montagnes de la région de l'Everest emplissent d'une sorte de crainte respectueuse, mais c'est de l'effroi qu'on éprouve devant ces pics noirs et on ne s'étonne pas d'apprendre que plus d'hommes sont morts ici que dans toute autre chaîne de montagnes.

C'est là que se dresse le K2, 8 611 m, plus haut sommet du monde après l'Everest. Le K2 appartient à un amas de pics géants qui inclut 10 des 20 plus hauts sommets de la planète. Les montagnes environnant l'Everest sont majestueuses, celles du K2 sont sauvages. C'est un paysage déchiqueté, instable, de parois rocheuses et de flèches de pierre, un monde vertical où nulle roche ne semble occuper de place permanente. On le voit, la collision entre les plaques indienne et asiatique continue d'influer sur la vie des montagnes et de ses habitants. En 1841, un séisme déclencha un monstrueux glissement de terrain au nord du Nanga Parbat. Un pan entier de la vallée tomba dans l'Indus, bloqua le cours du

fleuve et créa un lac de 32 km de long. Quand ce barrage naturel céda, les eaux engloutirent une armée sikhe en campement à 480 km en aval.

Un tremblement de terre ébranla le Cachemire le 8 octobre 2005 à 8 h 50 du matin. D'une magnitude de 7,6, l'épicentre se situait près de Muzaffarabad, dans la partie du Cachemire administrée par le Pakistan. C'est comparable en intensité au séisme du Gujarat en 2001 et à celui de San Francisco en 1906. On estime parfois à plus de 100 000 le nombre de victimes. Les régions montagneuses furent les plus touchées avec au moins 3 millions de sans-abri.

PICS VERTIGINEUX ET FÉLINS DES NEIGES

CI-DESSOUS *Markhor mâle dans le parc national de Chitral Gol. Les cornes de cette grande chèvre de l'Himalaya peuvent mesurer 2 m de long. Elle vit dans des zones alpines, où elle mange de l'herbe, des feuilles et des brindilles. Les léopards des neiges s'attaquent aux jeunes, mais le markhor doit aussi redouter les chasseurs, la perte de son habitat et les maladies transmises par les animaux domestiques.*

Le parc national de Chitral Gol est situé au nord-ouest du Pakistan, à une cinquantaine de kilomètres de la frontière afghane. C'est un endroit sec, désolé, aux pentes quasi verticales ponctuées de chênes kermès et de genévriers. Ces montagnes se dressent hors de portée de la mousson principale et l'humidité provient des importantes chutes de neige hivernales. Cette neige interdit la vallée aux hommes pour en faire le refuge de la vie sauvage.

Il faut beaucoup marcher pour atteindre le cœur de la réserve, franchir des éboulis en évitant les chutes de pierres. Dès l'entrée du parc, on assiste au spectacle étrange de grosses chèvres en train de se nourrir parmi les branches d'un chêne kermès. Ce sont des markhors, peut-être la plus grosse concentration qui soit, même si leur nombre ne dépasse pas la centaine. En hiver, des groupes pouvant réunir 70 individus se retrouvent au bas des pentes pour se repaître de la maigre végétation. Bien entendu, cela attire les prédateurs, mais donne au visiteur l'occasion d'entrevoir un léopard des neiges.

Les léopards des neiges ont tendance à mettre bas dans des grottes qu'ils tapissent de leur fourrure. Jusqu'à ce que les jeunes soient capables d'attraper leurs proies, la mère est obligée de chasser chaque jour pour les nourrir. On raconte qu'un léopard des neiges peut traîner une proie faisant trois fois son poids (30-45 kg), mais il choisit normalement un animal plus facile à transporter – un jeune markhor – et, en été, un lièvre ou une marmotte. Avec seulement un mètre au garrot, il est plus petit que le léopard commun, mais semble plus gros à cause de sa fourrure serrée et de sa queue épaisse, pratiquement aussi longue que le reste du corps. Elle lui apporte un meilleur équilibre, peut-être aussi un excédent de chaleur quand il l'enroule autour de lui. Parmi les autres adaptations au climat, il faut citer la fourrure dense et laineuse du ventre pouvant atteindre les 15 cm, les larges pattes permettant de marcher dans la neige et de s'agripper aux rochers, les vastes fosses nasales et la grande capacité pulmonaire pour respirer un air raréfié, enfin de puissants muscles thoraciques pour sauter. Les membres antérieurs assez courts abaissent le centre de gravité – détail utile vu la déclivité – et les postérieurs plus longs aident à bondir sur les proies.

Le léopard des neiges occupe un vaste territoire dans les hautes montagnes de l'Asie centrale, principalement au-dessus de la ligne d'arbres et parfois à 6 000 m d'altitude. Malgré tout, sa population ne dépasse pas les 4 000 à 7 000 individus. Il est victime des braconniers pour sa peau et ses os (utilisés en médecine chinoise) et des bergers qui ne jugent pas utile de protéger leurs troupeaux des attaques occasionnelles. Les hommes grignotent peu à peu le domaine du léopard des neiges : en conséquence, celui-ci s'attaque de plus en plus au bétail. Dans la région du Chitral, le trafic de drogue a également joué un certain rôle. La

CI-DESSUS *Un léopard des neiges et son petit d'un an devant la grotte qui leur sert de refuge. La mère a arrêté de chasser pendant quelques jours. Quand elle s'en va, trois ou quatre jours d'affilée, son petit ne l'accompagne pas. Il reste à proximité de la grotte et s'amuse avec les pies. Au retour de sa mère, il l'accueille en se frottant contre son museau et en « miaulant ».*

frontière pakistano-afghane était régulièrement franchie par les trafiquants d'héroïne qui avaient découvert que les chiens policiers ne pouvaient détecter la drogue enduite de graisse de léopard. Au cours de la dernière décennie, le déclin s'est accéléré et la panthère des neiges risque d'être bientôt en voie de disparition comme le tigre indien.

LA PORTE DE L'ORIENT

À l'extrémité est de l'Himalaya, le choc des continents a créé un portail qu'ont franchi de nombreuses variétés de plantes et d'animaux venus d'Orient. Au printemps, les pentes regorgent de rouge quand de grandes forêts de rhododendrons (fleur nationale du Népal) s'épanouissent, de la minuscule variété qui tapisse le sol jusqu'aux arbres hauts de 18 m. Aujourd'hui, les rhododendrons sont répandus dans les jardins occidentaux grâce aux botanistes qui les ont introduits en Europe au XIXe siècle.

Le sol de la forêt est également riche en couleur quand les faisans présentent aux femelles leur plumage impressionnant. Le plus flamboyant est le tragopan satyre qui, à l'apogée de sa parade nuptiale, exhibe sur son poitrail une caroncule bleu électrique et dresse sur sa tête une paire de cornes charnues. Le lophophore resplendissant mâle doit être surpris pour révéler son plumage irisé – une forme floue bleu, rouge et doré parcourt alors des centaines de mètres en quelques secondes. À terre, il est contraint de remonter les pentes en marchant parce que ses

CI-DESSUS *Rhinopithèques du Yunnan – aucun primate non humain ne vit plus haut que lui. Ces singes qu'on ne trouve que dans les monts Yunling, au sud-ouest de la Chine, et dans une région du Tibet, sont une race en danger. Comme les pandas, leur régime alimentaire est trop restrictif ils ne mangent pratiquement que le lichen poussant sur l'écorce des pins.*

CI-CONTRE, EN HAUT *Un panda sauvage femelle et son petit âgé de trois mois, Quinling, province du Shanxi, Chine.*

CI-CONTRE, EN BAS *Un petit panda sauvage mange du bambou sur le sol de la forêt, est de l'Himalaya. C'est un animal solitaire, discret, arboricole et nocturne, ce qui explique pourquoi on le voit peu.*

ailes ne sont pas assez puissantes pour lui permettre de voler. Le mâle de l'ithagine ensanglantée présente des bandes écarlates, alors que sa compagne est des plus ternes. Cette espèce robuste occuperait le plus haut habitat de faisans du monde. Même en hiver, elle ne descend pas en dessous de 2 000 m et en été, elle va bien au-delà de la ligne d'arbres.

DES ANIMAUX SPÉCIALISÉS

Les deux pandas font partie des mammifères les plus attirants des forêts de la partie orientale de l'Himalaya. Le mot vient du népalais *nigalya ponya*, ce qui signifie « mangeur de bambou ». En effet, le bambou représente 99 % du régime alimentaire du panda géant, alors que le petit panda le diversifie en mangeant des œufs, des insectes et des rongeurs. Les intestins des deux pandas sont adaptés à la consommation de viande et ne parviennent qu'avec difficulté à extraire les nutriments des plantes. Pour survivre, il leur faut d'énormes quantités de bambou – pour le panda géant, près d'un cinquième de son poids, et pour le petit panda, 45 % (soit 200 000 feuilles de bambou chaque jour).

Le petit panda est aujourd'hui considéré comme un petit ours de montagne. Les femelles donnent le jour à quatre petits dans de gros trous d'arbre où ils séjournent pendant trois mois aux bons soins de leurs deux parents. Le petit panda vit dans les montagnes de l'Himalaya et les forêts de Chine. On estime que 10 000 petits pandas meurent chaque année à cause de la déforestation et de la fabrication de vêtements et de chapeaux en fourrure.

De récentes analyses de son ADN indiquent que le panda géant est également cousin des ours. Son poids et ses dimensions le rapprochent de l'ours noir américain, mais il n'hiberne pas et ne peut marcher sur ses membres postérieurs. Il produit aussi le jeune le plus petit de tous les mammifères – marsupiaux mis à part –, par rapport à la taille de sa mère : près d'un millième du poids de cette dernière. Une femelle peut donner naissance à un ou deux petits – mais un seul survit, nu, aveugle et dépourvu de dents – dans une grotte ou un trou au pied d'un arbre. Elle le tient délicatement contre elle pendant trois mois et l'allaite jusqu'à 12 fois par jour. La croissance est extrêmement lente – le lait, du fait d'une alimentation à base de bambou, est d'une grande pauvreté – mais, bien que minuscule, le panda nouveau-né a une voix disproportionnée au regard de son corps lilliputien. Vers la fin de la troisième semaine, il ressemble à un adulte en miniature, mais n'ouvre pas les yeux avant quatre à huit semaines. Il n'est parfaitement mobile qu'au cinquième mois. Il reste probablement moins de 1 000 pandas géants en liberté. Jusqu'au siècle dernier, on les trouvait dans huit provinces du sud de la Chine ; les fossiles montrent que son territoire s'étendait jadis de Beijing à la Birmanie et au nord du Vietnam. Aujourd'hui, l'agriculture a pratiquement détruit toutes les forêts de bambou et de conifères, à l'exception de quelques-unes, situées très haut sur le versant oriental de l'Himalaya, principalement dans les montagnes de la Chine centrale. Difficile pour ce qui est de la nourriture, le panda géant est on ne peut plus vulnérable. Le bambou a un cycle de vie très original : tous les 60 à 120 ans, tous les

bambous d'une même espèce fleurissent simultanément, disséminent leurs graines et meurent. Si une variété disparaît à cause de l'avancée humaine, les pandas qui en dépendent ne savent où aller et périssent de faim. Trop spécialisé, le panda géant est dépendant de son régime alimentaire et confiné dans un habitat montagneux sans cesse réduit.

FRANCHIR LE TOIT DU MONDE

Vues de l'espace, les montagnes de la région de l'Everest présentent la plus grande confusion, mais pour l'alpiniste, chaque pic a sa personnalité. À 8 000 m, on est encore entouré de sommets, alors qu'à 8 850 m d'altitude (près de 20 fois la hauteur de l'Empire State Building), un seul se dresse devant vous, le mont Everest, le plus haut de la planète. Nées au XVIIIe siècle dans les Alpes, les techniques de l'alpinisme ont considérablement évolué ; avec elles, toute une littérature est née et, quand les hommes eurent conquis ces montagnes, ils voulurent tout naturellement se dépasser. L'Himalaya était leur objectif. Après la Seconde Guerre mondiale, seuls 13 pics parmi les plus hauts du monde avaient été vaincus et ce n'est qu'en 1953 que sir Edmund Hillary et le sherpa Tenzing Norgay parvinrent au sommet de l'Everest – un exploit quand on sait qu'un alpiniste sur dix y perd la vie.

Tenzing Norgay raconta un jour que, pour les sherpas, l'Everest était « une montagne si haute qu'aucun oiseau ne pouvait la survoler ». Chaque année, plus de 50 000 grues demoiselles effectuent l'une des plus grandes migrations connues, 3 000 km de leur site de reproduction en Asie centrale à leurs quartiers d'hiver en Inde. Incapables de passer au-dessus de l'Everest, les grues empruntent un itinéraire précis, le même depuis des générations : la vallée de la Kali Gandaki, qui serait la plus encaissée au monde. La rivière l'a creusée dans des roches tendres constituant jadis le fond de la Téthys et remontées en surface lors de la collision entre l'Inde et le Tibet. Elle sépare les montagnes du Dhaulagiri et de l'Annapurna, dont le sommet se situe au-dessus de la ligne de neige (7 850 m). La partie la plus large de la gorge est de 22 km et, dans sa partie centrale, le lit de la rivière est à 5 600 m en contrebas. Depuis des siècles, les populations du Tibet et du Népal suivent cette gorge, une des rares routes à traverser l'impénétrable Himalaya. Les marchands de sel du Tibet avaient ainsi accès aux centres commerciaux de l'Inde, alors que les pèlerins hindous et bouddhistes empruntaient la direction opposée pour visiter un des lieux les plus saints de la région, Muktinath, où Gourou Rinpoché, père du bouddhisme tibétain, fit étape lors de son voyage au Tibet.

Pour bien des oiseaux, c'est le premier franchissement de l'Himalaya ; pour de nombreux autres, c'est aussi le dernier. En fin de matinée, le vent souffle à 145 km à l'heure dans la gorge et contraint les grues à prendre de l'altitude. Elles rencontrent des turbulences qui perturbent leurs formations de vol et les obligent à se poser. Malheureusement pour elles, les villageois les attendent : la vie est dure dans les montagnes et ils ne veulent pas partager leurs maigres récoltes avec ces oiseaux. Quand elles repartent, aidées par des courants chauds, c'est l'aigle royal qui les guette. Devant une telle aubaine, les aigles travaillent en duo. Ils désorientent une jeune grue et la séparent de ses congénères. Si elle échappe aux serres d'un aigle, c'est l'autre qui l'attrapera. La volée poursuit son chemin parce qu'il lui faut dépasser les 8 000 m avant que le temps se détériore. Lors de l'ultime ascension, chaque battement d'ailes est rendu pénible par la raréfaction de l'air (un quart d'oxygène en moins qu'au niveau de la mer). Enfin, les grues demoiselles parviennent au sommet mais, comme les alpinistes qui les ont conquis, elles ne s'y attardent pas.

CI-CONTRE *Formation en V de grues demoiselles. Leur grande migration les emmène de l'Asie centrale à leurs quartiers d'hiver dans le désert de Thar, en Inde. Il leur faut franchir l'Himalaya, où les attendent le mauvais temps et les aigles royaux.*

7
mondes souterrains

L'exploration des grottes est l'une des plus passionnantes aventures qui soient. Avec leurs animaux étranges et leurs paysages extraordinaires, elles comptent parmi les environnements les moins connus de notre planète.

CI-DESSUS *Une forêt de pointes calcaires – les fameux « tsingy » du parc national de Tsingy de Bemaraha, Madagascar – site du Patrimoine mondial.*

CI-CONTRE *Les collines calcaires de la baie d'Ha Long, nord-est du Vietnam – autre site du Patrimoine mondial avec ses grottes spectaculaires.*

PAGES PRÉCÉDENTES, EN HAUT *Des centaines de milliers de chauves-souris de la famille des molossidés sortent au crépuscule d'une grotte calcaire de Thaïlande pour se nourrir dans la forêt pluviale.*

La plupart des hommes sont totalement ignorants du monde secret qui s'étend sous leurs pieds – un univers mystérieux et effrayant, mais aussi d'une beauté à couper le souffle. Avec ses puits souterrains, ses couloirs, ses salles et ses grottes, il forme un réseau dont nul ne connaît l'étendue exacte. On en aurait déjà exploré 80 000 km – soit deux fois le tour de la Terre –, mais cela ne représente peut-être que 10 % de la totalité.

La définition commune d'une grotte est la suivante : une cavité souterraine dans laquelle on peut pénétrer. Ce qui signifie qu'une grotte n'en est vraiment une que lorsque quelqu'un y est entré. Et cela pose une question : tant qu'une grotte n'a pas été découverte, comment sait-on qu'elle existe ? Ce qu'on sait, en revanche, c'est l'endroit où l'on est susceptible d'en découvrir, et les experts en concluent qu'un nombre étonnant d'espaces souterrains restent encore à visiter.

Les grottes se situent dans toutes sortes d'endroits – glace, grès, granite ou encore lave volcanique – mais, elles se forment surtout à l'intérieur d'un type de roche bien précis : le calcaire. Il y en a sur tous les continents, y compris l'Antarctique, et il recouvre près de 10 % de la surface terrestre. C'est l'une des roches les plus répandues – surtout en Chine, qui présente plus de calcaire que le reste du monde. Le calcaire est une roche sédimentaire – déposée sous l'eau en couches successives – dont la composition joue beaucoup dans la formation des grottes. Il est constitué en grande partie de carbonate de calcium : ce minéral extrait de l'eau de mer par les crustacés et les coraux est à la base des squelettes et des coquilles. D'innombrables générations sont mortes et se sont déposées au fond de la mer, et ce minéral a été compacté sous forme de strates que l'activité géologique a par la suite ramenées en surface.

Le calcaire est abondant mais, bien souvent, nous ne savons pas le reconnaître, même en posant le pied dessus. Des exemples sont pourtant visibles dans le monde entier : les plus spectaculaires sont les montagnes de Guilin, en Chine, et celles de la baie d'Ha Long, au Vietnam. Il faut aussi mentionner les vallons du Yorkshire et les cimes pointues comme des dagues de Bornéo et de Madagascar. Ces formations sculptées permettent de comprendre pourquoi les grottes se forment si souvent dans le calcaire.

Le calcaire est très dur, mais il a un point faible : le carbonate de calcium se dissout très facilement sous l'effet de l'acide carbonique, mélange d'eau de pluie et de dioxyde

de carbone (gaz carbonique). En tombant et en traversant l'air et le sol, l'eau de pluie absorbe du dioxyde de carbone qu'elle rend faiblement acide. L'acide carbonique n'est pas plus puissant qu'une boisson gazeuse, mais il l'est tout de même assez pour dissoudre le calcaire.

Dans un premier temps, l'eau s'écoule par les minuscules fissures de la roche nées du soulèvement et de l'avancée des plaques continentales mais, après plusieurs millions d'années, l'eau corrosive les a élargies jusqu'à en faire de véritables tunnels. C'est ainsi que naît une grotte. L'eau charrie du sable et des rochers, dont la force d'érosion renforce le processus d'élargissement, sape les parois et arrache encore plus de calcaire. La vitesse d'érosion est très variable : sous les tropiques, elle peut être 20 fois supérieure à celle des climats plus froids, accélérée par l'abondance des précipitations et de la végétation qui produit davantage de dioxyde de carbone et d'acides organiques.

La plupart des systèmes de cavités sont relativement modestes puisqu'ils dépassent rarement 1 km de long et 100 m de profondeur, mais d'autres défient l'imagination avec leurs labyrinthes de puits, couloirs, salles et cavernes. La grotte de Sarawak, dans le parc national de Mulu, à Bornéo, est assez vaste pour abriter 40 Boeing 747 ; au Mexique, le puits en forme de cloche de la grotte des Hirondelles est plus profond que l'Empire State Building ; la plus longue grotte du monde, Mammoth Cave, dans le Kentucky, s'étire sur 563 km de long – la distance entre Paris et Valence, dans la Drôme.

LA VIE SANS LUMIÈRE

Il est difficile de savoir ce qu'est le noir le plus profond quand on n'a pas connu les ténèbres absolues d'une grotte. Seul un voyage dans l'espace intersidéral pourrait en donner un vague aperçu. L'obscurité d'une chambre à coucher n'est rien à côté. Dans une grotte, on ne voit même pas le doigt tendu devant soi, encore moins la direction qu'il faut emprunter. Le visiteur dont la torche électrique s'éteint n'a aucune chance de retrouver la sortie, même s'il est déjà venu à plusieurs reprises.

Les grottes sont l'un des rares habitats à ne pas bénéficier directement de l'énergie solaire. La photosynthèse ne s'effectue plus dès que l'on s'éloigne un peu de l'entrée. En l'absence de plantes, la chaîne alimentaire dépend des nutriments apportés d'une façon ou d'une autre dans la grotte. Les chauves-souris y sont pour beaucoup. À Bornéo, la grotte de Deer Cave (Sarawak) abrite dans la journée quelque 3 millions d'individus (*Chaerephon plicata*) de la famille des molossidés. Chaque soir, elles survolent la forêt où elles mangent littéralement des tonnes d'insectes. Quand elles reviennent, au matin, leurs excréments se déposent sur le sol de la grotte et ce guano est à l'origine d'une chaîne alimentaire complexe. Riche en nutriments, il nourrit mites, crabes, cafards ou collemboles, lesquels sont à leur tour dévorés par des mille-pattes géants, des grillons des grottes, des araignées et d'autres insectivores.

Les vastes monticules de guano des grottes tropicales sont impressionnants. À la lueur de la torche, on voit grouiller des centaines de milliers de créatures en train de se nourrir de déjections riches en nutriments. Il en est ainsi à toute heure car, lorsque les chauves-souris sont sorties, c'est au tour des salanganes (sortes de martinets) de faire

CI-DESSUS *Fantastic Pit – à Ellison's Cave, Géorgie (États-Unis), ce puits de 176 m de profondeur est éclairé par des spéléologues encordés.*

CI-CONTRE *Un adepte du base jump équipé de son parachute plonge dans l'une des grottes les plus spectaculaires au monde : la grotte des Hirondelles, au Mexique, un gouffre de 376 m de profondeur creusé dans le calcaire.*

CI-DESSUS *Des centaines de milliers de cafards grouillent sur les déjections des 3 millions de chauves-souris de Deer Cave, Sarawak, Bornéo.*

CI-CONTRE *Au crépuscule, des millions de chauves-souris quittent la grotte de Thaïlande où elles s'abritaient pendant le jour. Ces cavités naturelles sont vitales pour leur survie. Une chauve-souris peut manger 3 000 insectes chaque nuit : une colonie comme celle-ci en consomme donc des tonnes, y compris des nuisibles comme les moustiques.*

leurs déjections. Cependant, les mangeurs de guano ne manifestent aucune gratitude à l'égard de ceux qui les font vivre. Si une salangane ou une chauve-souris tombe à terre, des hordes rampantes s'empressent de la dévorer.

Les chauves-souris occupent aussi une place importante à l'extrémité de la chaîne alimentaire. Deer Cave, par exemple, les protège des prédateurs, mais certains parviennent jusqu'à leurs perchoirs : c'est le cas du serpent ratier, à même de grimper des parois quasi verticales. À Bracken Cave, Texas – demeure de la plus grosse colonie au monde avec 20 millions de tadarides du Brésil –, des animaux très inattendus se repaissent d'eux en période de reproduction.

MOUFETTES ET AUTRES PRÉDATEURS

Les moufettes et les ratons laveurs descendent jusqu'au fond de la grotte et, dans l'obscurité la plus complète, cherchent à terre les jeunes chauves-souris qui y seraient tombées. L'atmosphère est suffocante à cause de l'ammoniac émis par le guano, mais cela ne les affecte pas (l'homme doit quant à lui mettre un masque qui filtre ce gaz et le protège de l'histoplasmose, une infection fongique parfois mortelle). Quand il a trouvé sa proie, le petit prédateur la secoue dans tous les sens pour l'immobiliser et la manger.

On ne sait comment la moufette et le raton laveur trouvent les chauves-souris. L'ammoniac rend inutile leur odorat et le cri d'une jeune chauve-souris qui se débat à terre se perd dans le bruit émis par des millions d'adultes. Il faut alors envisager un mélange de chance et de persévérance : ils localisent apparemment leurs proies en se heurtant à elles. Toutefois, les vrais problèmes des chauves-souris commencent à leur sortie de la grotte, car il est difficile de ne pas remarquer le départ simultané de milliers d'individus.

À Deer Cave, les chauves-souris quittent leur perchoir vers 5 heures du soir, quoique leur horaire dépende de la météo – s'il pleut, elles peuvent même ne pas sortir du tout. Dans un premier temps, le flux est relativement modéré, mais leur nombre augmente très vite, comme aux heures de pointe dans une grande ville. En moins d'une heure, c'est un flot ininterrompu de 20 m de large et de plusieurs mètres de profondeur. Cette nuée est parfois si épaisse qu'elle masque le ciel. La sortie des chauves-souris de Deer Cave constitue l'un des plus beaux spectacles que la nature puisse offrir.

Une fois franchie l'entrée de Deer Cave (90 m de haut), elles forment souvent d'énormes anneaux en forme de beignets qui se tordent et tournent sur eux-mêmes pendant plusieurs minutes d'affilée. On en ignore la raison, mais peut-être est-ce pour perturber les oiseaux de proie. Les aigles à ventre roux semblent submergés. Quand l'anneau atteint une certaine densité, des groupes se scindent pour constituer un nouvel anneau ou pour traverser la forêt. D'en bas, on croirait assister à un fabuleux ballet aérien où des millions d'individus forment un unique organisme.

Le nombre assure d'une certaine façon leur sécurité. En revanche, chaque individu doit craindre le milan des chauves-souris, le chasseur le plus rapide du monde des oiseaux, capable d'attraper une chauve-souris en plein vol. La chasse dure jusqu'à la tombée de la nuit, mais peu importe le nombre de milans, les chauves-souris sont si nombreuses que le carnage n'a pas d'effet sur le groupe. Au matin, l'immense majorité retrouvera la sécurité relative de la grotte.

CI-DESSUS *Une rainette arboricole australienne et sa proie – une jeune chauve-souris qui sortait de Bat Cleft Cave, clou du parc national du mont Etan. Les grottes calcaires abritent la plus grande « maternité » de minioptères australasiens. Quand les adultes partent chasser, les jeunes sont réchauffés par l'air chaud emprisonné dans les dômes ou les puits fermés de la voûte.*

À Bat Cleft Cave, au Queensland (Australie), les minioptères australasiens doivent affronter un autre ennemi commun, les pythons et les serpents bruns arboricoles tapis dans l'entrée de la grotte. En dépit de la forte concentration de chauves-souris, ils frappent au petit bonheur la chance. Saisir une chauve-souris en mouvement dans la quasi-obscurité relève de l'exploit, mais les serpents sont dotés d'une arme secrète : des récepteurs situés dans leur cerveau repèrent la chaleur des chauves-souris et leur permettent de les capturer.

Un autre prédateur se cache parmi les rochers calcaires. De grosses rainettes arboricoles attendent que le vent contraire projette une chauve-souris contre la paroi et la plaque sur le sol. Désorientée, il lui faut un certain temps pour s'envoler à nouveau, et la rainette se jette sur elle. Les chauves-souris mangent souvent des grenouilles, on le sait, mais il y a ici un renversement de situation des plus surprenants. Les grottes ne sont pas toutes peuplées de chauves-souris ou bien leur nombre est insuffisant pour abriter autant d'insectes que Deer Cave. Les animaux cavernicoles ne survivent qu'en trouvant suffisamment de nourriture, ce qui est loin d'être évident dans le noir. Pour résoudre ce type de problème, de nombreux invertébrés comme le grillon des grottes possèdent des antennes d'une longueur inhabituelle leur permettant de palper. Cependant, un animal donné a inventé une solution ingénieuse pour survivre dans cet univers pauvre en nutriments.

PERLES DE MORT

Le promeneur qui pénètre dans la grotte de Mangawhatikau, Nouvelle-Zélande (île du Nord), peut à juste titre se demander s'il s'agit bien d'une grotte. La voûte et certaines parois sont parées de milliers de petites lumières au point qu'on se croirait sous un ciel étoilé. C'est un des spectacles les plus étonnants que puisse offrir le monde souterrain. Ces lueurs sont en fait des vers luisants, les larves d'un minuscule moucheron. Faire de la lumière est bien utile dans le noir, mais ce n'est pas tout. Accrochées au plafond de la grotte, les petites larves tissent et laissent pendre une série de fils de 5 à 20 cm de long. La soie – semblable à celle des araignées – est produite par des glandes de leur cavité buccale puis lestée par des boulettes de mucus. Ces rubans de perles ont une sinistre fonction : ce sont des fils de pêche et le ver luisant attend patiemment comme le ferait un pêcheur. C'est là qu'intervient la capacité de la larve à émettre de la lumière. Elle semble jaillir de son dos – une réaction chimique se produit dans une capsule spéciale de sa queue. Les insectes sont attirés vers la lumière et se collent aux fils gluants. Il suffit alors de remonter la ligne et de consommer la malheureuse victime, vivante comme il se doit puisque les vers luisants, au même titre que les araignées, sucent les fluides de leurs proies.

Les insectes projetés par le vent dans la grotte ne suffisent pas aux larves. En se positionnant au-dessus des ruisseaux qui parcourent les grottes, elles bénéficient aussi des insectes dont les œufs éclosent dans l'eau comme les éphémères. La vie d'un éphémère adulte est incroyablement brève, d'où son nom, mais à Mangawhatikau, elle peut ne pas dépasser les 20 minutes – juste le temps de sécher ses ailes et de s'intéresser aux petites lumières accrochées à la voûte. Il y a aussi de bonnes chances pour qu'un ver luisant adulte occupé à s'accoupler et à pondre parmi les larves se fasse prendre au filet – elles s'empresseront alors de le dévorer comme s'il ne faisait pas partie de leur famille.

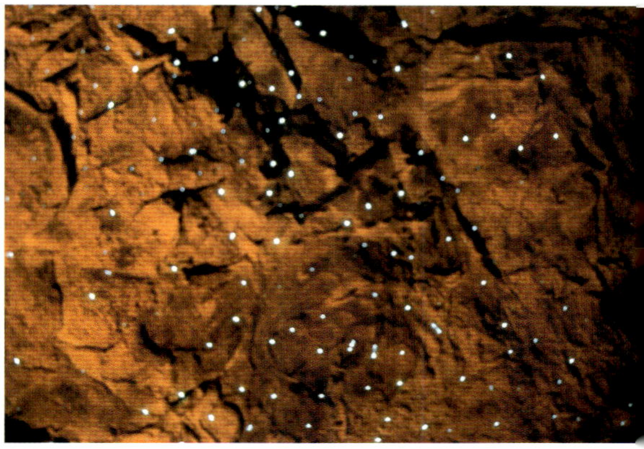

CI-DESSUS *Les funestes colliers de vers luisants attirent les insectes et même leurs semblables – grotte de Mangawhatikau, Nouvelle-Zélande.*

EN HAUT *Les pièges – des fils de soie lestés par des gouttes de mucus poisseux – pendent du plafond de la grotte.*

LES TROGLOBITES

Un troglobite ne doit pas être confondu avec un troglodyte – un homme qui vit dans une cavité naturelle. Un trait important les sépare des autres habitants des cavernes – les troglophiles qui vivent aussi bien à l'intérieur qu'en dehors des cavernes, et les trogloxènes qui se reproduisent à l'extérieur mais y pénètrent parfois : ils ne quittent absolument jamais leur environnement. Bien des grottes ressemblent à des îles, isolées du continent, mais aussi les unes par rapport aux autres. Il en est résulté l'évolution d'animaux d'apparence étrange, parfois dépourvus d'yeux ou de pigments. Quand on sait qu'il faut des centaines de milliers d'années pour que les yeux disparaissent, ces animaux sont de toute évidence isolés depuis très longtemps.

CI-DESSUS, À GAUCHE *Aveugle, le poisson-ange de Thaïlande vit dans les cascades et les cours d'eau souterrains et se nourrit de bactéries. Ses nageoires aplaties sont garnies de minuscules crochets lui permettant de se fixer à la roche.*

CI-DESSUS, À DROITE *Autre troglobite – le typhlomolge du Texas, qu'on ne trouve que dans la région de San Marcos. Il possède des branchies externes et passe toute son existence dans l'eau.*

LE ROYAUME DES AVEUGLES

Le poisson-ange est l'un des plus remarquables troglobites : il n'en existerait qu'une centaine dans deux petites grottes de Thaïlande. Avec ses 10 cm de long, il présente toutes les caractéristiques des troglobites : il est rose et n'a pas d'yeux. On ne sait pratiquement rien de son comportement, à part qu'il vit dans les chutes d'eau intérieures aux grottes – ce qui a amené certains experts à dire que c'était l'une des créatures les plus propres à s'adapter.

Dans cette eau en mouvement, le poisson s'accroche aux rochers grâce aux minuscules crochets placés sur la partie inférieure de ses nageoires aplaties en forme d'ailes (ce qui lui vaut son nom d'ange) et mange les bactéries présentes dans l'eau riche en oxygène. Ils lui permettent aussi de grimper le long des parois et de passer d'une cascade à l'autre. Ce poisson ne semble pas avoir de prédateur et ne réagit à aucune présence étrangère (même humaine).

De l'autre côté du monde, un autre troglobite s'est adapté à des conditions extrêmement différentes. Proche de l'axolotl, le typhlomolge aveugle du Texas est complètement aquatique et vit dans des flaques d'eau parfaitement immobiles. En tant qu'amphibien, il peut respirer par la peau mais, pour jouir pleinement de son environnement pauvre en oxygène, il s'est doté de branchies externes semblables à des plumets.

On ne le trouve que dans quelques grottes en très petit nombre, comme le poisson-ange, mais contrairement à lui, les récepteurs de sa peau détectent les plus infimes vibrations des crustacés. Ceux-ci sont si rares que le typhlomolge ne peut les laisser passer. Toutefois, s'il est parfaitement immobile, cet étrange amphibien peut vivre six ans sans manger.

LES SNOTTITES

Les snottites de la grotte de Villa Luz, Mexique, font partie des choses les plus étonnantes qu'on puisse voir dans ce genre d'environnement. Snottite est le terme officiel pour désigner une structure ressemblant à une stalactite muqueuse. Comme les stalactites ordinaires, les snottites laissent s'écouler du liquide à leur extrémité, mais la comparaison s'arrête là, car ce sont des gouttes d'acide sulfurique et ces structures sont de vastes colonies de bactéries pouvant grandir de 1 cm par jour.

Chose tout aussi incroyable, ces bactéries réussissent à survivre dans une grotte où l'atmosphère est saturée de gaz toxiques. Ce n'est pas pour rien qu'on surnomme Villa Luz la grotte empoisonnée. Les explorateurs doivent porter des masques et des moniteurs : les gaz toxiques peuvent atteindre un niveau fatal en très peu de temps, et l'alerte doit être donnée au plus tôt.

La source des vapeurs toxiques se situe sous la grotte. Le sulfure d'hydrogène remonte des dépôts de pétrole au sein de la croûte terrestre et pénètre dans la grotte, la rendant impraticable aux bipèdes que nous sommes. Les bactéries tirent leur énergie de ce sulfure d'hydrogène (comme les plantes tirent la leur du Soleil) et l'acide sulfurique qui suinte à l'extrémité des snottites n'est qu'un dérivé de ce processus.

La capacité de ces bactéries à survivre dans des conditions aussi extrêmes leur a valu l'adjectif d'extrémophiles. Depuis leur découverte, on en a trouvé dans d'autres grottes : ainsi, à Lechuguilla, elles se nourrissent de rochers. Ce domaine de la science nous a fait changer notre perception des conditions nécessaires à la vie. Pour certains spécialistes, les extrémophiles prouveraient que la vie en surface aurait pu évoluer en sous-sol alors qu'on pensait que c'était le contraire.

CI-DESSUS *Snottites – structures formées à partir de grandes communautés de bactéries dans la grotte délétère de Villa Luz, Mexique. Ces bactéries se nourrissent de sulfure d'hydrogène et excrètent des gouttes d'acide sulfurique.*

RICHESSES CACHÉES

Les grottes d'Asie du Sud-Est recèlent le mets le plus onéreux au monde. Oublions le caviar et les truffes : les nids faits de la salive de la salangane coûtent infiniment plus cher.

C'est le principal ingrédient du potage au nid d'hirondelles, dont le goût s'affirme plus ou moins selon la quantité d'épices qu'on y ajoute. Pour bien des Chinois, ce potage est excellent pour la santé, presque au même titre que le ginseng. On prétend même qu'il aiderait les cancéreux et les victimes du sida. L'analyse chimique de ses propriétés a hélas prouvé qu'il n'avait pratiquement aucune valeur nutritionnelle. Cela n'empêche pas les hommes de risquer leur vie pour décrocher les fameux nids.

Leurs techniques varient d'une grotte à l'autre, mais il faut toujours grimper à des hauteurs impressionnantes. Dans la grotte de Gomantong, à Sabah, dans l'île de Bornéo, les collecteurs empruntent des échelles de 20 m de haut faites de vigne sauvage, puis des sortes de portiques en bambou qu'une équipe restée à terre manœuvre à l'aide de cordes. Les collecteurs se penchent pour attraper les nids ; s'ils sont encore trop loin, ils les décrochent à l'aide d'un bâton pourvu d'un trident. D'une telle hauteur, une chute ne peut être que fatale.

Les nids rapportent tant que la grotte est gardée en permanence, même lorsque ce n'est pas l'époque de la nidification. Descendre dans la partie haute de Gomantong constitue une expérience unique. Sur le sol, juste au-dessus de la couche de guano, de petites cabanes sont édifiées sur des pilotis ; leurs toits de tôle rouillée les protègent des infiltrations. C'est là que les gardes mangent, vivent ou s'amusent dans une lumière artificielle. Au moment de la récolte, des dizaines de personnes peuvent habiter la grotte – une scène digne d'un film de science-fiction.

Le commerce des nids se pratique depuis au moins mille ans. Vu que les oiseaux reconstruisent un autre nid dès que le leur a été prélevé, on peut voir là une des meilleures exploitations durables de la faune.

Cependant, les choses ont commencé à changer. Les bandes organisées qui contrôlent le commerce procèdent à quatre prélèvements par an au lieu de deux précédemment, vu l'importance de la demande. Un spécialiste croit qu'à ce rythme, les salanganes auront disparu dans cinq ou dix ans.

CI-CONTRE *Récolte de nids de salanganes dans la partie haute de la grotte de Gomantong, Bornéo. L'activité est périlleuse, mais rentable. Elle met toutefois en péril cette variété d'oiseaux.*

FAIRE SON NID DANS LE NOIR

Les salanganes sont des oiseaux remarquables, pour deux raisons principalement : elles construisent leur nid avec leur salive et parviennent à le retrouver dans l'obscurité absolue d'une grotte. Imaginez un homme cherchant à poser le doigt sur un détail précis d'un tableau accroché au mur, dans le noir, bien entendu.

La salangane est l'un des deux oiseaux au monde capable de pratiquer l'écholocation (l'autre est le guacharo des cavernes, qui vit au Venezuela). Tout en volant, la salangane émet une série de clics audibles. On pense qu'en écoutant l'écho de ses propres clics, l'oiseau peut établir une sorte de carte en 3D de la grotte. En revanche, on ignore comment il retrouve, parmi des centaines d'autres, un nid de quelques centimètres de diamètre. La salangane élève sa famille de façon peu conventionnelle. Le manque de lumière fait que les poussins encore au nid ne voient jamais leurs parents. Pour son premier vol, le jeune doit trouver l'entrée de la grotte à travers un labyrinthe obscur. S'il heurte une paroi ou tombe à terre (comme cela se produit souvent), les créatures dévoreuses de guano feront tout pour l'empêcher de s'envoler à nouveau.

Beautés naturelles

Le profane qui entre dans une grotte se pose souvent la question : laquelle descend de la voûte, la stalactite ou la stalagmite ? Il y a un moyen bien simple de s'en souvenir : la stalac*tite* tombe (un *t* en commun) et la stalag*mite* monte (un *m* commun). Les spéléologues regroupent les deux formations sous le nom de « stals ».

Les stals transforment un trou noir en un lieu chargé de mystère, mais ce ne sont que quelques-unes des formations (ou spéléothems) que l'on trouve dans les cavités naturelles. Les autres ont pour nom colonne, draperie, rideau, hélictite, perle, fleur, spaghetti, cristal, etc. Elles sont quasiment toutes faites de calcite de minéraux qui s'accumule lorsque l'eau acide chargée de calcaire dissous s'infiltre dans un passage ou une salle.

L'élaboration de ces formations est toute simple : c'est, fondamentalement, l'inversion du processus chimique responsable de la dissolution du calcaire. En pénétrant dans une cavité emplie d'air, l'eau acide libère une partie du dioxyde de carbone emprisonné lors de sa traversée du sol. Cette perte fait qu'elle ne peut plus retenir autant de calcaire dissout et le surplus se dépose sur la voûte sous forme de calcite. La plupart des stalactites se présentent dans un premier temps sous la forme d'une paille au centre de laquelle s'écoulent des gouttes. Le tube finit par s'obstruer, obligeant l'eau à couler à l'extérieur. Si l'eau s'écoule trop rapidement, la calcite s'accumule sur le plancher de la grotte pour créer une stalagmite.

La plupart des formations s'expliquent ainsi, mais leur différence d'aspect est due à la manière dont l'eau s'infiltre dans la grotte. Ainsi, l'hélictite est une formation mince, fibreuse et tordue (comme la racine d'une pomme de terre géante), apparue quand l'eau s'infiltre par des pores si petits que c'est la capillarité plutôt que la gravité qui contrôle son flux. L'eau se dépose alors de façon plus aléatoire.

Pour leur part, les perles apparaissent quand du sable se recouvre de calcite pour avoir été longuement brinquebalé dans une dépression emplie d'eau (ce n'est pas loin du processus de formation des vraies perles). Du volume d'eau et de son acidité dépend la vitesse d'élaboration des formations. Elle est en général très réduite, mais le résultat peut être spectaculaire. La plus grosse stalactite se trouve au Brésil avec 28 m de long tandis que la plus haute stalagmite culmine à 67 m.

DE GAUCHE À DROITE *Les plus grands cristaux du monde se trouvent dans la grotte de Naica, Chihuahua, Mexique. Constitués de sélénite (forme de gypse), ils mesurent jusqu'à 8 m de long.*

La plus grande stalagmite du monde (67,2 m) dans la grotte de San Martin Infierno, Cuba.

Stalactites et stalagmites de calcite à Grand Cenote, une des grottes inondées du Yucatán, Mexique. Elles se sont formées des milliers d'années avant que la grotte soit envahie par l'eau à la fin de la dernière glaciation. Une corde d'un kilomètre de long permet aux plongeurs de retrouver leur chemin.

Pompon gros comme une boule de pétanque à Ogof Ffynnon Ddu, sud du pays de Galles, Royaume-Uni. Il s'est formé il y a des milliers d'années quand la calcite s'est cristallisée autour d'une « paille » en contact avec la surface de l'eau.

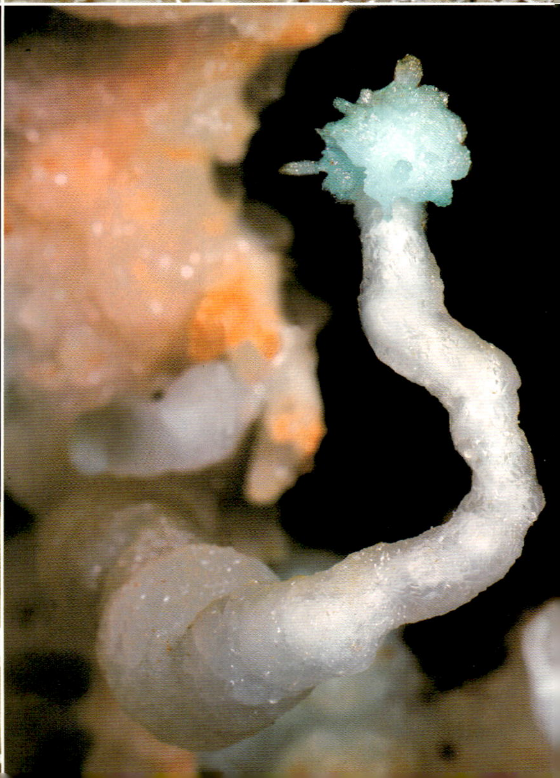

L'INEXPLORÉ

Pour la plupart des gens, il est impensable de pénétrer dans une grotte dépourvue d'éclairage et dont le sol n'est pas bétonné mais, pour les individus capables de surmonter leur frayeur, les cavités naturelles offrent les plus extraordinaires possibilités d'exploration. Quatre-vingt-dix pour cent des grottes nous sont encore inconnues, et c'est peut-être là notre « dernière frontière » sur cette planète. Même sur une île aussi peuplée que la Grande-Bretagne, bien des grottes restent encore à découvrir. Après tout, la plus grande galerie n'y a été visitée qu'en 1988, et le plus haut puits qu'en 2003.

Vous n'avez pas de bathyscaphe ni de vaisseau spatial et vous voulez vous aventurer dans un domaine encore vierge ? Les grottes ont tout pour vous satisfaire. L'un des plus grands explorateurs vivants est d'ailleurs un spéléologue. Andy Davies a sans conteste foulé plus d'endroits inconnus – dont les trois plus grandes grottes du monde – que tout autre contemporain. Dans le livre des records, son nom peut s'inscrire à côté de celui de Neil Armstrong ou de Buzz Aldrin.

Pour être franc, il convient de dire que les spéléologues sont des gens un peu bizarres. Prenons l'exemple des Irlandais Tim et Pam Fogg. Ils passent tous leurs week-ends à creuser le flanc d'une colline pour découvrir une grotte qui, selon eux, se cache dessous. L'un d'eux est couché dans un tunnel humide et étroit pour creuser la terre et la roche, à la main ou à l'aide d'explosifs ; l'autre sort les débris en tirant sur la corde du petit chariot où ils sont entassés. Des détenus qui cherchent à s'évader ne feraient pas mieux. En 18 mois, ils n'ont creusé que sur 10 m de profondeur…

En explorant des grottes inviolées, les explorateurs doivent souvent emprunter des couloirs si étroits qu'ils y passent à peine ; l'eau peut même y stagner. Ces longs goulets d'étranglement déclenchent chez le novice l'enthousiasme ou la panique extrême, quand ce n'est pas les deux à la fois. Le risque est grand de rester coincé, par les épaules principalement, et les manœuvres de sauvetage limitées.

Celui qui a franchi un couloir sans perdre le contrôle de ses fonctions corporelles doit maintenant pratiquer une descente en rappel dans l'inconnu. Avec un peu de chance, la corde frôlera une paroi. Ensuite, c'est le froid et l'humidité pendant des heures – surtout lorsqu'on pratique la spéléologie dans une contrée au climat tempéré. Quand vient le moment de remonter, enfin, l'aventurier réalise qu'il doit refaire le même trajet en sens inverse.

La spéléologie est l'épreuve ultime imposée au mental et au physique, mais la récompense vient souvent après la souffrance. L'auteur de ce chapitre n'appréciait pas les descentes en rappel, mais il a eu le bonheur de passer six semaines sous terre dans l'une des grottes les plus difficiles au monde.

VOYAGE AU CENTRE DE LA TERRE

Octobre 2004 est une date capitale dans l'histoire de la spéléologie. Pour la première fois, des hommes ont dépassé les 2 000 m de profondeur. Cela s'est passé dans la grotte de Krubera, dans le massif d'Arabika, en Abkhazie (est du Caucase) – la grotte la plus profonde du monde. Pour réaliser un tel exploit, l'équipe a dû affronter des puits immenses, des tor-

EN HAUT, DE GAUCHE À DROITE *Spectaculaires formations minérales présentes dans des grottes du monde entier.*

À Lechuguilla, Nouveau-Mexique, États-Unis, ces boules de calcite grosses comme des œufs se sont formées quand la pointe des stalactites en forme de paille a été plongée dans une eau riche en minéraux (on distingue ici trois niveaux).

Dans un site français tenu secret, les seules stalactites vertes au monde. La goutte d'eau donne l'échelle.

Fleur de gypse, Lechuguilla.

AU MILIEU, DE GAUCHE À DROITE *Aiguilles d'aragonite bleu électrique de 13 cm de long dans une grotte française tenue secrète. L'aragonite est constituée de carbonate de calcium, mais sa structure cristalline diffère de celle de la calcite ; elle apparaît habituellement quand l'évaporation de l'eau suintante concentre le magnésium.*

« Coupes » de calcite cristallines et creuses de 10 cm de haut, système de Bellamar, Cuba.

EN BAS, DE GAUCHE À DROITE *Grosse perle de 3,5 cm de diamètre dans le sud de la France. Ces perles se forment habituellement par groupes dans les lacs souterrains peu profonds lorsque les gouttes d'eau précipitent la calcite vers un grain de sable autour duquel elle a formé une concrétion.*

Forme de calcite fractale très délicate de 6 cm de haut. On n'en trouve que dans une seule grotte de Cuba.

Hélictites à pointe bleue très rares à l'extrémité d'hélictites plus classiques, composées de cristaux individuels, dans une grotte française tenue secrète.

rents d'eau glacée et des couloirs obstrués par des rochers, tout en transportant avec eux 5 t de matériel. La cavité la plus basse (2 080 m) fut baptisée Game Over, mais les spéléologues pensent aujourd'hui que l'on peut aller encore plus loin. C'est là que réside la beauté de l'exploration des grottes. Nous connaissons avec précision la hauteur de la montagne la plus haute, la longueur du fleuve le plus long, la profondeur de la mer la plus profonde. Ces chiffres varient à peine au cours des millénaires, mais le record de la grotte la plus profonde ou la plus longue peut être battu à tout moment, sans pour autant poursuivre l'exploration d'un réseau déjà connu. Un nouvel ensemble de grottes peut être découvert qui modifierait toutes les données actuelles.

CI-DESSUS *Un spéléologue d'une équipe internationale franchit un passage étroit – The Way to the Dream (le chemin des rêves), à 1 647 m – lors d'une expédition de quatre semaines vers le fond de la grotte de Krubera, la plus profonde du monde.*

CI-CONTRE *La spectaculaire Chandelier Ballroom de Lechuguilla. Les fragiles chandeliers en « cristaux de neige » peuvent atteindre 6 m de long. Accrochés aux parois et au plafond, ils sont faits de sélénite (gypse incolore) et se sont formés quand l'eau chargée en gypse a suinté à travers la roche avant de s'évaporer.*

LA PLUS BELLE GROTTE DU MONDE

En 1986, au Nouveau-Mexique (États-Unis), des spéléologues écartèrent les derniers mètres de débris pour pénétrer dans un vaste système. C'était l'aboutissement de sept années de travail de la part d'un petit groupe qui y consacrait tous ses loisirs. C'est aussi l'une des plus grandes découvertes du XXe siècle. Chacun s'accorde à dire que la grotte de Lechuguilla est la plus belle du monde, mais aussi l'une des plus longues et des plus profondes – le Saint-Graal de tout spéléologue digne de ce nom.

La beauté fragile de Lechuguilla en fait aussi l'une des plus inaccessibles : elle n'est ouverte qu'aux scientifiques et aux cartographes chargés d'en établir la longueur – actuellement 193 km. Même son entrée demeure secrète. Pour y pénétrer, il faut signer une déclaration selon laquelle on n'en divulguera pas l'emplacement exact – d'ailleurs difficile à trouver puisque situé au pied d'une petite faille de 20 m de profondeur, quelque part dans le désert de Chihuahua. Mais si la permission vous est accordée, c'est un spectacle digne d'un autre monde qui vous attend.

Avant sa découverte, Lechuguilla était complètement isolée du monde extérieur. Pour préserver les conditions intérieures, un sas a été installé à l'entrée. Si les deux portes étaient ouvertes à la fois, un vent de 130 km à l'heure en provenance de la grotte renverserait tout devant lui, abîmant au passage les délicates formations. Une fois franchi le sas, on descend dans un grand tube métallique semblable à un silo à grain. Au bout de 30 minutes, voici Boulder Falls. On croit descendre en rappel dans un puits sans fond, mais ce n'est que la première des surprises que réserve Lechuguilla.

En premier, Glacier Bay Cavern présente un sol qu'on croirait fait de plaques de glace. Puis voici venir d'autres chambres dont le nom résume les impressions des premiers explorateurs, tel Snow White's Passage (le couloir de Blanche-Neige) ou encore Land of Awes (le pays de l'effroi). Les parois sont souvent incrustées de cristaux semblables à du givre : c'est Hoodoo Hall, un décor digne de *Star Trek*. Cette vaste cavité est remplie de cônes à l'allure étrange – certains mesurent 5 m de haut et tous sont recouverts de cristaux d'aragonite étonnamment fragiles, ainsi que des pins poussant sur une autre planète. Leur mode de formation est tout aussi remarquable. La chambre était à moitié remplie d'eau et chaque cône s'édifia grâce aux fines plaques de calcite qui y flottaient. Les gouttes tombées de la voûte arrivaient parfois dessus, les obligeant à sombrer, et leur accumulation

CI-DESSUS *Recouverte de calcite blanche très pure, Hudson Bay Cavern à Lechuguilla. Les formations arrondies sont qualifiées de mammaires ; au premier plan, des « buissons » d'aragonite.*

CI-CONTRE *À Lechuguilla, le Pearlsian Gulf, ainsi nommé à cause des nombreux lacs peu profonds et des centaines de perles. Le plancher couvert de cristaux est si fragile que les spéléologues autorisés à pénétrer dans cette grotte doivent porter des « chaussettes » de plongée ; il leur est interdit de toucher l'eau pure.*

PAGES PRÉCÉDENTES *Hoodoo Hall, à Lechuguilla, contient les plus spectaculaires exemples de « radeaux coniques ». Ils se sont formés quand l'eau stagnante arrivait pratiquement jusqu'à la voûte. De minces radeaux faits de cristaux de carbonate de calcium sont apparus en surface. Parfois les gouttes d'eau du plafond tombaient sur les radeaux et les poussaient vers le fond. En plusieurs centaines de milliers d'années, les radeaux se sont transformés en cônes géants.*

donna naissance aux cônes. Le processus a certainement duré des milliers et des milliers d'années. Au moins une douzaine des cavités de Lechuguilla auraient fait la célébrité de ce réseau, mais il en est une si étonnante que rien ne peut y préparer. Au bout de six heures, c'est-à-dire après 2 km, on arrive enfin dans la Chandelier Ballroom (la salle de bal aux chandeliers). Des ensembles de 6 m de long de cristaux gros comme la main pendent de la voûte. Cela ne ressemble à rien de connu. Certains évoquent de grotesques doigts de sorcière, d'autres ont l'impression de déambuler dans un congélateur géant et vide.

Les cristaux de Lechuguilla se composent souvent de gypse, un minéral issu du calcaire. La présence de gypse en telle quantité a intrigué les spéléologues, qui ont découvert que l'acide carbonique n'entrait pas en jeu – comme dans la plupart des autres cavités calcaires – et que son rôle était repris par l'acide sulfurique. Depuis, l'on a une autre conception de l'origine des grottes. L'acide sulfurique s'est formé lorsque le sulfure d'hydrogène issu des nappes de pétrole présentes dans la croûte terrestre est remonté par des failles et s'est mélangé à l'oxygène des nappes phréatiques. Il dissout le calcaire en moyenne cinq fois plus que l'acide carbonique et produit du gypse, élément de base des formations de Lechuguilla. Mais ce n'est pas tout.

À l'origine, Lechuguilla passait pour une grotte morte – sans signe de vie et pratiquement aucun nutriment – mais, il y a plusieurs années, des scientifiques ont découvert sur les parois une bactérie qui se nourrissait de fer et de manganèse. La capacité de ces microbes à vivre dans de telles conditions fait d'eux de vrais extrémophiles. Leur présence explique aussi pourquoi l'accès à Lechuguilla est si sévère. Il faut manger sur des feuilles de plastique pour éviter que la moindre miette tombe à terre. Ici, les nutriments sont si rares que cela suffirait à déclencher le développement des bactéries que les hommes transportent nécessairement avec eux. L'écosystème serait rompu.

Malgré toutes ces précautions, la préservation de Lechuguilla s'avère délicate. On y a trouvé une bactérie humaine, *E. coli*. Une grotte n'en est peut-être pas une tant qu'un homme n'y a pas pénétré, mais dans le cas présent, tout visiteur en modifie quelque peu l'aspect – à l'échelle microscopique tout au moins.

LES HOMMES DES CAVERNES

Notre peur des grottes peut paraître étrange quand on songe qu'elles constituaient la « maison » de nos ancêtres. Sans elles, les premiers Européens – Cro-Magnon et néandertaliens – auraient difficilement lutté contre les tempêtes des ères glaciaires. Quelques grottes européennes ont été occupées pendant des millénaires, mais les premiers hommes n'y étaient pas seuls.

Elles servaient aussi de refuge à l'ours des cavernes – un terrible adversaire, deux fois plus gros que le grizzly. Imaginez la scène suivante : vous entrez dans une grotte où l'on ne voit quasiment rien et vous vous rendez compte qu'elle est déjà occupée par une famille d'ours pouvant atteindre les 5 m de long et les 400 kg quand vous-même n'êtes armé que d'un épieu. Peut-être est-ce là l'origine de notre terreur des cavernes. C'était cependant un sanctuaire si vital pour les Cro-Magnon qu'il leur fallait affronter ces

monstres – il y a de fortes chances pour que nos ancêtres soient responsables de la disparition de l'ours des cavernes à la fin de la dernière ère glaciaire. Ossements, foyers et armes sont là pour nous parler de la vie de l'homme des cavernes, mais d'autres grottes nous proposent des choses infiniment plus étonnantes. Le 18 décembre 1994, le spéléologue français Jean-Marie Chauvet, accompagné d'Éliette Brunel et de Christian Hillaire, est intrigué par un courant d'air filtrant à travers un éboulis, au pied d'une falaise de l'Ardèche. C'est le début d'une des plus grandes découvertes archéologiques de tous les temps.

CI-DESSOUS *« Autel » de l'ours des cavernes. Le crâne semble avoir été soigneusement placé sur la pierre d'une salle de la grotte Chauvet. Le sol est jonché de nombreux crânes d'ours.*

L'intérieur de la grotte portant désormais le nom de Chauvet présente une formidable galerie d'art préhistorique. Pas moins de 14 espèces sont représentées sur les parois, dont les seules peintures rupestres connues d'une panthère et d'une chouette préhistoriques. Il y a aussi des hyènes, des bouquetins, des buffles, des lions, des mammouths, des cerfs, des ours et même un rhinocéros laineux. L'ensemble est infiniment plus riche que Lascaux, découvert 50 ans plus tôt, mais l'âge est l'élément le plus important. La datation au carbone 14 indique que ces peintures ont 30 000 ans, soit 15 000 de plus que celles de Lascaux. De plus, l'usage de la perspective et de l'ombre est si sophistiqué que les experts ont dû élaborer une nouvelle théorie de l'origine de l'art.

La découverte de Chauvet a montré à quel point les grottes importantes peuvent être des témoignages historiques. Coupées du monde extérieur, les conditions qui y règnent ne changent quasiment pas d'un millénaire à l'autre, alors que la vie à l'extérieur s'est étonnamment modifiée. On imagine mal qu'à une certaine époque, lions, panthères, ours, rhinocéros et mammouths vivaient dans le sud de la France tandis que nos ancêtres survivaient avec difficulté, mais la preuve en est là, indélébile, sur les parois de la grotte Chauvet.

CI-CONTRE, DANS LE SENS DES AIGUILLES D'UNE MONTRE *Rhinocéros, chevaux sauvages, lions chassant l'aurochs (bovidé sauvage aujourd'hui disparu), chevaux sauvages et aurochs – chefs-d'œuvre de l'âge de pierre de la grotte Chauvet. Les techniques picturales repoussent à 30 000 ans les origines de l'art. Des hommes ont habité ces lieux pendant des milliers d'années.*

8

rivières et fleuves

La vie dépend de l'eau. Même en faible quantité, son influence est énorme. Elle façonne le paysage et, quand elle abonde, elle abrite des communautés animales ou végétales uniques et surprenantes. C'est tout simplement la ressource la plus précieuse sur Terre.

L'eau douce est rare puisqu'elle ne représente que 3 % de l'élément liquide présent sur notre planète. L'eau de mer constitue le reste, mais sa forme liquide est majoritaire : on en trouve 70 % sous forme de neige et de glace, aux pôles principalement. En Antarctique, la banquise géante a par endroits 5 km d'épaisseur et rend quasiment impossible toute forme de vie. Les 30 % restants sont stockés dans le sol et les rochers, et seul 0,3 % de l'eau douce est visible en surface : ce sont les lacs et les divers cours d'eau qui recèlent cependant quelques-uns des plus riches habitats. Un monde grouillant de vie se dissimule sous leur surface. Quarante pour cent des espèces de poissons vivent dans l'eau douce ; la plupart des amphibiens, insectes, reptiles, plantes, oiseaux mammifères en dépendent. La science perce peu à peu les secrets de ce monde mystérieux et découvre chaque jour des formes de vie nouvelles. Ainsi, l'immense fleuve Amazone présente 3 000 espèces de poissons, plus que dans l'Atlantique, et l'on s'attend à en découvrir 1 700 autres.

CI-DESSUS *Sommets d'un paysage d'un autre monde, les tepuis de Kukenon. D'énormes tours de grès se dressent vers le ciel : c'est le décor d'un marais pluvial riche en plantes insectivores.*

CI-CONTRE *Le sommet du tepui d'Auyan, ou montagne du Diable. Les chutes de l'Ange, les plus hautes du monde – plus du double du plus grand building –, se déversent dans l'Orénoque.*

PAGES PRÉCÉDENTES *Le « tigre d'eau douce », redoutable prédateur parmi des piraputangas dans les eaux d'inondation du Pantanal.*

L'EAU VIVE

L'aventure commence dans les montagnes. D'humbles ruisseaux s'écoulent pour rejoindre de puissants fleuves qui parcourront des centaines de kilomètres jusqu'à leur destination ultime : la mer. Là, l'eau s'évapore, retombe sur les terres et revient à l'océan sous forme de rivières. C'est le cycle hydrologique planétaire.

Un des plateaux d'altitude les plus isolés, ou tepuis, nous fait mieux comprendre ce phénomène. Caché en toute saison dans les nuages, les vieux tepuis du sud du Venezuela s'élèvent à 1 000 m au-dessus de la forêt pluviale. Cet imposant paysage inspira *Le Monde perdu* à sir Arthur Conan Doyle – une terre préhistorique imaginaire coupée de la jungle qu'elle surplombe. En 1933, le premier explorateur à survoler ces plateaux, Jimmie Angel, était un aviateur américain chargé de repérer des mines d'or. Il jouait avec la mort et s'écrasa un jour sur l'un des plus célèbres tepuis appelé Auyan, ou montagne du Diable. Il s'en tira miraculeusement mais, aujourd'hui encore, survoler ces tepuis est assez périlleux. Les vents bousculent l'hélicoptère et les nuages épais diminuent la visibilité. Les débris de l'avion de Jimmie Angel sont désormais exposés dans un musée, mais la carcasse d'un autre appareil précipité sur les rochers est là pour nous rappeler la dangerosité des lieux. En revanche, la récompense est énorme pour qui parvient à se poser sur les tepuis de Kukenon, car un monde

CI-DESSUS *On ne trouve de merganettes que dans les Andes, au-dessus de 1 500 m. Ces oiseaux bien profilés plongent et nagent dans les rapides.*

CI-CONTRE, EN HAUT *Une salamandre géante du Japon dans la grotte qui lui sert de refuge. C'est le plus grand amphibien du monde. Il peut atteindre 2 m de long et vivre 80 ans.*

CI-CONTRE, EN BAS *La nuit, ces énormes prédateurs quittent leur repaire pour chasser les poissons.*

étrange l'attend. Des silhouettes étonnantes se découpent dans le brouillard – des tours de grès sculptées au cours des millénaires par le vent et les pluies torrentielles. On trouve près des tourbières un des plus beaux ensembles de plantes insectivores ne vivant bien souvent qu'ici – des droséras et des sarracénies qui se nourrissent des insectes venus de la jungle en contrebas. Elles se développent dans des conditions humides créées par des averses tropicales quasi quotidiennes et une précipitation annuelle moyenne de 400 cm.

L'origine de cette pluie n'est autre que l'humidité due à l'évaporation de la mer : poussée par les vents vers les terres, elle parvient jusqu'aux montagnes. En se refroidissant, elle se condense en nuages puis en pluie. Celle-ci s'abat sur les rochers : des rigoles se changent en torrents qui eux-mêmes donnent naissance à des rivières. En hélicoptère, on voit parfaitement le tracé des ruisseaux dorés qui dévalent la montagne du Diable jusqu'au moment où ils se jettent dans un précipice impressionnant. Par temps clair se détache la plus grande chute d'eau continue du monde : 979 m de hauteur. La descente crée une force si grande que, sous l'effet du vent, l'eau se change en une fine brume avant même de toucher le fond du canyon du Diable. Cette superbe cascade viendra alimenter l'Orénoque, le deuxième plus grand système hydraulique d'Amérique du Sud : en l'honneur de Jimmie Angel, elle porte le nom de chutes de l'Ange.

LA VIE DANS LES TORRENTS

Chaque printemps, quand la température se fait plus clémente, la fonte de la neige et de la glace produit une brusque augmentation des réserves d'eau douce. Les ruisseaux dévalent le flanc de la montagne à toute allure. L'eau est froide et pauvre en nutriments, en revanche son taux d'oxygène est élevé. Les invertébrés dominent le milieu, mais il leur a fallu s'adapter. La nymphe de la corydale a un profil aplati et une série de petits crochets destinés à réduire les risques d'entraînement. Les larves de la mouche noire ont sur l'abdomen des crochets identiques qu'elles projettent au bout de fils de soie quand elles sont en danger. Celles du trichoptère bâtissent des couvertures de pierre, de bois et de sable pour se protéger des prédateurs et d'un choc fatal contre les rochers. Poisson spécialisé détenant le record d'altitude, la loche se nourrit en arrachant les algues des rochers et se fixe à ceux-ci grâce à ses grosses ventouses buccales.

Une telle existence peut sembler difficile, mais vivre dans un torrent présente tout de même des avantages. Premièrement, les prédateurs sont rares. Il faut néanmoins mentionner deux espèces de canards, la merganette des torrents qu'on trouve en altitude dans les Andes, et l'arlequin plongeur dont le territoire s'étend de l'Alaska à la Sibérie. Leur silhouette profilée et leurs puissantes pattes palmées leur permettent de résister à la force de l'eau et de se nourrir d'invertébrés aquatiques. Les seuls prédateurs des torrents de montagne chinois et japonais sont les plus gros amphibiens du monde : les salamandres géantes sont des créatures monstrueuses qui peuvent atteindre 2 m de long et vivre 80 ans. Leur métabolisme d'une lenteur exceptionnelle est idéal dans un environnement aussi froid. Le jour, elles se reposent dans des grottes subaquatiques communes, mais sortent la nuit pour chasser des poissons, des truites par exemple. L'ouïe de la salamandre géante n'est pas très développée, mais les nodosités de son corps lui signalent les plus infimes variations de pression de l'eau. Elle s'embusque avant de se précipiter sur sa proie. Aucun rival n'est là pour la gêner.

LE PÉRIPLE DES SAUMONS

La grande migration des poissons d'eau douce offre une nouvelle vie aux torrents tempérés de l'hémisphère Nord. Chaque printemps, au moins 2 millions de saumons de l'Atlantique s'engouffrent dans 2 000 estuaires européens ou nord-américains avant de remonter vers leurs frayères. Ce périple épuisant dépasse parfois les 1 600 km. Six espèces de saumons du Pacifique – sockeye (rouge), rose, kéta, coco (argenté), tête d'acier et Chinook – envahissent les cours d'eau, de la Californie à la Corée. Entre 142 et 287 millions de saumons se déplaceraient rien qu'au nord-ouest du Pacifique. Avant l'essor des pêcheries et la destruction de leur habitat, le nombre de saumons avoisinait certainement les 350 millions.

Un saumon peut passer plusieurs années en mer, s'y nourrir et s'y développer. Il a besoin de toutes ses forces pour s'embarquer dans ce voyage qui sera le plus difficile, mais aussi le dernier de son existence, vers le lieu même où il est né, en amont des fleuves. Sa forme et son agilité lui permettent de nager à contre-courant et même de remonter des cascades. Sur la côte ouest du Canada, les sockeyes font étape dans des lacs et économisent leur énergie en attendant que des eaux d'inondation viennent élever le niveau et les aider dans leurs déplacements. Le danger est omniprésent, mais le grizzly est le plus redoutable. Pour les ours, c'est une véritable aubaine. Excellents nageurs, certains ont même appris à plonger sur les saumons qu'ils plaquent au fond de la rivière à l'aide de leurs pattes puissantes et griffues. Les oursons sont de la partie mais, quand les eaux sont trop profondes, ils s'en remettent complètement à leur mère. En moyenne, un ours adulte consomme plus d'une tonne de saumon pendant les six semaines de la période de frai. Pour les oursons en pleine croissance, la quantité de saumons consommés leur permet ou non de survivre à leur premier hiver.

La vaste majorité des saumons parvient toutefois à arriver au bout de leur odyssée. Un système de navigation exceptionnel les aide à retrouver l'endroit où ils sont nés plusieurs années auparavant. La transformation physique entamée lors de leur arrivée en eau douce est maintenant achevée. Ils ne sont plus argentés, mais rouge vif ; les mâles présentent désormais une mâchoire inférieure retournée (tubercules de fraie) destinée à séduire une femelle. Les œufs fécondés sont déposés sur de petits tas de gravier où ils se développeront dans un milieu riche en oxygène et relativement pauvre en prédateurs.

Tout de suite après avoir frayé, les saumons du Pacifique meurent. Les cours d'eau se changent en gigantesques cimetières. Même mort, le saumon joue un rôle écologique, car leur corps nourrit plus de 137 espèces – de la larve du trichoptère à l'aigle chauve en passant par le louveteau. C'est une formidable injection d'énergie dans ces rivières d'altitude et même les forêts voisines en tirent profit : les arbres poussent mieux sur un sol fertilisé par les carcasses abandonnées par les prédateurs.

L'avenir du saumon n'est pas assuré. Dans l'Atlantique nord, le nombre de poissons quittant l'océan pour les rivières a diminué de moitié – le responsable est certainement l'élévation de la température de la mer qui a brisé la chaîne alimentaire. Les saumons ayant réussi à atteindre les cours d'eau se trouvent confrontés à un nouveau danger : les saumons d'élevage échappés. En 2005, on estime qu'un million d'individus ont gagné les eaux norvégiennes et écossaises. Les fugitifs répandent des maladies et s'accouplent avec des saumons sauvages pour créer des hybrides qui, comme le craignent les scientifiques, vont présenter une faiblesse génétique. Les projets d'élevage de saumons transgéniques ou génétiquement modifiés sont encore plus inquiétants.

CI-CONTRE *Des ours bruns, ou grizzlys, pêchent le saumon en Alaska. Un ours peut engloutir plus d'une tonne de poissons au cours des six semaines que dure le frai des saumons.*

CI-DESSOUS *Sockeyes mâles dans l'eau douce. Ils prennent une couleur rouge vif, se recroquevillent et arborent des mâchoires retournées.*

EN BAS *Sur un tas de gravier, des œufs sont fécondés. Ils se développeront en amont, dans les eaux riches en oxygène.*

CI-DESSUS *Vus de l'espace, la cicatrice de 1 600 km de long et le réseau de canyons érodés par le Colorado, Arizona, États-Unis.*

Grossies par la pluie et les eaux de fonte, les rivières d'altitude se regroupent et prennent de l'amplitude. Renforcés par la force de gravité, les principaux affluents érodent le paysage et creusent le sol pour former des vallées en V, des gorges et des canyons. Les plus profonds se trouvent dans l'Himalaya : la plus haute chaîne de montagnes du monde est en effet soumise à la plus forte érosion fluviale. Dans une région perdue du Tibet, la gorge de Yarlung Tsampo détient le record (avéré en 1994 seulement). Créée par le puissant Brahmapoutre, sa profondeur peut aller jusqu'à 5,9 km et sa largeur, 45 km. Parmi les autres canyons géants du plateau de l'Himalaya, il faut citer celui de Kali Gandaki, au Népal (4,3 km de profondeur), et la gorge du Saut du Tigre, en Chine (3,6 km).

Les plus grands canyons des Amériques se situent dans les Andes péruviennes (Colca, 3,6 km de profondeur), au Mexique (Copper Canyon, 1,7 km) et, bien entendu, en Arizona (États-Unis), le Grand Canyon. Ce dernier fait partie du plus long système de canyons du monde : visible de l'espace, cette cicatrice de 1 600 km de long est née il y a 5 millions d'années quand le fleuve Colorado a érodé le grès.

Aujourd'hui, le Colorado est dompté par le barrage Hoover, mais son canyon témoigne de la puissance érosive des cours d'eau. Avec 355 km de longueur, plus de 1,6 km de profondeur et une largeur pouvant atteindre les 27 km, le Grand Canyon ne cesse d'attirer des foules émerveillées.

DRAME DANS LA RIVIÈRE

Les rivières qui descendent des montagnes ralentissent peu à peu leur cours, se réchauffent et abritent davantage de formes de vie. Dans le sud de l'Inde, la Cauvery se charge de nutriments en descendant des Ghâts occidentales. L'eau regorge de davantage de poissons, dont des mahseers de 45 kg très prisés des pêcheurs. C'est aussi la nourriture de prédilection du crocodile des marais – 4 m de long ou plus – que l'on peut voir se prélasser sur les bancs de sable. À l'aube, de grandes éclaboussures révèlent des drames cachés quand les mahseers tentent d'échapper aux mâchoires des monstres. Dans ces eaux très riches vivent des colonies de loutres d'Asie pouvant compter 17 individus. En saison sèche, avant l'arrivée de la mousson, quand le niveau de l'eau est au plus bas et que les rochers partagent la rivière en îles et en chenaux innombrables, il est possible de voir les loutres chasser, passant d'un plan d'eau à un autre. Elles quittent les rives avant l'aube pour patrouiller sur leur territoire large de 10 km. Leur nombre fait leur force quand il s'agit de pêcher : il leur est ainsi plus facile de regrouper les poissons. Les jeunes apprennent à chasser dès l'âge de quatre mois, mais seuls les adultes ont la rapidité et l'agilité nécessaires pour capturer leurs proies. Les loutres d'Asie peuvent rester trois minutes sous l'eau ; en une journée, les poissons qu'elles mangent représentent en moyenne un huitième de leur poids corporel.

Les loutres partagent l'espace des rivières avec les puissants crocodiles des marais, mais là encore, c'est leur nombre qui leur donne l'avantage. On entend parfois des cris et des sifflements et il semble qu'un crocodile a attaqué des loutres. En y regardant de plus près, on

CI-DESSOUS *Loutres d'Asie – les plus sociables de toutes – jouant dans la Cauvery.*

EN BAS *Le crocodile des marais peut dépasser les 4 m de long. Il mange surtout du poisson, mais s'en prend parfois aux loutres ou aux autres mammifères qui s'approchent trop de lui.*

constate que ce sont les loutres les agresseurs – elles se mettent à plusieurs pour chasser les crocodiles des bancs de sable. Les crocodiles sont des animaux à sang froid ; les 22 espèces vivent habituellement dans les rivières et les estuaires tropicaux et subtropicaux de basse altitude. D'importants groupes de crocodiles du Nil occupent les cours d'eau du Serengeti, en Afrique orientale. Ces rivières sont des obstacles dangereux, mais aussi des réserves d'eau capitales pour les troupeaux en quête de terres plus verdoyantes. Une fois par an, 2 millions de gnous traversent la plaine : les crocodiles savent qu'ils arrivent et se rassemblent pour le grand festin.

Les gnous assoiffés marchent paresseusement sur la rive du Grumeti, mais les crocodiles glissent en silence dans les eaux boueuses. Capables de chasser par mauvaise visibilité, ils font preuve de la plus grande discrétion et captent les vibrations des gnous occupés à boire. Ils s'aplatissent au point de rester cachés dans 30 cm d'eau et avancent lentement jusqu'à ce que leur museau touche pratiquement les gnous.

L'attente peut durer des heures. Soudain, le crocodile bondit. C'est la panique parmi les gnous qui se bousculent et se montent dessus. Seul un ralenti filmé pourrait rendre compte de la frontière ténue entre la vie et la mort. Le crocodile ne lâche plus jamais sa proie une fois qu'il l'a attrapée. Un combat terrible peut opposer pendant une heure un gnou mâle et un crocodile, mais celui-ci parviendra finalement à entraîner sa victime dans des eaux plus profondes et à la noyer.

CI-DESSOUS *Un crocodile du Nil frappe à une vitesse étonnante. En temps normal il se nourrit de poissons (70 % de son régime alimentaire), mais la migration annuelle des gnous et des zèbres lui donne l'occasion de faire un véritable festin.*

DES LACS GÉANTS

CI-DESSUS *Le lac Baïkal pris par les glaces, est de la Sibérie, Russie. Il contient un cinquième de la quantité globale d'eau douce des rivières et des lacs de la planète.*

La plupart des cours d'eau se jettent dans la mer, mais le Grumeti suit un cours inverse : il va en effet de la côte orientale de l'Afrique vers le deuxième plus grand lac d'eau de source du monde, le lac Victoria. Les lacs contiennent la majeure partie de l'eau douce présente sur Terre – au moins 20 fois plus que les rivières. Vus de l'espace, ils se présentent sous la forme de grandes taches bleu argenté que l'on ne peut confondre avec des mers. Certains sont si vastes et si profonds qu'ils possèdent leur propre système climatique. D'autres abritent des communautés quasi marines de phoques, méduses et éponges. On trouve dans chacun des espèces qui ne vivent nulle part ailleurs.

Le plus grand lac du monde est la mer Caspienne, au sud de l'ex-URSS, avec 370 000 km^2. Ses eaux salines lui donnent les caractéristiques d'un environnement marin. Le plus grand lac d'eau douce du monde est le lac Supérieur : c'est l'un des Grands Lacs d'Amérique du Nord, la plus grande masse d'eau douce continue sur Terre puisque sa superficie est pratiquement celle de la moitié de la France. Le lac le plus impressionnant est cependant le lac Baïkal, à l'est de la Sibérie : cette énorme dépression de 1,6 km de profondeur recèle un cinquième de l'eau douce du monde.

Depuis des siècles, les lacs les plus profonds enflamment l'imagination et suscitent des récits de créatures préhistoriques vivant toujours dans leurs profondeurs. Ils sont cependant peu à dépasser les 500 m – en Écosse, le Loch Ness, célèbre pour son « monstre », en

CI-DESSUS *Trois des plus grands lacs d'eau douce d'Afrique vus de l'espace. Tous situés dans la grande vallée du Rift, ils ressemblent à des mers intérieures. Du bas à droite vers le haut, les lacs Malawi, Tanganyika et Victoria.*

a tout juste 230 –, et seul le lac Baïkal admet une vie au-delà du seuil des 200 m. En revanche, en Amérique centrale, on peut vraiment parler des monstres du lac de Nicaragua (Cocibolca), en Amérique centrale. Le redoutable requin-taureau peut dépasser les 3 m de long. Sa population est telle qu'une pêcherie industrielle fut en activité jusque dans les années 1970, non sans l'avoir décimée. On sait maintenant que les requins-taureaux circulent dans le rio San Juan qui se jette dans la mer des Caraïbes. C'est l'une des rares espèces de requin à pouvoir tolérer les variations du taux de salinité entre l'eau douce et l'eau de mer.

PETITS CICHLIDÉS ET GRANDS ESSAIMS

En Afrique orientale, la grande vallée du Rift s'étire de la mer Rouge à la Tanzanie. Dans cette immense faille de la croûte terrestre se trouvent quelques-uns des lacs les plus grands, les plus profonds et les plus remarquables. Le lac Victoria couvre 70 000 km², mais il est relativement peu profond et marécageux. Les scientifiques ont tout de même identifié 350 espèces de poissons appartenant presque tous à la famille des cichlidés. Le Tanganyika et le Malawi sont plus petits que le Victoria – 33 000 km² et 30 000 km² respectivement –, mais la diversité y est plus grande. Au pied d'un prodigieux paysage de montagnes, ces eaux tropicales sont pour le plongeur aussi passionnantes que les récifs coralliens : les hauts-fonds translucides et rocheux abritent des bancs de cichlidés aux couleurs chatoyantes. Bien qu'étant le plus petit des trois lacs, c'est le Malawi le plus riche en poissons, avec 850 espèces de cichlidés. Certains se nourrissent d'algues, d'autres de sédiments, d'autres encore de frai.

À l'approche d'un prédateur, la plupart des cichlidés mettent leurs petits à l'abri dans leur gueule, et ce jusqu'à ce qu'ils soient trop grands pour y entrer. La nuit, les cichlidés doivent redouter les mormyres : les variations des champs électriques entourant leur corps permettent à ces derniers de détecter les autres poissons.

Loin des rivages, le fond abyssal du lac est privé de lumière, de chaleur et d'oxygène. Malawi et Tanganyika ont une thermocline – à 200 m, une barrière sépare de façon permanente les eaux chaudes d'en haut des eaux froides d'en bas ; elle interdit le brassage de l'oxygène et des nutriments pour créer une zone morte tout au fond. Quatre-vingt-dix pour cent des eaux du Tanganyika sont inhabitées ; au Malawi, il y a peu de vie dans une telle zone en dehors des larves du moucheron fantôme. La journée, elles semblent vouloir échapper aux prédateurs en se réfugiant dans les profondeurs pauvres en oxygène. La nuit, elles remontent en surface pour se nourrir de plancton. La saison des pluies voit leur transformation. À l'aube, les premiers adultes apparaissent en surface et bientôt des millions de moucherons fantômes prennent leur envol – des tornades orange d'insectes en plein accouplement s'élèvent dans les airs, parfois si denses que des pêcheurs auraient, dit-on, péri asphyxiés. Ce spectacle étonnant ne dure que quelques heures. L'accouplement terminé, les mouches redescendent vers l'eau, pondent et meurent. L'après-midi, il ne reste plus des nuées orange que des millions de cadavres que les cichlidés vont s'empresser de manger.

CI-DESSOUS *Jeunes cichlidés se réfugiant dans la gueule béante de leurs parents. Toutes les espèces de cichlidés agissent ainsi à l'exception d'une seule vivant dans le lac Malawi.*

EN BAS *Quelques-uns des 850 cichlidés du lac Malawi. Ils sont issus d'un ancêtre unique.*

Le plus vieux lac du monde

Le lac Baïkal, ce qui signifie « mer sacrée », contient un cinquième de l'eau douce mondiale. Avec ses 25 ou 30 millions d'années, c'est le plus vieux lac du monde. Comme le Tanganyika, le Baïkal doit ses origines aux mouvements des plaques tectoniques qui constituent la croûte terrestre. Il occupe une tranchée longue de 650 km et profonde de près de 2 km.

La vie dans l'est de la Sibérie est rude. En hiver, la température moyenne est de – 20 °C, et le lac est bloqué pendant cinq mois par une couche de glace de 1,2 m d'épaisseur, assez solide pour accepter les véhicules de 2 t qui se rendent d'une rive à l'autre. Mais en dessous, un fabuleux paysage s'offre aux regards. La vie abonde parmi d'étranges sculptures de glace transparente. L'isolement de ce vieux lac a encouragé l'évolution : on y trouve en effet 1 200 espèces animales et 1 000 espèces végétales, dont 80 % n'existent dans aucun autre environnement lacustre.

Beaucoup ressemblent à des créatures marines : c'est le cas des éponges qui tapissent les hauts-fonds. Il y a 147 espèces d'escargots et 255 d'amphipodes – sortes de crevettes de la taille d'une souris.

Le Baïkal détient 40 % des amphipodes mondiaux. Leur rôle de charognard est remarquable, car ils agissent dans des eaux sombres et froides où les bactéries ne peuvent assurer la décomposition.

On trouve ici l'unique phoque d'eau douce, le nerpa. Venu de l'océan Arctique il y a 22 millions d'années, il aurait suivi des rivières aujourd'hui disparues pour se retrouver dans le lac.

Environ 50 000 nerpas vivent ici. Plus petits que les phoques, ils mesurent 1,3 m de long environ. Les femelles mettent bas en hiver dans des tanières de glace. Pour respirer, ils percent des trous qu'ils entretiennent en usant les bords à l'aide de leurs griffes acérées. Au printemps, la glace commence à fondre et les tanières apparaissent, rendant les petits plus

vulnérables aux ours ou même aux corbeaux. Un nerpa adulte peut plonger à 300 m et rester sous l'eau pendant plus de 70 minutes. Son régime alimentaire se compose majoritairement de golomyanka, une espèce de poisson qu'on ne trouve qu'ici. Le golomyanka est constitué d'huile à 35 %. Il descend jusqu'à 1 400 m et supporte une formidable pression, mais fond littéralement quand on le sort de l'eau.

Les bathyscaphes ont fait d'étonnantes découvertes. L'eau est brassée en permanence et l'oxygène toujours abondant, de sorte que des animaux peuvent vivre quelle que soit la profondeur. À 400 m, les scientifiques ont eu la surprise de trouver des cheminées hydrothermales qu'on ne croyait exister que dans les océans. Ces zones surchauffées regroupent des communautés d'éponges, de tapis bactériens, d'escargots, de poissons et de crevettes transparentes. À plus d'un kilomètre de profondeur, sur la plaine abyssale du lac – elle-même posée sur une couche sédimentaire de 7 km d'épaisseur –, ils ont vu un plathelminthe géant pouvant atteindre les 40 cm de long et se nourrissant de poissons – une des 80 espèces de plathelminthes vivant dans le Baïkal.

DE GAUCHE À DROITE *Des forêts d'éponge couvrent les hauts-fonds du lac Baïkal. Ces animaux à croissance lente filtrent le plancton.*

Un amphipode. Ces petits crustacés mangent les détritus.

Le nerpa du lac Baïkal est le seul phoque d'eau douce. Il peut chercher du poisson à 300 m de profondeur.

Sculptures de glace sous-marines. Rares sont ceux qui peuvent les admirer, car il est impossible de rester plus de 45 minutes dans l'eau froide.

Pendant cinq mois, le Baïkal est recouvert d'une couche de glace de plus d'un mètre d'épaisseur.

FLEUVES GÉANTS

CI-DESSUS *Les boutous sont des dauphins d'eau douce roses très sociables. Dans les eaux troubles de l'Amazone, ils communiquent grâce à un vocabulaire composé de clics et de sifflements. Ils recourent aussi à l'écholocation pour trouver leur chemin et attraper des proies.*

EN HAUT *Un boutou mâle présente une boule de boue. Ce comportement entrerait dans le cadre de sa parade nuptiale.*

CI-CONTRE *Le plus grand fleuve de la Terre, l'Amazone. Ses eaux abondent en poissons. Seul un tiers des 177 grands cours d'eau du monde peuvent s'écouler sans encombre (sans franchir de barrage, par exemple) et l'Amazone est l'un des 21 fleuves à rejoindre librement la mer.*

La plupart des grandes rivières ne débouchent pas sur un lac mais parcourent de grandes distances jusqu'à la mer. Vus de l'espace, on dirait de longs rubans d'argent qui serpentent à travers les continents. Les dix plus grands, en fonction de leur débit, sont les suivants : l'Amazone arrive en premier avec une quantité d'eau quatre fois supérieure à celle de son challenger, le Congo. En troisième place vient l'Orénoque, suivi du Yangzi, du Parana, du Brahmapoutre, du fleuve Jaune, de l'Ienisseï, du Gange et du Mississippi. En Afrique, le Nil est le plus long fleuve du monde : ses principaux tributaires, le Nil Bleu et le Nil Blanc, prennent respectivement leur source en Éthiopie et dans le lac Victoria. Après 6 695 km, il se jette dans la Méditerranée.

D'autres fleuves géants naissent dans l'Himalaya. Le Gange et le Brahmapoutre traversent l'Inde avant de se réunir pour former le Padma : c'est alors le troisième fleuve du monde par son débit et le premier par la quantité de sédiments qu'il charrie. Il se jette dans le golfe du Bengale en formant un delta géant. Né au Tibet, le fleuve Jaune parcourt le nord de la Chine ; il vient derrière le Padma pour ce qui est des sédiments. Plus au sud, on trouve le Yangzi, le plus long fleuve d'Asie avec 5 150 km ; c'est aussi, probablement, le plus profond du monde quand il traverse la région des Trois Gorges.

LA REINE AMAZONE

Dans les Amériques, le Mississippi et ses affluents arrosent la quasi-totalité des États-Unis, mais l'Amazone est de loin la reine des deux continents. Elle véhicule près d'un cinquième de l'ensemble de l'eau douce mondiale – l'équivalent des dix grands fleuves suivants – et son bassin fluvial est plus large que tout autre, puisqu'il arrose un tiers de l'Amérique du Sud. Chaque année, elle charrie vers la mer un milliard de tonnes de sédiments qui, vus de l'espace, forment sur la mer une tache brune longue de plusieurs centaines de kilomètres.

Né dans les Andes péruviennes, son cours principal se dirige vers l'est pour traverser le Brésil. Par endroits, ce fleuve gigantesque peut atteindre les 40 km de largeur en période de crue. Même à 3 700 km à l'intérieur des terres, les navires de haute mer peuvent y naviguer. Enfin, à plus de 6 450 km de sa source, le deuxième plus long fleuve du monde se jette dans l'océan Atlantique.

Les eaux de l'Amazone sont d'une richesse prodigieuse. À ce jour, on y a identifié plus de 3 000 espèces de poissons – plus que dans tout l'Atlantique – et les scientifiques pensent que le nombre pourrait dépasser les 5 000. Dans les profondeurs sont tapies des créatures qui communiquent par le biais de l'électricité. En altérant les propriétés du champ électrique environnant, ils se « parlent » dans l'obscurité. L'anguille électrique peut émettre des décharges de 600 volts, assez pour plonger un humain dans l'inconscience. Des poissons monstrueux tels que le pirarucu (ou arapaima) – le plus long d'Amérique du Sud avec 2,5 m – vivent également dans les ténèbres. Parmi les autres grands prédateurs, on trouve le dauphin d'eau douce, la loutre et la tortue, ainsi que le grand anaconda, qui peut dépasser les 6 m de long.

Le dauphin rose d'eau douce – appelé boutou – peut peser jusqu'à 100 kg et dépasser les 2,5 m de long. Très sociable, il vit au sein de groupes pouvant compter 20 individus. Les mâles se battent pour conquérir les femelles en période de reproduction et leurs morsures sont assez profondes, mais ils se donnent aussi en spectacle devant les femelles attentives : ils bondissent

en effet hors de l'eau en tenant des rochers entre leurs mâchoires, peut-être pour démontrer leur force et leur dextérité. L'Amazone offre une nourriture abondante aux boutous. Des poissons migrateurs traversent leur territoire, dont des bancs entiers d'une espèce de silure. Sa migration est certainement la plus longue que puisse effectuer un poisson d'eau douce – du delta de l'Amazone aux contreforts andins, probablement pour y frayer –, soit plus de 4 800 km. Pendant le *piracema* (période de reproduction entre octobre et mars), l'eau bouillonne littéralement de poissons si serrés les uns contre les autres que certains étouffent par manque d'oxygène. Les boutous suivent les bancs et les poussent vers des eaux moins profondes où leur capture est facilitée.

L'Amazone abrite également le tucuxi, marsouin que les gens du cru appellent « dauphin d'eau douce ». Le boutou et le tucuxi sont les seuls cétacés d'eau douce qui ne soient pas en péril. Les quatre autres espèces, présentes dans les plus grands fleuves du monde, vivent dans des eaux boueuses – leur vision est mauvaise sinon nulle, et seul un sonar très développé leur permet de chasser. Les deux espèces du sous-continent indien sont le dauphin du Gange – des contreforts de l'Himalaya au delta du Gange-Brahmapoutre – et le dauphin de l'Indus – Pakistan et Inde. Le dauphin du Yangzi, ou baiji, est le plus menacé de tous. La construction du barrage des Trois Gorges et la pollution accrue, ainsi que la pêche et le trafic fluvial rendent imminente son extinction – il n'en reste plus aujourd'hui que quelques représentants.

Des obstacles peuvent encore se dresser avant qu'un fleuve arrive à la mer. Sur le cours inférieur de l'Iguaçu, à la frontière du Brésil et de l'Argentine, les eaux ont quitté la roche dure pour une couche plus tendre et érodé une immense chute d'eau de 2,5 km de largeur. On entend le rugissement des chutes d'Iguaçu (ce qui signifie « la grande eau ») à plus de 15 km. L'hélicoptère offre le meilleur point de vue pour les admirer.

CI-CONTRE *Les chutes de Sardanelos sur l'Aripuana, Brésil. Les martinets à tête grise tirent profit de ces chutes d'eau gigantesques. Véritables acrobates, ils passent derrière la cascade et construisent leur nid sur le rocher, à l'abri des prédateurs.*

UN POISSON GÉANT

Une controverse divise les pêcheurs depuis des siècles : quel poisson d'eau douce détient le record de taille toutes catégories ? Il est difficile de répondre à cette question, d'autant plus qu'il est impossible de vérifier les témoignages.

L'esturgeon blanc d'Amérique du Nord peut atteindre les 816 kg, mais son cousin européen, le béluga, est arrivé jusqu'à 2 070 kg. En Russie, un poisson-chat mesurerait 4,5 m de long. Parmi les concurrents au titre chinois, on trouve le poisson-pagaie, qui vit dans le Yangzi. Son museau allongé est recouvert d'électrocapteurs ; il atteindrait les 7 m, mais il n'y a aucune certitude en ce domaine. Les raies pastenagues du Mékong sont également en lice avec leurs 500 kg et leurs 4,2 m de long. Le plus long poisson du monde avéré est toutefois le silure géant du Mékong, une race en voie de disparition. Celui représenté ici mesure près de 7 m de long et pèse 293 kg.

BOUE ET MARAIS

Les fleuves finissent par s'élargir et traverser des plaines alluviales avant de déborder pour créer des terres marécageuses. Elles couvrent 6 % de la surface terrestre et se présentent sous la forme de marais et de marécages. Les territoires détrempés les plus célèbres sont les Everglades en Floride, l'Okavango au Botswana, Kakadu au nord de l'Australie et l'Amazone au Brésil. Sanctuaires de la vie sauvage, les terres marécageuses sont aussi les reines du paysage puisqu'elles filtrent les polluants et régénèrent le système. L'agriculture et le développement urbain continuent cependant à assécher les zones restantes. Au sud-ouest du Brésil, pendant chaque saison humide, le Parana change du tout au tout. Nourri par les précipitations, il gonfle et déborde pour inon-

der quelque 130 000 km² de terres, ce qui donne naissance aux plus grandes terres marécageuses du monde appelées Pantanal (« marais » en portugais). Pendant six mois, les prairies asséchées et les forêts se changent en un univers éphémère d'étangs et de chenaux.

Le Pantanal accueille de nombreuses formes de vie animale et végétale. Ses eaux lentes et riches en nutriments permettent le développement de plantes aquatiques comme la jacinthe d'eau et le nénuphar Victoria. L'environnement est idéal pour la pêche. Plus de 300 espèces se reproduisent ici, dont la raie d'eau douce réticulée et le piranha. L'anaconda jaune et le caïman à lunettes (3 m de long) s'y plaisent également. On se croirait dans un aquarium tropical géant. Dans le courant dérivent lentement plantes aquatiques et bancs de poissons exotiques.

CI-DESSUS *Les plus grandes terres marécageuses du monde, le Pantanal, au sud du Brésil. Le Parana déborde et inonde une région grande comme l'Angleterre.*

CI-CONTRE *Piranhas rouges nageant dans les chenaux du fleuve. Par bancs entiers, ces prédateurs s'attaquent à leurs proies.*

CI-DESSOUS *Un « tigre d'eau douce » – le plus grand poisson prédateur de la région – sous un banc de piraputangas. Le Pantanal abrite plus de 300 espèces de poissons et ressemble à un grand aquarium tropical.*

Au bord de l'eau, les figuiers procurent leur nourriture aux bancs de poissons affamés. La quête des fruits tombés est intense et, pendant des heures, le pacu et le piraputanga parcourent les chenaux en tout sens pour en trouver. Ils en sont si gourmands qu'ils attendent que les singes capucins les fassent tomber des arbres. Le va-et-vient du pacu et du piraputanga attire un poisson de la famille des doradidés, le plus gros prédateur du Pantanal, surnommé « tigre d'eau douce » à cause de ses dents acérées et de ses puissantes mâchoires. Les piranhas rouges s'emparent des traînards : ils sortent en masse de la végétation épaisse et peuvent réduire un poisson à l'état de squelette en quelques minutes.

CI-DESSUS, À DROITE *Un caïman à lunettes dans son élément. Pendant la saison sèche, il parcourt de longues distances pour trouver les derniers plans d'eau.*

CI-CONTRE *Un anaconda jaune – un des 10 plus grands prédateurs du Pantanal. Il peut même se nourrir de caïmans.*

Les pluies cessent vers avril et le Pantanal commence à s'assécher, concentrant ainsi les poissons dans une série d'étangs. Ce « garde-manger » fournit les innombrables oiseaux aquatiques en pleine reproduction (plus de 650 espèces). Le plus gros oiseau est une grue, le jabiru (1,5 m de haut). Hérons, tantales d'Amérique et spatules rosées forment des colonies susceptibles de regrouper 10 000 individus. La multitude de poussins est soumise aux attaques permanentes d'oiseaux prédateurs comme le caracara et l'urubu à tête rouge ; un petit tombé du nid n'échappera pas aux mâchoires du caïman à lunettes aux aguets.

La chaleur s'intensifie. Les poissons tentent désespérément de quitter les étangs asséchés pour des chenaux plus profonds, tandis que les caïmans partent en file indienne à la recherche d'eau douce. Puis les pluies éclatent à nouveau, les œufs de poissons enterrés dans le sol éclosent et les plus riches terres marécageuses du monde reviennent à la vie.

DERNIER ACTE

Sur les plaines côtières, la pente est si peu marquée que les fleuves commencent à déposer leurs sédiments. Toujours plus hautes, les rives de boue divisent les cours d'eau en nombreux chenaux et des deltas apparaissent quand les sédiments se déposent dans la mer. Les plus grands deltas naissent, on s'en doute, des plus grands fleuves. Ils peuvent adopter différentes formes – patte d'oie du Mississippi ou éventail du Nil, par exemple. L'Amazone ressemble plus à un estuaire, mais son vaste delta est sous-marin et l'eau douce s'écoule en mer sur plus de 160 km.

Ils charrient chaque année plus d'un milliard de tonnes de sédiments arrachés à l'Himalaya et le delta qui en résulte couvre 75 000 km² à l'ouest du Bengale et au Bengladesh. Sur la frange littorale, chenaux et bancs de boue ont été colonisés par une mangrove, la plus vaste du monde – le Sundarban (« belle forêt »), visible depuis l'espace.

La partie pacifique de l'Inde occidentale possède les plus grandes mangroves, mais celles-ci s'installent aussi sur des côtes protégées où s'accumule la boue des fleuves. On y trouve plus de 70 espèces végétales, de l'arbuste nain à l'arbre de plus de 25 m de haut. Elles survivent aux marées mais ont aussi besoin d'eau douce et, pour leurs échanges gazeux, sont nombreuses à se doter de racines aériennes. À marée haute, le réseau immergé de racines procure un abri propice au développement des alevins. Quand la mer se retire, d'autres créatures prennent possession de la boue comme les périophtalmes (poissons amphibies), les crabes violonistes et les macaques crabiers.

Les fleuves n'édifient pas tous des deltas. Aux embouchures où la montée de la mer a envahi la vallée, la zone semi-circulaire porte le nom d'estuaire. Les laisses infinies des estuaires peuvent ressembler à des terres marécageuses, mais elles font partie des environnements les plus productifs du globe. La boue apportée par les fleuves est riche en nutriments : des armées de minuscules créatures, de la bactérie aux nématodes en passant par les protozoaires, dissocient la matière organique. Des animaux de plus grosse taille – polychaètes, palourdes et couteaux – vivent dans des trous ou des tubes permanents. Ils viennent nourrir de nombreux prédateurs. Les estuaires ont une importance vitale pour les anchois et les mulets, par exemple. La marée basse voit venir des oiseaux comme l'huîtrier, la barge, le pluvier, le bécasseau et le chevalier solitaire : la forme de leur bec leur permet d'ouvrir les coquillages et les autres habitants de la boue.

Dans les estuaires tempérés et subarctiques, les marais salants remplacent les mangroves. Il en existait jadis tout au long de la côte américaine de l'Atlantique nord, mais on ne voit aujourd'hui que quelques poches. Bien que limitées par le développement de Washington et de New York, les salines de la baie de Chesapeake et de l'estuaire de la Delaware constituent toujours une étape vitale pour les 40 000 oies des neiges qui se reposent chaque automne avant de poursuivre vers le sud.

Les fleuves s'arrêtent là. Ils ont érodé les montagnes et en ont transféré une partie dans la mer. Tout au long du chemin, l'eau douce a apporté la vie. Les grands fleuves offrent aussi eau potable, nourriture, irrigation, transport et maintenant énergie à la population mondiale – au grand détriment de la faune et de la flore. Certains prévisionnistes soutiennent que les prochains conflits mondiaux ne seront pas provoqués par la crise du pétrole mais par celle de l'eau douce, la ressource la plus précieuse au monde.

CI-DESSUS *Un macaque indonésien fouille les eaux boueuses de la mangrove. Comme ses congénères, il a appris à nager sous l'eau pour trouver la nourriture engloutie.*

CI-CONTRE *Un vol de 10 000 oies des neiges. Elles font étape dans les salines américaines, afin de reprendre des forces et de poursuivre leur longue migration vers le sud.*

PAGES SUIVANTES *Vu de l'espace, le plus grand delta du monde, celui du Gange et du Brahmapoutre. Il s'étend sur l'est du Bengale et le Bengladesh. Tous les ans, plus d'un milliard de tonnes de sédiments arrachés à l'Himalaya sont précipités dans l'océan.*

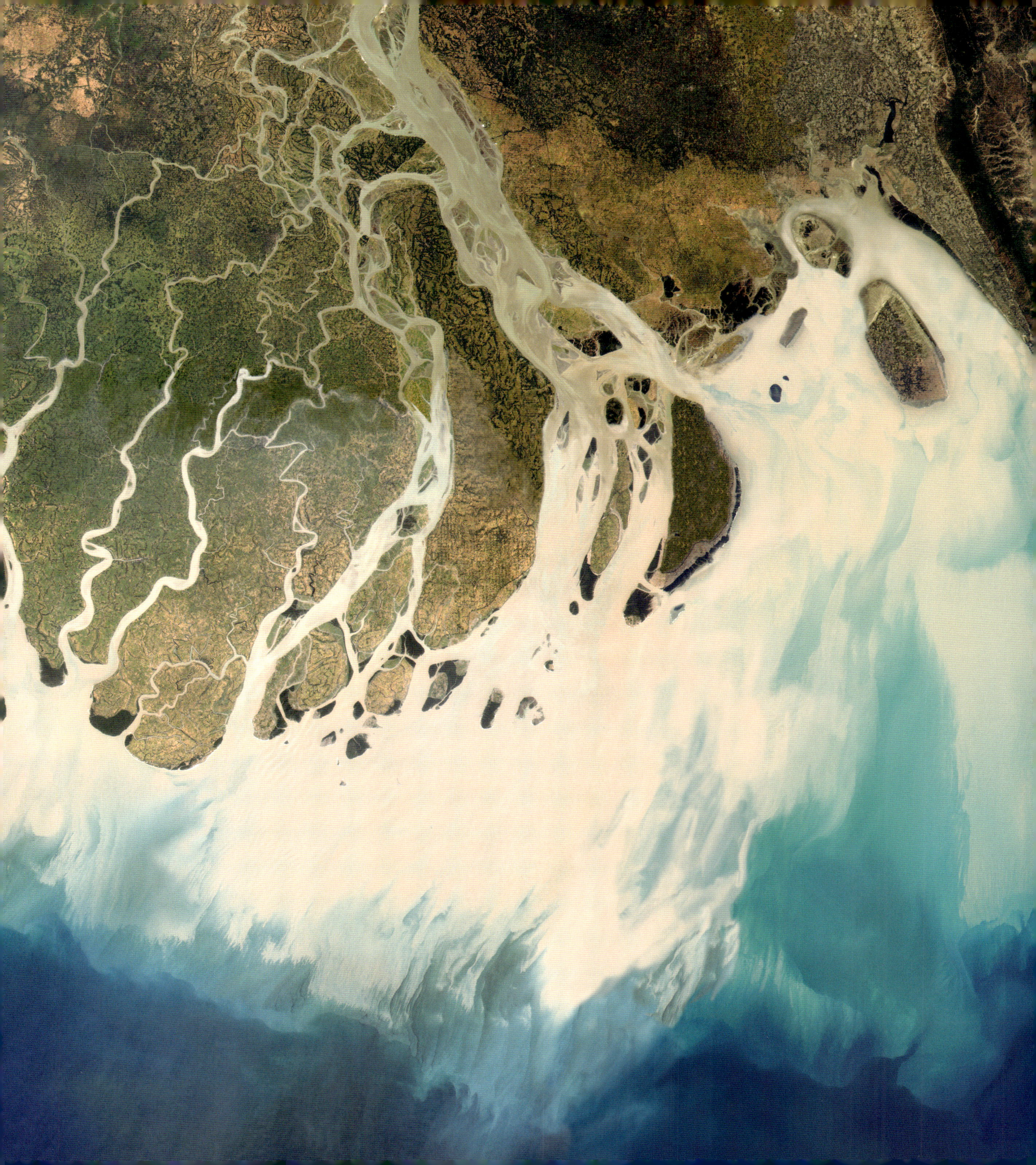

9

forêts pluviales

Douze heures quotidiennes de grand soleil tout au long de l'année et des averses régulières offrent aux régions tropicales des conditions de croissance optimales. Aucun autre habitat ne peut rivaliser avec la richesse des forêts pluviales et la complexité de la vie qui y règne.

« Seule la réalité peut donner une idée du merveilleux et de la magnificence de ce décor », écrivit Darwin dans son journal après avoir visité pour la première fois une forêt pluviale tropicale. C'était en 1832, et il venait d'arriver au Brésil sur le *HMS Beagle*. Environ 25 ans plus tard, Alfred Russel Wallace fut le premier Européen à explorer une forêt pluviale du Sud-Est asiatique. Comme Darwin, il fut stupéfait par la complexité et la diversité de la vie. La lutte pour la survie dont les deux hommes avaient été témoins prouvait le bien-fondé de cette théorie de l'évolution qu'ils élaboraient chacun de leur côté.

Le spectacle est peut-être moins déroutant pour le profane. On est certes impressionné par la profusion de la végétation, mais les animaux sont peu nombreux. On peut entendre dans la canopée les mouvements précipités d'un singe ou le lent battement d'ailes d'un calao. Si la chance vous sourit, vous entreverrez peut-être un oiseau-mouche. Le chant des cigales retentit jour et nuit, mais on ne peut pas les voir. Les forêts pluviales ne partagent pas leurs secrets, ce qui les rend d'autant plus fascinantes.

Les forêts pluviales des tropiques abritent la plus grande diversité de vie de tous les habitats terrestres. On a pu recenser plus de 180 essences d'arbres dans un hectare de forêt malaisienne ; en zone tempérée, on en trouverait dix, tout au plus. À ce jour, on a dénombré 1 500 espèces de papillons au Panama ; il y en a près de deux fois moins aux États-Unis, et en Angleterre, seulement 56. On trouve dans l'Amazone plus de 3 000 espèces de poissons – plus que dans tout l'Atlantique nord, en fait. Les forêts pluviales ne comptent que pour 3 % de la surface terrestre, mais elles recèlent plus de la moitié des animaux et plantes connus ou encore à découvrir.

LA SERRE IDÉALE

Il n'est pas rare d'éprouver un choc physique quand on foule pour la première fois une forêt tropicale – comme si l'humidité vous donnait un coup de poing dans l'estomac. La sueur coule à grosses gouttes sur la peau, le poids de l'air étouffe. On a l'impression que le sol touffu va se refermer sur nos chevilles et les champignons pousser sur nos vêtements détrempés. C'est l'un des habitats les plus exigeants qui soient mais,

CI-DESSUS *Au Costa Rica, un papillon de la famille des Pteronymia se sert de ses ailes transparentes pour se camoufler quand il est au repos.*

CI-CONTRE *La forêt riche en diptérocarpacées de la vallée de Danum, Sabah, Bornéo. Au matin, la brume s'élève des arbres. On entend les cris des gibbons et le bruissement des ailes des calaos qui s'envolent vers la canopée.*

PAGES PRÉCÉDENTES, EN HAUT *Forêt de basse altitude, Panama.*
EN BAS *Un toucan à carène d'Amérique centrale pousse son cri monotone et métallique.*

CI-DESSUS *Il pleut chaque après-midi. Un apport régulier en eau, chaleur et lumière donne vie à la forêt pluviale.*

CI-CONTRE *La forêt pluviale de basse altitude de Barro Colorado, une île du Panama. Les fleurs du jacaranda et le jeune feuillage font des tâches rouges et jaunes.*

pour les plantes dominant cet univers poisseux, les conditions sont idéales. Le fort apport d'énergie solaire et les précipitations permanentes expliquent l'étonnante richesse de la vie végétale dans les forêts pluviales. Comme dans une serre chaude et humide, la végétation pousse plus vite qu'en tout autre lieu de notre planète.

L'énorme quantité de pluie a donné un aspect différent aux forêts. Quiconque s'est retrouvé en pleine jungle sous un orage tropical ne peut qu'être impressionné par sa vigueur. Au début, quelques grosses gouttes tombent en tambourinant sur les feuilles les plus hautes, puis un véritable rugissement se fait entendre et l'eau s'abat depuis la canopée. Ce torrent régulier arrache les nutriments et les minéraux du sol qu'il rend relativement peu fertile. C'est toutefois ce manque de nutriments et leur distribution hasardeuse qui a encouragé la compétition et la diversité dans le monde végétal.

La diversité est également due à la formidable structure tridimensionnelle de la forêt pluviale. Sous la canopée des arbres géants, leurs troncs, mais aussi les troncs et les branches des arbres plus jeunes, proposent une niche appropriée aux plantes grimpantes et aux orchidées, par exemple. Le réseau complexe qui en résulte offre aux animaux repas et refuge.

L'ensoleillement continu est aussi source de diversité. La quantité annuelle à l'équateur n'est pas supérieure à celle des pôles, mais elle est répartie plus équitablement – 12 heures par jour tout au long de l'année. Le Soleil se lève vers 6 heures du matin pour se coucher vers 6 heures du soir. En un instant, les bruits familiers de la vie diurne sont remplacés par une cacophonie de cigales nocturnes et de grenouilles amoureuses. La forêt devient brusquement autrement plus effrayante.

La vie sous les tropiques est assez facile pour la faune et la flore. Elles ne connaissent pas les variations climatiques extrêmes des pôles et, l'absence de changement de saisons ne venant pas perturber leur cycle de vie, les insectes prolifèrent tout particulièrement. Les plantes dont ils se nourrissent jouissent d'une diversité accrue. Elles ont imaginé toutes sortes de moyens de défense, si bien que les insectes ont dû adapter leurs attaques. De même, la lutte entre proies et prédateurs a encouragé la prolifération animale. Avec des réserves de nourriture relativement stables, la plupart des espèces peuvent continuer à se développer et à se spécialiser.

La coopération a elle aussi favorisé la spécialisation des espèces. La canopée est si dense que le vent est trop faible pour assurer la pollinisation des fleurs ou disperser les graines. Les plantes ont donc développé des relations intimes avec les animaux, les incitant à transporter avec eux le nectar pour transmettre le pollen d'une fleur à l'autre ainsi que des fruits pour disperser les graines qui en sont issues. Ces relations bénéfiques aux deux parties sont à la fois communes et complexes dans les forêts pluviales.

Enfin, ce foisonnement de vie doit beaucoup au climat tropical qui, pratiquement partout, n'a pas évolué depuis des millénaires, donnant ainsi à de nombreux écosystèmes le temps de présenter une complexité inédite.

UNE CEINTURE DE FORÊTS PLUVIALES

Comme son nom l'indique, une forêt pluviale tropicale se situe entre les tropiques du Cancer et du Capricorne, partout où les précipitations annuelles dépassent les 2 500 mm. La ceinture équatoriale ainsi formée s'étend du Queensland australien, à l'est, aux vastes forêts pluviales d'Amérique du Sud, à l'ouest. On en a décrit une quarantaine de types, répartis en cinq catégories.

FORÊT TROPICALE DE BASSE ALTITUDE

Constituée d'arbres à feuilles persistantes, la forêt décidue est de loin la plus répandue. On la trouve à 1 000 m d'altitude environ. L'abondance et la diversité caractérisent les arbres, dont ces géants si prisés des bûcherons. La canopée s'élève souvent à plus de 45 m au-dessus du sol ; parfois elle émerge à quelque 60 m. C'est la jungle classique du mythe de Tarzan, où un air constamment humide favorise les lianes et les plantes grimpantes, ainsi qu'un tapis d'épiphytes au niveau de la canopée. Elle représente deux tiers des forêts tropicales et inclut les vastes bassins de l'Amazone et du Zaïre. On la trouve aussi en Amérique centrale, en Afrique occidentale et dans plusieurs régions d'Asie, même si l'exploitation forestière l'a depuis longtemps fractionnée.

FORÊT CADUCIFOLIÉE

Il suffit de s'éloigner de l'équateur de quelques degrés supplémentaires pour que le climat se fasse plus saisonnier. Les périodes de fortes précipitations succèdent à de longues périodes de sécheresse. Jusqu'à un tiers des arbres perdent leurs feuilles chaque année et, dans les « forêts de mousson » d'Asie, les arbres les renouvellent au début de la saison de la mousson. On trouve peu de plantes grimpantes et d'épiphytes : leur besoin d'humidité ne leur permet pas de survivre à la sécheresse. L'Indonésie possède encore de vastes forêts tropicales d'arbres à feuilles caduques, alors que le commerce du bois et l'extension des zones cultivables les ont considérablement réduites en Afrique, Asie et Amérique du Sud.

FORÊT INONDABLE

Nombre de grands fleuves tropicaux voient leur débit augmenter à certaines périodes de l'année, au point d'inonder de vastes zones de forêts de basse altitude : on parle alors de forêts marécageuses ou de forêts inondables. Les arbres sont de plus petite taille que dans les forêts sèches de basse altitude et la diversité des espèces est moindre. À l'exception de bandes suivant le cours de la Sépik et de la Fly River en Papouasie-Nouvelle-Guinée, la majeure partie des forêts inondables du Sud-Est asiatique a été détruite. Il en demeure toutefois dans de grandes régions d'Amérique du Sud. On en distingue deux types. On trouve la forêt de varzea dans les plaines inondables de fleuves à eaux blanches comme l'Amazone : les sédiments arrachés aux Andes sont retenus par les grosses racines des arbres pour former un sol très riche. La forêt d'igapó occupe les plaines inondables des fleuves à eaux noires, Rio Negro par exemple. Ces cours d'eau ne charrient pas de sédiments, et aucun sol ne se forme. Toutefois, pendant la saison sèche et la décrue, de superbes rives de sable apparaissent où poussent surtout des palmiers, mais aussi des arbres géants comme le kapokier (également appelé fromager) aux formidables racines.

CI-DESSUS *Au Brésil, une forêt de type varzea inondée par les eaux venues des Andes.*

EN HAUT *Dans la forêt pluviale atlantique du Brésil, l'orchidée Cattleya intermedia offre ses fleurs à la communauté d'insectes résidant dans la canopée. Sa branche leur sert de perchoir et l'orchidée profite de l'humidité de l'air.*

CI-CONTRE *Forêt sèche et décidue, Amérique centrale. Le quipo a perdu ses feuilles pendant la saison sèche. Les nouvelles garderont leur couleur rouge orangé jusqu'à ce qu'elles soient assez dures pour dissuader les herbivores et capables de s'emplir de chloroplastes verts nécessaires à l'alimentation de l'arbre.*

CI-DESSUS *Une dense forêt pluviale couvre le sommet (3 000 m) du volcan Baru, au Panama.*

CI-CONTRE, EN HAUT *La mangrove pousse le long des littoraux et de leurs rivières. Les arbres sont adaptés pour vivre dans une eau souvent salée et boueuse. Des racines aériennes leur permettent de respirer. L'habitat qu'ils créent stabilise et protège de la mer les régions côtières les plus basses.*

PAGE PRÉCÉDENTE *L'Amazone vu de l'espace. Il arrose un tiers de l'Amérique du Sud et contient autant d'eau que l'ensemble des dix autres grands fleuves du monde.*

Quittez l'humidité poisseuse de la forêt de basse altitude, grimpez sur quelques centaines de mètres, et vous pénétrerez dans un monde entièrement différent. La température s'abaisse d'un demi degré tous les 100 m. La canopée n'a plus que 15 à 30 m de haut. Les arbres sont plus petits, leurs feuilles aussi. Des troncs tordus et multiples remplacent les fûts dressés de la forêt de basse altitude. Au-dessus de 2 000 m, les arbres sont à peine plus hauts qu'un homme.

La végétation change au point de rappeler celle des régions plus tempérées. Dans l'Himalaya, par exemple, on trouve de superbes rhododendrons que nous avons réussi à transplanter sous nos climats nordiques plus froids. Les températures basses poussent les brumes vers la forêt, et la condensation rend les feuilles humides en permanence. Les branches sont souvent recouvertes de lichens ruisselants, le sol de la forêt est un tapis de mousses spongieuses et la canopée s'enrichit d'épiphytes – orchidées et broméliacées. On se trouve alors dans une forêt brumeuse, fraîche et humide – bien plus agréable que la touffeur oppressante de la forêt pluviale de basse altitude. En Asie du Sud-Est, les gibbons se balancent aux branches tandis que les calaos géants volent bruyamment dans les vallées encaissées. L'Amérique centrale est le domaine des oiseaux-mouches et du quetzal.

FORÊT À MANGROVE

Un type bien particulier de forêt pluviale pousse le long des rivages tropicaux abrités. Il s'agit de la mangrove que l'on trouve jusqu'à 32° de latitude dans l'hémisphère Nord et plus encore dans l'hémisphère Sud. La mangrove est adaptée à la vie dans un environnement salin marqué par les marées, avec des racines qui ressortent de la boue détrempée pour absorber l'oxygène de l'air. C'est le type de forêt pluviale le moins accueillant. À marée haute, même un canoë a du mal à se frayer un chemin ; à marée basse, on patauge dans la boue.

C'est cependant cette inaccessibilité qui favorise la richesse de la faune et de la flore. C'est dans le Sundarban du delta du Gange qu'on trouve la dernière grande mangrove orientale, où vit toujours une population élevée de tigres. Plus à l'ouest, la mangrove occupe certaines parties de l'Afrique occidentale, le littoral de l'Amérique centrale et les Caraïbes – l'île de la Trinité, par exemple, refuge nocturne pour des centaines d'ibis rouges. Malheureusement, en Asie du Sud-Est, la mangrove a souvent été détruite pour installer des élevages de poissons et de crevettes.

LES GÉANTS

La forêt pluviale est une structure complexe où chaque arbre crée une sorte d'habitat dans lequel et sur lequel vivent des animaux mais aussi d'autres plantes. Les arbres géants (ceux qui dépassent la canopée) peuvent atteindre 60 m de haut et 17 m de circonférence ; plus modestes, les autres ne dépassent pas les 30 m.

Les forêts pluviales sont d'ordinaire constituées d'arbres à feuilles persistantes et leur allure générale est quasiment toujours la même : troncs minces et élancés, canopées pareilles à des parasols. Les racines s'enfoncent peu dans le sol et les arbres ont besoin de contreforts (à gauche), des racines qui ressortent du sol pour venir soutenir le tronc.

Contrairement aux arbres des régions tempérées, ceux des forêts pluviales poussent toute l'année et n'ont donc pas d'anneaux de croissance. Ils peuvent vivre 1 400 ans, mais n'arrivent à maturité qu'à 60. Ils ne produisent fleurs et fruits que tous les 3 à 10 ans, grâce aux animaux pollinisateurs partagés avec d'autres arbres.

L'EXPLORATION VERTICALE

EN BAS, À GAUCHE *Papillon mâle de l'espèce Morpho. Il se sert des taches irisées de ses ailes supérieures pour intimider ses rivaux et s'assurer un territoire dans la pénombre de la forêt. D'un coup d'aile, ses couleurs peuvent passer du bleu au brun.*

EN BAS, À DROITE *Un calao à cimier rouge avale une figue. Les calaos des forêts pluviales du Sud-Est asiatique mangent de grandes quantités de figues dont ils contribuent à disperser les graines.*

CI-CONTRE *Un fouillis de lianes et de jeunes arbres s'élève du sol de la forêt à la recherche de lumière. Les arbres permettent aux lianes de grimper, et leur surface accueille des communautés entières de plantes.*

Les dimensions et l'inaccessibilité des forêts pluviales ont toujours posé problème aux scientifiques et aux réalisateurs de documentaires. Au niveau du sol, les animaux que l'on espère observer disparaissent dans le fouillis végétal, alors que la canopée et ses habitants semblent désespérément hors de portée. La technologie moderne a pourtant tout changé. Des ballons spécialement conçus s'élèvent au-dessus de la voûte. On peut flotter à quelques mètres au-dessus des arbres dont le feuillage verdoyant regorge de vie. Ils forment une plate-forme pour les épiphytes (voir page 240) et les plantes grimpantes qui franchissent les nombreux parasols feuillus afin de bénéficier de l'éclat du Soleil. C'est la centrale énergétique de la forêt. La lumière et la chaleur sont à leur maximum – la température peut atteindre 32 °C –,et c'est là que se produit la majeure partie de la photosynthèse. Les fleurs et les fruits abondent, la canopée grouille d'insectes et le réseau de branches propose des promenades aériennes aux singes et aux écureuils.

En se hissant vers la lumière, les plantes ont tendance à former des couches de feuillage. Chaque niveau reçoit plus de lumière et retient plus d'humidité que celui situé immédiatement en dessous. Le principe est le même que dans les forêts tempérées, mais ce qui rend les forêts tropicales si différentes, c'est le nombre spectaculaire de strates, l'incroyable prolixité des plantes qui y vivent et la grande diversité de l'éclairage. C'est une vaste cathédrale composée d'univers multiples pourvus chacun de son microclimat. Pour l'explorer en profondeur, il convient de se munir de cordes.

L'expérience peut sembler terrifiante mais, avec les nouvelles technologies de l'escalade, il est facile de se déplacer verticalement. Le pire moment est celui où l'on quitte la nacelle ou la branche la plus haute de la canopée : on confie alors sa vie à une mince

CI-CONTRE, À GAUCHE *Une jeune liane s'enroule autour d'un arbre pour mieux monter. D'autres se servent de vrilles pour s'accrocher ou adhérer aux branches. Bien souvent, au moins une moitié des arbres d'une forêt pluviale sert de « marchepied » aux lianes. Cela ne profite en rien aux arbres : leur croissance s'en trouve ralentie et ils risquent même la strangulation.*

CI-CONTRE, EN HAUT À DROITE *Au Panama, la fleur de l'aristoloche imite l'odeur nauséabonde d'une charogne pour que les bousiers et les mouches viennent la polliniser.*

CI-CONTRE, EN BAS *Cet ocelot porte un collier émetteur permettant de suivre ses déplacements dans les diverses strates de la forêt : les lianes lui servent en effet d'échelles et de ponts.*

corde et à quelques pièces de métal. Pourtant, dès que l'on sait ce qu'on fait, on commence à apprécier l'aventure et à remarquer les différentes couches qui passent lentement devant soi. Juste en dessous de la canopée, voici un niveau peuplé d'arbres plus petits ou plus jeunes à différents stades de leur croissance, dans lesquels s'élèvent lianes et épiphytes. Certains parcourent leur cycle vital à mi-hauteur, d'autres au sommet de la forêt. Les arbres les plus petits doivent patienter de nombreuses années pour trouver l'espace et la lumière. À ce stade de leur existence, ils subissent les effets de l'ombre et ne croissent que très lentement, mais il suffit qu'un arbre tombe et laisse la voie à la lumière pour qu'ils jaillissent littéralement.

La vie est très différente une fois qu'on est posé sur le sol de la forêt. Seuls 2 % de la lumière solaire arrive jusque-là ; la température ne dépasse pas 28 °C et le taux d'humidité frise les 90 %. Dans certaines forêts, il fait parfois si sombre que peu de plantes survivent au niveau du sol. Dans d'autres, moins denses au point que des faisceaux de lumière traversent le feuillage, c'est un véritable enchevêtrement de lianes, de pousses et de jeunes arbres. C'est le cas des forêts de mousson asiatiques qui perdent leurs feuilles à la saison sèche, offrant ainsi aux plantes au sol une petite chance de se développer avant le retour de l'obscurité.

LA COURSE À LA LUMIÈRE

Au cours d'un violent orage tropical, un arbre s'abat à terre et crée peut-être la fin d'un millénaire d'interdépendances entre animaux et végétaux. Dans sa chute, il peut entraîner d'autres arbres, formant ainsi une petite clairière et faisant le don de la lumière. Pratiquement du jour au lendemain, l'humidité chute, la température augmente, et même les nutriments du sol se modifient. L'environnement de la forêt a perdu de sa stabilité, mais cette transformation est vitale pour sa régénération et sa diversité.

Sur le sol, des graines attendaient cet instant depuis très longtemps, des années parfois. Typiques des arbres de la forêt primitive de l'Amazone, les plus grosses vivent à l'ombre sur leurs réserves avant de se lancer dans une croissance accélérée dès l'apparition de la lumière. La compétition est intense dans ce nouvel environnement. En quelques jours, les animaux attirés par la clairière apportent d'autres graines avec eux. Elles doivent s'imposer avant que le plafond de végétation se referme. Les jeunes arbres déjà présents réagissent au surcroît de lumière en s'élançant vers la canopée. En moins de dix ans, la jeune jungle n'atteindra pas la même hauteur que la forêt d'origine, mais sa couverture de feuilles lui sera identique.

PLANTES GRIMPANTES

Dans un monde dominé par des arbres de grande taille, voir une autre communauté végétale pénétrer cette communauté fermée semble assez improbable. Certaines plantes réussissent cependant à atteindre le sommet de la canopée et usent pour ce faire de divers stratagèmes. Hérissé d'épines, le rotin passe en force en s'accrochant à la végétation et s'élève jusqu'à 200 m. Les plantes carnivores montent de la même

façon : les extensions en forme de fouet de leurs feuilles enserrent la végétation. Les mêmes feuilles peuvent attirer et digérer des insectes, mais aussi des reptiles et de petits mammifères.

Les lianes s'attachent à l'aide de vrilles issues de leur tige. Elles vivent dans la pénombre et serpentent jusqu'au moment où elles trouvent un point où se fixer. Au contact avec une autre plante, elles s'enroulent et s'accrochent à toute allure. Ainsi, les vrilles d'une calebasse tropicale commencent à s'incurver au bout de 20 secondes ; il ne leur faut que 4 minutes pour enserrer leur support.

Quelques plantes grimpantes assurent leur étreinte par le biais de leurs racines. Elles poussent à l'horizontale et se hérissent de poils pour mieux adhérer à la surface. (C'est le cas du lierre de nos régions, difficile à arracher d'un mur, par exemple.) De telles plantes peuvent perdre leurs racines nourricières enterrées et parvenir jusqu'à la canopée en subsistant grâce à leurs racines latérales.

DES JARDINS AÉRIENS

CI-DESSOUS *Une branche de chêne à 200 m d'altitude, parc national de La Amistad, frontière du Panama et du Costa Rica. Elle est couverte d'épiphytes, orchidées et broméliacées mais aussi mousses et lichens. Les oiseaux-mouches et une multitude d'insectes se nourrissent de ses fleurs ; une autre petite communauté animale habite l'enchevêtrement de feuilles et de tiges.*

Accéder à la lumière sans fabriquer de troncs élancés ou de grosses racines constitue une stratégie très prisée et les arbres des forêts pluviales s'ornent souvent de jardins exotiques où pullulent orchidées, cactées, aroïdées et broméliacées. Ces plantes sont épiphytes et vivent en s'installant très haut sur l'écorce des branches.

De nombreux lichens, mousses et fougères ont évolué dans ce sens. Ce ne sont pas des parasites parce que leurs racines ne pénètrent pas l'écorce pour y trouver leur nourriture ; en revanche, elles absorbent l'humidité de l'air et de leur environnement. Les épiphytes prospèrent avec les conditions humides des forêts brumeuses et forment parfois d'épais tapis le long des plus hautes branches de la canopée. De petites flaques d'eau se forment dans les broméliacées, offrant des refuges d'altitude aux grenouilles. Beaucoup d'épiphytes collaborent avec des fourmis : en Indonésie, *Myrmecodia echinata* développe dans sa partie inférieure des sortes de tubercules habités par des fourmis dont l'activité libère des nutriments aussi utiles aux plantes qu'aux insectes.

Le mode de vie des épiphytes est l'un des mieux adaptés et un quart des espèces végétales des forêts de basse altitude subsistent ainsi. Leur poids peut atteindre plusieurs tonnes dans une seule couronne.

GUERRE DANS LA JUNGLE

Les plantes ne se contentent pas de créer une structure sylvestre dense et haute, elles produisent aussi de grandes quantités de nourriture comestible : les feuilles. Un mètre carré de forêt pluviale de basse altitude peut produire 11 m^2 de feuilles. Les arbres des forêts pluviales ont élaboré d'ingénieuses défenses pour ne pas être dépouillés, mais les feuilles sont trop utiles aux animaux pour qu'ils se laissent faire sans réagir. La guerre dure depuis des millions d'années, les deux parties ont tour à tour gagné et perdu, mais les stratégies élaborées ont toujours été étonnantes.

PROBLÈMES DE DIGESTION

Les plantes ont un atout majeur : leurs feuilles sont constituées de cellulose et, par conséquent, difficiles à digérer. Des animaux tels que les chenilles ont contourné le problème en brisant les parois cellulaires à l'issue d'un long mâchonnement. Mais les gros mangeurs de feuilles trouvent trop pénible cette façon d'accumuler de l'énergie. Ils se sont donc pourvus de bactéries capables de digérer la cellulose et c'est leur flore intestinale qui fait tout le travail, mais elle ne se hâte pas et les feuilles digérées circulent lentement dans les intestins. En conséquence, de nombreux animaux mangeurs de feuilles sont lourds et lents, le singe hurleur d'Amérique du Sud, par exemple. D'autres, les proboscidiens des mangroves et des forêts inondables, se sont pourvus de très gros ventres où fermentent feuilles et graines. Les oiseaux mangeurs de feuilles sont rares : le processus de fermentation les alourdirait et les empêcherait de voler. Certains s'obstinent toutefois à digérer la cellulose, le plus célèbre étant le hoazin d'Amérique du Sud.

CI-DESSUS *Hoazins d'Amérique du Sud – un des rares oiseaux à se nourrir de feuilles. Le jabot de l'hoazin lui sert de chambre de fermentation et des bactéries l'aident à digérer. Cependant, avaler trop de feuilles l'empêche de voler et il lui faut consacrer beaucoup de temps à la digestion. Pour cela, il pose sur une branche son jabot distendu, protégé par un cal placé à l'extrémité du sternum.*

CI-DESSUS, À GAUCHE *Un singe hurleur mange des feuilles. Elles constituent près de la moitié de son régime alimentaire, surtout quand elles sont jeunes et juteuses. Ses intestins riches en bactéries l'aident à briser les parois cellulaires mais, en cas de sécheresse, il perdra du poids et devra se contenter de feuilles mûres, plus difficiles à digérer.*

Il entretient une colonie de bactéries dans son œsophage distendu et son jabot, ce qui rappelle le système de fermentation de l'estomac des vaches. Comme les feuilles mettent deux jours à parcourir ses intestins, le hoazin émet une odeur proche de celle du crottin.

Les fourmis coupeuses de feuilles d'Amérique centrale et du Sud sont pour leur part adeptes de la culture des champignons. Dans leur nid souterrain, elles mâchent les feuilles pour en faire une sorte de pulpe à laquelle elles ajoutent des spores de champignons qu'elles récolteront par la suite.

SOLUTIONS PIQUANTES OU POISSEUSES

Les plantes disposent avec la cellulose d'un formidable moyen de dissuasion, mais cela ne les empêche pas de se pourvoir d'autres armes. Les unes se dotent d'épines et de piquants pour repousser les agresseurs, les autres recourent à l'arme chimique. La gamme de produits toxiques élaborés par les plantes des forêts pluviales est une preuve supplémentaire de leur incroyable richesse. Certaines utilisent des substances qui piègent ou handicapent les mangeurs de feuilles. Il suffit qu'une feuille ou le tronc soit blessé pour que l'arbre à noix du Brésil laisse suinter un liquide collant, le latex (base du caoutchouc). Toxique, il s'oxyde au contact de l'air pour former une glu épaisse qui colle les mandibules des insectes. Mais ceux-ci ripostent parfois en perçant de petits trous autour du morceau de feuille qu'ils mangent ou en sectionnant le conduit par lequel s'écoule le latex.

MANIPULATION CHIMIQUE

Parfois, les moyens employés sont encore plus ingénieux. Certaines plantes reproduisent les hormones juvéniles de leurs attaquants pour stopper leur développement et les contraindre à passer leur vie sous forme de larves incapables de se reproduire. D'autres perturbent les phases de développement de sorte que les insectes se métamorphosent en adultes monstrueux. D'autres encore modifient la fécondité des herbivores en produisant de l'œstrogène. Le comble, ce sont les toxines assez puissantes pour tuer un homme : la strychnine et le cyanure sont en effet répandus chez les plantes des forêts pluviales.

L'ingéniosité déployée par les insectes pour réduire ces armes à néant est tout aussi remarquable. Ils se sont dotés de toute une panoplie d'enzymes capables de détruire les poisons ; au moins un mangeur de feuilles réussit à annihiler chaque poison végétal. Quelques insectes utilisent les poisons en question pour se débarrasser de leurs propres ennemis. Les chenilles d'un énorme papillon de Nouvelle-Guinée, le birdwing (« aile d'oiseau »), se nourrissent de lianes vénéneuses dont elles stockent les toxines ; une fois adultes, elles se parent de couleurs chatoyantes pour indiquer leur haute toxicité à leurs ennemis. Plus étonnant encore, les aphidiens consommant les plantes de la famille des asclépiadacées se servent de leurs toxines pour droguer les araignées qui les mangent. Les propriétés des toxines font que les araignées construisent des toiles complètement déstructurées. Des insectes peuvent aussi modifier la finalité des poisons : c'est le cas des papillons mâles de la famille des danaïdés, qui les transforment en aphrodisiaques.Les plantes sont promptes à élaborer de nouvelles défenses, mais les remarquables capacités d'adaptation des mangeurs de feuilles leur permettront un jour de les supplanter. Les végétaux peuvent espérer au mieux des dommages limités.

CI-DESSUS *Graines recueillies dans une infime partie d'une forêt pluviale du Panama. Celles qui tombent près de l'arbre mère n'ont pas la place où se développer et ses microbes porteurs de maladies ne tarderont pas à les détruire. La plupart des graines sont conçues pour être dispersées, principalement par les animaux (il n'y a pratiquement pas de vent à l'intérieur d'une forêt pluviale).*

CI-CONTRE *Des fourmis atta coupent les feuilles d'une pousse de balsa. En quelques heures, les ouvrières alertées par les éclaireurs dénudent une pousse et rapportent les feuilles à l'élevage de champignons de leur camp de base. Les dits champignons sont difficiles sur la nourriture et les fourmis connaissent leurs mets de prédilection.*

CI-DESSUS *Une énorme fleur de balsa visitée par des abeilles sans dard. Les singes et les oiseaux y boivent le jour, tandis que les chauves-souris et d'autres mammifères s'y rendent la nuit.*

EN HAUT *Une euglossine (abeille des orchidées) chargée de sacs de pollen passe de fleur en fleur. Les orchidées des régions tropicales ont recours aux abeilles pour être fécondées.*

CI-DESSUS, À DROITE *Un grand calao rhinocéros s'empare d'une figue au sommet de la canopée, effrayant au passage un semnopithèque rubicond. Les graines du figuier seront dispersées dans les excréments du calao quand il parcourt son immense territoire, Kalimantan, Bornéo.*

PARTENARIAT DANS LA JUNGLE

Parfois, les plantes font tout leur possible pour persuader les animaux de les manger. Pour produire des rejetons aptes et génétiquement diversifiés, elles adoptent une reproduction sexuée – par pollinisation croisée – et recherchent des messagers capables de porter leur pollen à des fleurs de la même espèce, puisque le vent ne souffle pas dans la forêt pluviale. Les animaux rempliront ce rôle et les plantes les attirent en se parant de fleurs chargées de nourriture ou en inventant toutes sortes de leurres. Les arbres des forêts pluviales arrivent à maturité au bout de 30 ou 40 ans et leur floraison est rarement annuelle mais, quand il s'en produit une, ils jettent toutes leurs forces dans l'aventure. Les fleurs et les fruits sont souvent spectaculaires et les graines en quantité incroyable – 1 ha de forêt pluviale de basse altitude produit en poids autant de fruits et de graines que 12 ha d'une chênaie tempérée. Pour supplanter leurs rivales, la dispersion des graines doit s'effectuer le plus vite possible. Les fruits succulents ont pour but d'attirer des porteurs très rapides comme les singes, les chauves-souris et les oiseaux. Un nouveau réseau de relations complexes est né.

MARCHANDS DE PARFUMS

Les fleurs des forêts pluviales ont tendance à être plus riches en taille, couleurs et parfum. Celles du balsa, par exemple, ont 12 cm de long et 8 cm de large. Les fleurs recourent souvent à des couleurs vives pour attirer leurs pollinisateurs, surtout s'il s'agit d'oiseaux. Le gui du Sarawak attire les dicées avec des fleurs rouge vif dont les pétales s'ouvrent au contact de l'oiseau et révèlent un délicieux nectar. Dans l'air calme et humide de la forêt, les senteurs parcourent de longues distances et les fleurs s'en servent aussi pour attirer des pollinisateurs. La gamme de parfums est étonnante. Les orchidées en particulier présentent des fleurs complexes aux parfums très élaborés. L'étoile de Madagascar attire les papillons de nuit à l'aide d'une odeur puissante rappelant celle du savon parfumé.

Les fleurs peuvent aussi attirer des mouches ou des silphes à corselet rouge en imitant des odeurs peu ragoûtantes liées à la putréfaction. Certaines poussent même le raffinement jusqu'à prendre les couleurs d'une chair en pleine décomposition. L'aristoloche produit des pièges à mouches élaborés qui sentent le poisson pourri. Les fleurs du calebassier s'ouvrent la nuit pour libérer une odeur de fromage suintant très prisée des chauves-souris. La championne des mauvaises odeurs est certainement la rafflesia qui vit dans tout le Sud-Est asiatique. *Rafflesia arnoldii* produit la plus grosse fleur du monde (jusqu'à 90 cm de diamètre), laquelle émet l'odeur la plus immonde du règne végétal. Cette plante n'a que quelques jours pour s'assurer que le pollen est bien recueilli et déposé et elle déploie des efforts incroyables pour attirer des mouches à l'aide d'une fleur aux relents de viande pourrie.

UN FRUIT PRISÉ DE TOUS

Les figuiers sont l'une des plantes les plus répandues des forêts pluviales, et de nombreux animaux en apprécient les fruits. Sur les trois continents tropicaux, c'est la principale ressource alimentaire des frugivores. En Amérique centrale, 26 oiseaux se nourrissent d'une seule espèce et en Malaisie, on a vu en 3 heures 47 espèces venir sur un seul arbre. Conclusion, les graines du figuier sont présentes en tous lieux.

Jusqu'à 20 espèces de figuiers peuvent pousser dans une même partie de la forêt, petit buisson ou figuier étrangleur au tronc formidable et aux racines aériennes. Celui-ci s'installe sur la branche d'un autre arbre, envoie de longues racines vers le sol puis produit des racines aériennes pour finalement étouffer son hôte. Chaque espèce d'étrangleur est pollinisée par une guêpe bien précise et donne naissance à une masse de fruits : jusqu'à 100 000 sur un même arbre. Très précieux, ils poussent toute l'année, même lorsque les autres fruits sont rares.

CI-DESSUS *Des paradisiers de Raggi mâles déploient tous leurs charmes pour conquérir une femelle.*

CI-CONTRE *Les oiseaux de paradis attirent les femelles par leur plumage coloré. L'abondance de nourriture leur permet de consacrer toute leur énergie à la fabrication de plumes resplendissantes.*

DANS LE SENS DES AIGUILLES D'UNE MONTRE, À PARTIR DU HAUT À GAUCHE *Un paradisier bleu est accroché la tête en bas pour exhiber sa queue et pousser son cri étonnant.*

Un paradisier magnifique se repose sur la tige où il a dansé.

Un paradisier de Lawes exhibe le plumage de sa tête et sa cape irisée.

Un paradisier superbe déploie sa cape.

TRANSPORT À DISTANCE

Quand il s'agit de disperser au mieux leurs graines, les plantes comptent sur des animaux capables de voler très loin : oiseaux, chauves-souris, sphinx et autres insectes. Les abeilles sont responsables de la pollinisation de jour. Celles des orchidées, par exemple, suivent quotidiennement des trajets longs de 20 km pour chercher leur nourriture et, incidemment, féconder les plantes. Elles peuvent aussi entretenir des relations complexes avec leurs fournisseurs. L'arbre à noix du Brésil produit de grandes fleurs jaunes protégées par une sorte de capuchon, mais les femelles sont assez grosses pour le soulever et recueillir le nectar, pollinisant la fleur par la même occasion. Les mâles riches en couleur s'intéressent aux orchidées qui poussent sur les branches de l'arbre à noix du Brésil. Ils collectent le parfum et passent ainsi de fleur en fleur. Quand ils en ont assez, ils forment une masse bourdonnante et odorante qui attire l'attention des femelles. C'est un élégant système d'interdépendance entre un arbre, un type d'orchidée et certaines abeilles.

Les insectes jouent un rôle important dans la pollinisation de jour, mais les oiseaux ne sont pas en reste dans de nombreuses forêts. En Amérique centrale et du Sud, le monopole revient aux oiseaux-mouches ; dans les forêts africaines et asiatiques, la première place échoit aux souimangas. La nuit, les chauves-souris prennent le relais. Les fleurs spécialement adaptées à leurs besoins sont faciles à repérer puisqu'elles sont blanches ou pâles (de loin, les chauves-souris repèrent les objets grâce à leur sonar, pas leur vue). Celles du genre Parka pendent de la canopée en formant des grappes de pompons accrochées à de longues tiges. Chacune présente une grande quantité d'étamines chargées d'un pollen qui se répand sur les chauves-souris venues déguster le nectar.

DISPERSION À TOUT PRIX

Il y a si peu de vent dans les forêts que la plupart des plantes se servent aussi des animaux pour disperser leurs graines, même si cette transaction est plus compliquée. Elles veulent que les animaux mangent leurs fruits pour en disséminer les graines, mais cherchent aussi à protéger ces mêmes graines pour qu'elles ne soient pas endommagées et soient susceptibles de germer. La stratégie des figuiers est simple : placer des centaines de graines minuscules dans des fruits appétissants et faciles à digérer. Un figuier en fleur attire toutes sortes d'animaux. En Afrique centrale, on peut voir dans un seul arbre gorilles de plaine, chimpanzés, trois ou quatre autres singes, écureuils et de nombreuses espèces d'oiseaux. En déposant des millions de graines à l'intérieur de tonnes de fruits, le figuier augmente ses chances de s'assurer une progéniture, mais les risques sont grands : une petite graine a des réserves limitées et doit germer très vite pour survivre.

CI-DESSUS *Une roussette se nourrit de figues aux Philippines. Les roussettes des forêts pluviales ont à manger tout au long de l'année. En contrepartie, elles dispersent les graines des arbres.*

CI-CONTRE *Le jaguar est le plus gros prédateur d'Amérique du Sud. Il est plus massif qu'un léopard et capable de tuer de gros animaux, mais ses proies sont habituellement petites – de la tortue au pécari.*

La plupart des autres plantes de la forêt préfèrent fabriquer des graines plus grosses et plus nourrissantes que transporteront des messagers spécialisés – des oiseaux et des chauves-souris, presque essentiellement frugivores. C'est le cas du toucan d'Amérique centrale et du Sud, de la roussette du Sud-Est asiatique et du palmiste africain. Les fruits destinés aux oiseaux ont souvent des couleurs vives ; quand il s'agit des chauves-souris, ils sont pâles et ont une odeur forte comme la banane sauvage, par exemple. La forêt pluviale est si généreuse que de nombreux frugivores peuvent s'adonner à d'autres activités. En Nouvelle-Guinée, les oiseaux de paradis consacrent leur énergie à l'élaboration d'un plumage extravagant et leur temps à des parades nuptiales très complexes.

Parfois, la relation entre une plante et l'animal chargé de sa dispersion se fait d'égal à égal. Vingt espèces d'oiseaux se nourrissent des fruits d'un arbre du Costa Rica, *Caesaria corymbosa*, mais le comportement d'une seule en fait le messager idéal. Le tityre masqué, petit oiseau argenté à tête noire, se fait facilement remarquer des faucons. Pour leur échapper, il cueille les fruits et s'enfuit pour les manger bien à l'abri, emportant ainsi les graines dans un endroit où elles auront la place de se développer. En évitant les prédateurs, les tityres sont devenus les seuls oiseaux à disperser efficacement les graines de *Caesaria*, de sorte que l'arbre et l'oiseau dépendent aujourd'hui entièrement l'un de l'autre.

L'arbre à noix du Brésil compte sur le manque de mémoire de l'agouti. Ce petit rongeur est le seul à pouvoir en briser la coquille de la noix. Il mange et détruit pas mal de graines placées à l'intérieur, mais en cache d'autres dont il oublie souvent l'emplacement – donnant ainsi à la noix la possibilité de germer. Les plus gros arbres produisent des graines ou des noix énormes qui tombent à terre et que seuls les plus gros mammifères pourront disséminer. Dans les forêts pluviales africaines, les éléphants se gavent et les graines se retrouveront dans leurs excréments à quelque distance de là.

LES PRÉDATEURS

De tous les animaux des forêts pluviales, les plus discrets sont les gros prédateurs carnivores. On peut passer des années dans les jungles sud-américaines sans voir un seul jaguar et les léopards d'Afrique occidentale sont encore plus difficiles à repérer que leurs timides cousins des régions plus sèches du même continent. Comparés à la formidable diversité des plantes et des herbivores, les prédateurs sont peu nombreux, en particulier les plus gros. Ils abondent cependant plus que dans les autres types de forêts, principalement à cause de la masse d'insectes dont ils se nourrissent. En fait, la majeure partie des prédateurs des forêts pluviales sont insectivores et sont eux-mêmes invertébrés.

CI-DESSUS *Dans cette forêt côtière brésilienne vit la plus grosse araignée du monde : la tarentule. Elle injecte son suc digestif dans le serpent qu'elle a entraîné dans son antre. La tarentule peut atteindre 26 cm d'envergure. Elle s'attaque à tout ce qu'elle peut tenir et empaler sur ses crochets venimeux.*

Il y a tant d'insectes qu'il ne faut pas s'étonner si chaque groupe animal des forêts pluviales comporte un certain nombre d'insectivores. Les petits mammifères prédateurs apprécient souvent les insectes. Dans la canopée amazonienne, le fourmilier arboricole s'en prend aux nids des fourmis et des termites. Ces dernières peuvent infliger de redoutables morsures, mais une fourrure épaisse vient protéger le fourmilier ; en Afrique et en Asie, le pangolin mangeur de fourmis s'est même doté d'écailles osseuses. Bien des primates dépendent des feuilles et des fruits, mais certains se sont aussi spécialisés dans les insectes. En Afrique, le timide loris et le potto se servent de leurs doigts habiles pour venir à bout des subtils moyens de défense élaborés par les insectes. Le chimpanzé – peut-être le dernier omnivore de la jungle – exploite grâce à son intelligence toute source alimentaire disponible : il fabrique des outils qu'il plonge dans les termitières pour en extirper les habitants.

Les oiseaux insectivores sont certainement les plus faciles à repérer. Le jacamar au plumage coloré d'Amérique centrale offre un superbe spectacle quand, dressé sur une branche, il se jette sur un papillon de passage. En Afrique, le guêpier a trouvé le moyen d'ôter le dard des guêpes et abeilles qu'il attrape. Le groupe des piverts est particulièrement habile et on le retrouve dans de nombreuses forêts pluviales. Certains se nourrissent des occupants des termitières et vont jusqu'à y installer leur propre nid. Même les oiseaux-mouches et les souimangas qui se repaissent habituellement de nectar reconnaissent la grande valeur nutritionnelle des insectes et en attrapent pour leurs poussins. Autre spectacle impressionnant, les vols d'oiseaux constitués de multiples espèces quand ils traversent bruyamment la forêt. Le bruit est assourdissant car ils ne cessent de s'appeler pour rester en contact et leurs mouvements perturbent les insectes. D'autres oiseaux suivent les colonies de fourmis légionnaires ou de magnans : les insectes qui échappent à leurs mandibules sont immédiatement happés par les grisins.

TOUS POUR UN

Les invertébrés constituent des proies si abondantes qu'il est naturel de trouver une grande diversité de prédateurs du même ordre. Sans aucun doute, les plus impressionnants sont les fourmis légionnaires d'Amérique du Sud et les magnans d'Afrique. Ils recourent aux mêmes techniques de blitzkrieg quand les milliers d'individus d'une même colonie se déplacent sur le sol de la forêt, mandibules en avant. Leur nombre fait qu'ils viennent à bout de tout ce qu'ils rencontrent – gros insectes, lézards ou petits oiseaux. Les récits de fourmis pénétrant dans des villages pour dévorer des bébés sont certainement exagérés, mais il est certain que rien ne repousse pendant des semaines là où l'armée des fourmis est passée.

La chaleur des tropiques a produit des invertébrés dignes des films d'horreur, souvent si gros qu'ils peuvent s'en prendre à des vertébrés. Le meilleur exemple en est la tarentule d'Amérique du Sud : parfois large de 25 cm, elle capture des grenouilles arboricoles ou de petits oiseaux. Les mantes religieuses atteignent aussi des tailles record. On trouve en Malaisie une mante, *Creobroter meleagris*, qui imite à la perfection l'orchidée dans laquelle elle se tapit et se régale des insectes attirés par ces « fleurs ».

CI-DESSOUS *Des fourmis légionnaires terrassent un scorpion. Les fourmis sont les prédateurs les plus nombreux des forêts. Celles de cette espèce lancent des attaques éclairs impliquant des centaines de milliers d'individus.*

LES CARNIVORES

La forêt pluviale pose un sérieux problème aux authentiques carnivores en ce qu'elle constitue une jungle impénétrable. Les guépards ne peuvent y courir, les faucons descendre en piqué. Il leur faut donc être petits et agiles comme l'ocelot ou le margay d'Amérique du Sud ou encore minces comme la civette et la genette d'Afrique et d'Asie. Il n'y a qu'une seule exception sur chacun des continents : le jaguar d'Amérique du Sud, le tigre des forêts asiatiques et le léopard d'Afrique. La densité de ces félins est très faible. De même, la plupart des oiseaux de proie sont limités en nombre : petits la plupart du temps, ils ont des ailes arrondies et sautent à toute allure de branche en branche. Chaque partie de la forêt voit cependant un aigle perché au sommet de son plus haut arbre. Les singes des forêts sont ainsi victimes de la harpie d'Amérique du Sud, de l'aigle des Philippines ou encore de l'aigle couronné africain.

10

les bas-fonds

Les bas-fonds ne représentent que 8 % de la superficie des océans, mais ils en sont de loin la partie la plus riche. C'est ici que l'on trouve les récifs coralliens, les lits de plantes herbacées marines, les forêts de laminaires et 90 % de la pêche industrielle mondiale.

CI-DESSUS *Riche communauté côtière avec ses goterins et ses gros-yeux rouges. Elle est située au large d'Ari, dans les Maldives – chaîne d'atolls volcaniques de l'océan Indien. Les eaux claires permettent aux poissons de communiquer par la couleur.*

CI-CONTRE *Une baleine à bosse et son jeune dans les eaux tropicales au large des Tonga. C'est une nursery idéale – calme et chaude avec un fond de sable –, mais la vie y est rare, comme souvent sous les tropiques.*

PAGES PRÉCÉDENTES, EN HAUT *Le lissodelphis austral chasse en bancs au large de la Nouvelle-Zélande.* EN BAS *Coraux de la mer Rouge et banc de poissons de verre.*

Une baleine à bosse à peine née tète sa mère, une géante de 40 t, dans les eaux tropicales limpides au large de l'archipel des Tonga, dans le Pacifique. Mais voici qu'elle se retire de la mamelle, et un lait riche en matières grasses se disperse dans la mer. Lourd d'une tonne, le veau boit chaque jour 450 l de lait et, pendant 12 mois, il sera totalement dépendant de sa mère. Ces eaux calmes et peu profondes constituent une nursery idéale, mais la vie n'y abonde pas. La mère n'y trouve rien à manger et, pendant la majeure partie de l'année, elle ne vit que sur sa propre graisse. Dès que son petit est assez fort pour la suivre, ils quittent les tropiques pour effectuer la plus longue migration que puisse vivre un animal marin. Leur objectif : les océans polaires et tempérés aux ressources alimentaires illimitées. Dans ce chapitre, nous sillonnerons nous aussi les bas-fonds de la planète.

OÙ SE TROUVENT LES BAS-FONDS ?

De manière générale, un bas-fond se situe au-dessus du plateau continental (ou marge continentale), le prolongement immergé d'un continent. Il s'étend en moyenne sur 80 km de large mais, sur le littoral pacifique de l'Amérique du Sud, il mesure moins d'un kilomètre alors que sur le littoral arctique de la Sibérie, il peut atteindre les 750 km. La profondeur de la mer est rarement supérieure à 200 m. Les animaux vivant sur le fond – les régions les plus riches de l'océan – dépendent essentiellement du type de substrat (ou substratum). Le plateau continental est en grande partie constitué de vastes étendues sableuses et de boues sédimentaires. Les animaux s'enfouissent dans ces boues comme les palourdes ou vivent plus près de la surface comme les ophiures (étoiles de mer) ou les poissons plats. Les créatures sessiles (sédentaires) telles que les anémones de mer ou des plantes comme les algues – à l'exception de celles des tropiques – sont rares parce qu'elles n'ont rien où s'accrocher. Un substrat dur ou rocheux permet aux animaux et aux plantes de s'agripper fermement, donnant ainsi naissance à des communautés très différentes. Dans les eaux tempérées plus froides, on trouve sur les parois rocheuses de riches forêts de plantes herbacées et de denses communautés d'invertébrés colorés. Sous les tropiques, le substrat rocheux offre une surface sur laquelle s'installent les larves du corail sans lesquelles les récifs ne peuvent se développer. La richesse et la variété de la vie sont toutefois très variables sur les marges continentales : elles dépendent surtout de l'ensoleillement et des nutriments disponibles.

LES BAS-FONDS CHAUDS

Les eaux tropicales chaudes, si accueillantes pour les mégaptères (baleines à bosse) nouveau-nés, font partie des bas-fonds les moins productifs. Elles sont limpides parce qu'elles contiennent en quantité moindre le phytoplancton qui donne aux eaux plus riches leur coloration verdâtre. Le phytoplancton est responsable de 90 % de la production primaire et se trouve à la base de quasiment toutes les chaînes alimentaires marines. Les mers tropicales – ruban équatorial d'eau supérieure à 20 °C situé entre les tropiques du Capricorne et du Cancer – sont pour la plupart des déserts marins, parce que le phytoplancton y est très rare.

Comme toutes les plantes, le phytoplancton a besoin de deux grands ingrédients pour pratiquer la photosynthèse : l'ensoleillement et les nutriments. L'ensoleillement ne manque pas sous les tropiques, non loin de l'équateur : 12 heures chaque jour, tout au long de l'année. En revanche, il y a carence en nutriments, azote et phosphore principalement, qui jouent un rôle capital dans le contrôle de la production primaire. Sans eux, il ne peut y avoir de photosynthèse.

Le problème tient à ce que, dans les océans, ces nutriments se trouvent surtout dans les eaux plus profondes et que, sous les tropiques, la colonne d'eau est si paisible que les couches superficielles et plus profondes ne se mélangent quasiment pas. Comme le savent les marins, les régions proches de l'équateur sont d'un grand calme à cause du manque de vent. C'est peut-être une aubaine pour la jeune baleine à bosse, mais les nutriments ne parviennent pas en surface. Les seuls bas-fonds tropicaux à n'être pas des déserts aquatiques sont les récifs coralliens et les lits de plantes herbacées marines.

DES RÉCIFS REMARQUABLES

La nature offre peu de plaisirs supérieurs à une plongée avec tuba parmi les récifs coralliens, si divers et si colorés, en particulier ceux qui bordent le littoral de la mer Rouge. Alentour, c'est un vrai désert, et c'est d'autant plus surprenant que mettre la tête dans l'eau permet de découvrir un monde si riche qu'on se demande si l'on n'est pas sous l'effet d'une drogue hallucinogène. L'eau est chaude et cristalline, on peut flotter pendant des heures, fasciné par un kaléidoscope de poissons, coraux et autres invertébrés.

Deux grandes raisons font que les récifs de la mer Rouge sont particulièrement prodigues en couleur. En premier lieu, ils sont extrêmement riches en coraux dont les teintes vont du rose pastel au pourpre le plus profond. Ensuite, on trouve tout le long d'infinis bancs d'anthias semblables à des poissons rouges. Ils sont si nombreux à s'abriter dans les récifs que certaines personnes croient qu'ils ont donné son nom à la mer Rouge.

La vie occupant ces structures tridimensionnelles est si nombreuse et si variée qu'elle fait d'elles l'habitat le plus productif de tous les océans. Si l'on considère leur productivité en fonction des grammes de carbone fixés chaque année sur 1 m² de récif, le chiffre va de 1 500 à 3 700 g. Comparons-le aux forêts pluviales, dont la productivité annuelle est de 1 000 à 3 500 g de carbone par mètre carré : on se rend tout de suite compte que les récifs coralliens sont d'une richesse incroyable. C'est encore plus remar-

CI-DESSUS *Un nudibranche (Chromodoris kuniei) – sorte d'escargot sans coquille – sur du corail dans les eaux indonésiennes. Il doit ses moyens de défense chimiques aux éponges qu'il consomme ; ses couleurs spectaculaires indiquent sa toxicité à d'éventuels prédateurs.*

EN HAUT *Un dragon des mers feuillu mâle (sorte d'hippocampe) porte ses œufs. Il est camouflé pour vivre parmi les algues des récifs rocheux bordant le littoral sud de l'Australie.*

CI-CONTRE *Un banc de poissons de verre au-dessus d'un jardin corallien de la mer Rouge. Les eaux sont pauvres en nutriments. Aux étages inférieurs de cette forêt de coraux durs ou mous vivent des éponges aussi diverses que les coraux eux-mêmes. Les nutriments issus de ces éponges coloniales mangeuses de plancton nourrissent à leur tour d'autres animaux.*

CI-DESSUS *Rascasses parmi les éventails marins d'un jardin corallien au large des îles Salomon. Ce poisson prédateur nocturne est au sommet de la chaîne alimentaire corallienne ; ses épines venimeuses le protègent des prédateurs.*

CI-CONTRE *Prolifération de coraux dans les Maldives, peu après la pleine lune de mars. La mer rougit sous l'effet des millions de grappes d'œufs – véritable festin pour une multitude de poissons des récifs.*

quable quand on sait que la majorité des coraux du monde vivent sous les tropiques, où les bas-fonds sont les moins productifs de tous. Les récifs de coraux semblent avoir compensé le manque de nutriments par une symbiose étroite avec les zooxanthelles, des algues photosynthétiques qui vivent à l'intérieur des polypes coralliens.

Leurs dimensions importent peu : les récifs ont tous été édifiés par des milliards de polypes ressemblant à de minuscules anémones de mer de quelques millimètres de long. Chaque polype vit dans le squelette de carbonate de calcium qu'il sécrète lui-même. Au fil des millénaires, les couches de carbonate de calcium en viennent à former des récifs longs parfois de plusieurs centaines de kilomètres. Les récifs tirent pratiquement tous la majeure partie de leur énergie des zooxanthelles occupant leurs tissus. En échange, les polypes fournissent à leurs partenaires des nutriments importants tels que le phosphore et l'azote. Malgré le manque relatif de nutriments dans les eaux tropicales peu agitées, les récifs coralliens pullulent grâce à leur art du recyclage. Au lieu de se débarrasser de leurs déchets dans la mer, les polypes les transmettent aux zooxanthelles, qui recyclent les nutriments dans le cadre de leur processus de photosynthèse. En fait, toute la communauté animale constitutive des récifs coralliens recycle les nutriments. On sait désormais que, de toutes les communautés présentes dans la nature, les récifs sont parmi les plus à même de fixer l'azote. La combinaison de ces facteurs a permis à la communauté animale la plus productive qui soit de s'épanouir malgré les conditions quasi désertiques des bas-fonds tropicaux.

LES LIMITES DU CORAIL

Le domaine des récifs coralliens se limite aux bas-fonds chauds des régions tropicales. Ils ne peuvent se reproduire et se développer dans une eau dont la température tombe en dessous de 20 °C. Sur la partie orientale des continents, les courants de surface ont tendance à éloigner les eaux chaudes de l'équateur, étendant ainsi vers le nord et le sud les conditions favorables au développement des coraux. En revanche, sur la partie occidentale, les courants apportent l'eau froide des pôles : cela explique pourquoi les îles Galápagos n'ont quasiment pas de récifs coralliens, alors qu'elles se trouvent très près de l'équateur. Le courant de Humboldt remonte le long de la côte est de l'Amérique du Sud, et l'eau de l'Antarctique qu'il véhicule est trop froide pour assurer le développement des coraux.

La clarté et la profondeur de l'eau sont d'autres facteurs limitatifs. Les récifs ne grossissent qu'à une profondeur où la lumière du Soleil peut encore pénétrer et où les zooxanthelles peuvent encore pratiquer la photosynthèse. Les coraux ne connaissent pas tous les mêmes limites, mais on les trouve rarement en dessous de – 50 m. La limpidité de l'eau dépend également des sédiments charriés, qui obscurcissent la mer et étouffent les polypes. Au large de la côte du Brésil, les sédiments apportés par l'Amazone et les autres grands fleuves d'Amérique du Sud limitent la croissance du corail. Il en va de même au large de la Chine et des pays voisins du Sud-Est asiatique, qui voient trop de fleuves géants se déverser dans la mer. Inversement, les récifs de la mer Rouge sont les plus grands du monde parce que le littoral environnant est sec et dépourvu de cours d'eau.

CI-DESSUS *Corail bois-d'élan projetant des paquets d'œufs et de sperme pendant la grande prolifération du mois de mars, récif de Ningaloo, Australie-Occidentale.*

CI-CONTRE *Paysage, sable, récif et mer d'une île corallienne des Seychelles, océan Indien. Les intrusions volcaniques ont fourni la base dure sur laquelle le corail peut se développer.*

Les récifs coralliens des bas-fonds tropicaux se présentent sous des tailles et des formes différentes en fonction de la géologie des fonds marins où ils se sont développés, la température de l'eau et l'impact des vagues. Darwin fut le premier à établir une classification encore en usage aujourd'hui. Il distingue trois types : récifs frangeants, récifs annulaires et atolls.

LE PLUS LONG RÉCIF

Sans nul doute possible, l'exemple le plus spectaculaire du premier type est le récif de 4 000 km de long qui borde la mer Rouge. Comme son nom l'indique, un récif frangeant forme une bande étroite qui court le long d'un littoral. Il débute sous la forme d'un récif interne plat (ou platier) qui se développe à partir de la côte. Cette zone peu profonde peut être découverte à marée basse et souffrir des apports d'eau douce ou de sédiments et, par conséquent, ne présenter que peu de corail vivant. Sa surface de sable ou de débris coralliens est souvent recouverte de coraux mous et d'algues, source de nourriture pour des poissons herbivores tels que le poisson-chirurgien et le poisson-perroquet.

La manne véritable se trouve au niveau de la crête récifale, là où le platier s'enfonce dans la mer et où les apports ne posent plus de problème. L'action des vagues fait circuler l'eau et apporte des nutriments et du zooplancton dont les coraux se nourrissent. Ces à-pics étonnants constitueront un spectacle grandiose si vous plongez avec un tuba : vous vous déplacez au-dessus du platier, dans une eau chauffée par le Soleil, et l'instant suivant, vous vous retrouvez au-dessus d'un abysse et apercevez au loin la silhouette de requins.

LE PLUS GRAND RÉCIF

Parfaitement visible de l'espace, le plus grand récif (mais pas le plus long) s'étend sur 2 000 km le long de la côte nord-est de l'Australie. La Grande Barrière de corail est en réalité constituée de plus de 2 000 récifs distincts, d'îlots de sable et d'îles couvrant une superficie de plus de 225 000 km^2. Le seul autre récif de dimensions comparables est la barrière parallèle à la côte du Belize, dans les Caraïbes. Les récifs annulaires suivent les littoraux, mais s'en trouvent plus éloignés que les récifs frangeants – jusqu'à 100 km parfois. Ils accueillent des lagons où l'on trouve souvent des lits de plantes herbacées marines et de superbes pinacles coralliens isolés.

La force des vagues qui frappent sa bordure extérieure détermine la structure d'un système corallien. Les coraux s'y présentent en plusieurs couches, à l'instar de la végétation d'une forêt pluviale. Les plus proches de la crête sont gros et compacts pour lutter contre les brisants. Sous ce niveau, la croissance corallienne est la plus luxuriante : ils adoptent des formes variées, bien souvent verticales pour s'approprier l'espace et la lumière du soleil. En revanche, à la base de la pente, les coraux s'aplatissent pour collecter le plus de lumière possible.

ATOLLS ISOLÉS

Le troisième type de récif corallien défini par Darwin, l'atoll, constitue un vrai mystère. Contrairement aux autres récifs, les atolls disposés autour d'un lagon central ne se situent pas toujours près du plateau continental, mais en pleine mer, dressés depuis le fond de

CI-DESSOUS *Partie de la Grande Barrière de corail au large du Queensland, Australie – le plus grand récif frangeant du monde, avec 2 500 récifs individuels (ici Hardy Reef) et 400 espèces de coraux.*

CI-CONTRE *Demoiselles dorées à la lisière d'un récif corallien de Papouasie-Nouvelle-Guinée. Les crinoïdes et les éventails de mer ressemblent à des plantes, mais ce sont des animaux au squelette fait de carbonate de calcium.*

PAGES PRÉCÉDENTES *Banc de rougets barbets dorés chassant autour d'une pointe corallienne au large d'une île de la mer de Banda, Indonésie. Ils sont accompagnés de balistes opportunistes qui s'emparent des poissons tentant de fuir. Des bongares annelés sont tapis parmi les coraux. Ces animaux chassent de concert.*

l'océan. Ils mesurent de à 30 km de diamètre et se trouvent en majorité dans l'océan Indien et le Pacifique ouest. Leur position au milieu de l'océan donne à leurs eaux une qualité cristalline prisée des plongeurs. Ainsi isolés, ils attirent de grands prédateurs pélagiques (de haute mer) comme le requin-marteau ou le grand requin blanc. On ignore comment ces anneaux se sont formés en premier lieu. Le corail ne peut se développer que dans des eaux ensoleillées et peu profondes : on ne voit donc pas comment un atoll peut surgir d'un abîme océanique obscur. Charles Darwin a suggéré que l'anneau corallien de l'atoll était à l'origine un récif frangeant entourant un volcan sous-marin qui se serait agrandi au point d'émerger. Après plusieurs millions d'années, l'île volcanique se serait érodée. Entre-temps, s'est bâti un récif de carbonate de calcium qui a préservé en surface le corail vivant. Longtemps, les scientifiques se sont demandé si Darwin avait raison mais récemment, des géologues venus étudier l'atoll d'Enewak, dans les îles Marshall, ont découvert des preuves irréfutables. À près d'1,5 km sous la couche de carbonate de calcium, ils ont identifié le rocher volcanique à partir duquel l'atoll moderne est né.

L'ENDROIT LE PLUS RICHE SUR TERRE

Les récifs coralliens sont de loin les plus riches et les plus complexes de tous les systèmes marins. La structure tridimensionnelle d'un récif offre toutes sortes d'opportunités et de niches à différentes espèces. La lutte animale pour l'espace et la nourriture accroît la diversité. Aujourd'hui, chacun s'accorde pour dire que l'« épicentre » de la biodiversité

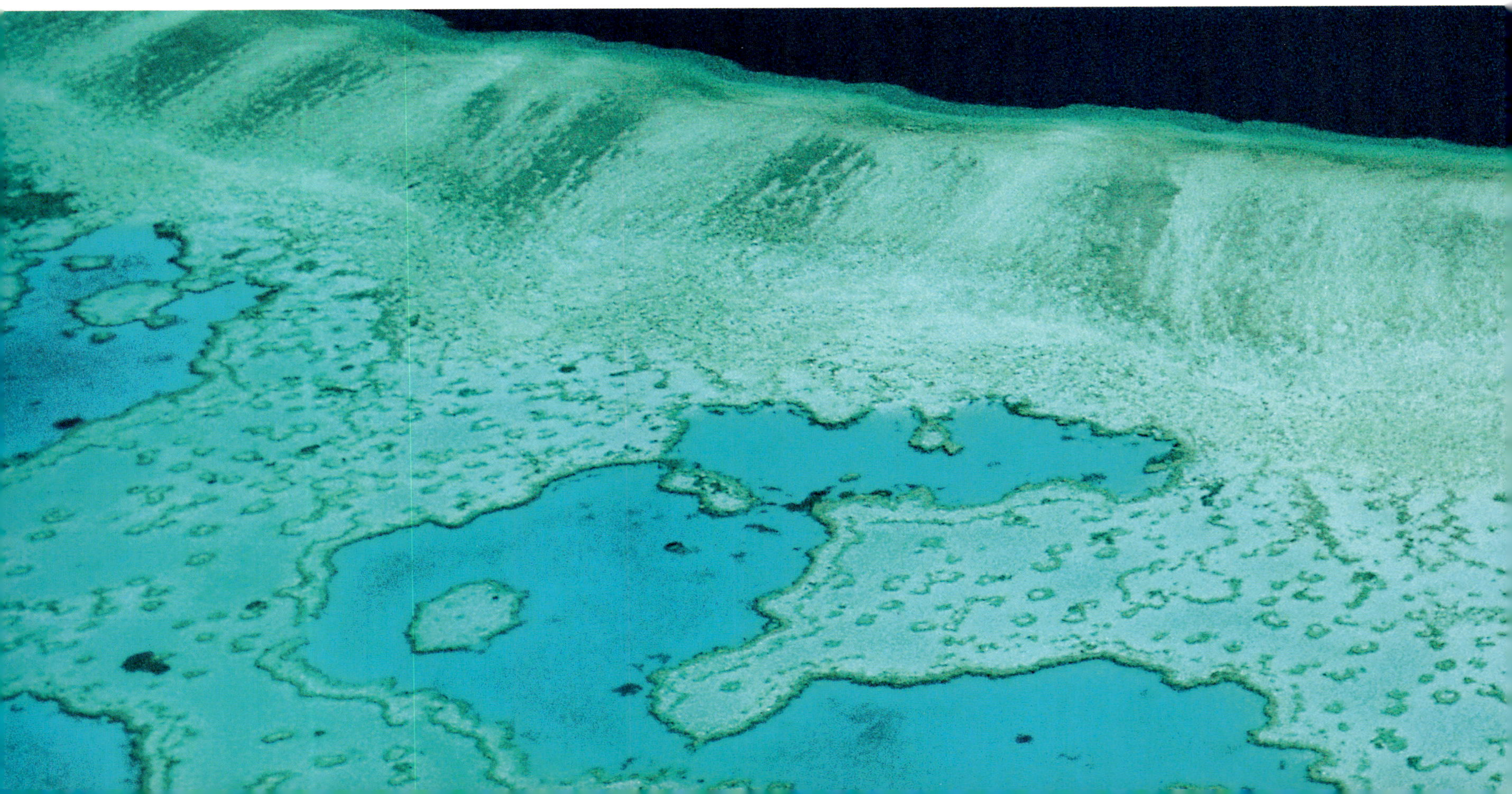

marine mondiale se situe dans les eaux entourant l'archipel indonésien. Dans le triangle formé par l'Indonésie, les Philippines et la Nouvelle-Guinée, on a identifié plus d'espèces de poissons que dans tout autre endroit de la planète – plus de 2 800 à ce jour, et les eaux sont encore largement inexplorées. La diversité décroît quand on s'éloigne de l'épicentre. On ne connaît que 500 espèces de poissons à Hawaï, par exemple, et le nombre chute à 100 à l'île de Pâques.

Pourquoi les eaux indopacifiques sont-elles devenues le centre de la biodiversité marine ? Plusieurs explications ont été avancées. Premièrement, cette région a bénéficié d'une longue période de stabilité évolutionniste. Au cours des ères glaciaires, la chute de la température en surface a tué les coraux dans de nombreuses parties du monde, mais les eaux indonésiennes furent bien moins affectées ; à la fin de la dernière glaciation, les espèces coralliennes se sont à nouveau répandues à partir de l'épicentre indonésien. Un isthme s'était alors formé entre les deux Amériques, bloquant le processus de spéciation (évolution d'espèces nouvelles), de sorte qu'on ne trouve que 65 espèces de coraux dans les Caraïbes contre 450 dans l'océan indopacifique.

La diversité des eaux indonésiennes s'explique aussi par la multiplicité d'habitats fournis par ce vaste archipel. De récentes expéditions se sont intéressées à Raja Ampat, groupe d'îles au large de la Papouasie-Nouvelle-Guinée, et les biologistes marins y voient souvent le centre absolu de la biodiversité de ces régions déjà très riches. En une seule plongée, ils ont dénombré 400 espèces de coraux et 248 de poissons. Ils estiment que, dans ce petit groupe d'îles, il pourrait y avoir 465 types de coraux et 3 000 de poissons.

SERPENTS MARINS

Les serpents marins font partie des prédateurs les plus intéressants des récifs coralliens. Tous sont carnivores et certains possèdent le venin le plus puissant qu'on puisse rencontrer chez des reptiles. On en trouve une soixantaine d'espèces dans les océans Indien et Pacifique. Bien adaptés à la vie sous-marine, ils possèdent des valves nasales empêchant le passage de l'eau, des corps aplatis et des queues en forme de rame favorisant la nage. Leurs poumons courent sur presque toute la longueur de leur corps : bien plus gros que ceux de leurs cousins terrestres, ils leur permettent de rester jusqu'à deux heures immergés.

Certains serpents marins (tel le bongare annelé, à gauche) pondent à terre, mais la plupart ont une existence exclusivement marine et donnent le jour dans l'eau à des jeunes vivants. Ces prédateurs rusés recherchent les petits poissons, les œufs et les anguilles dans les fissures des récifs, et leur petite tête leur permet de s'infiltrer partout. Parfois les serpents marins chassent en groupe de 20 ou 30 individus. On en a même vu collaborer avec des poissons prédateurs (voir page 262) : il se peut que leur nombre affole davantage les habitants des récifs.

MERS SAISONNIÈRES

CI-CONTRE, EN HAUT *Des dauphins sombres s'unissent pour traquer les anchois.*

CI-CONTRE, EN BAS *Un banc d'anchois. Dans les régions tempérées, les tempêtes hivernales brassent l'eau et font remonter les nutriments. Au printemps, le plancton se multiplie et attire un grand nombre de poissons migrateurs, de la sardine au hareng en passant par l'anchois.*

Après quatre mois passés à élever leurs jeunes dans les eaux tropicales, les baleines à bosse femelles doivent migrer vers d'autres latitudes pour y trouver leur nourriture. Certaines représentantes des populations de l'hémisphère Sud, celles des Tonga par exemple, parcourent 6 000 km pour rejoindre l'Antarctique. Dans l'hémisphère Nord, les baleines mettant bas à Hawaï prennent le chemin de l'Arctique. Depuis la naissance des veaux et pendant toute la migration, elles ne s'alimentent pas mais arrivent à destination quand la nourriture y abonde. Le soleil estival a apporté une énergie nouvelle à l'écosystème marin et la longueur des jours permet aux femelles de se nourrir sans interruption. Les baleines viennent ici parce que les mers tempérées, bandes situées entre les extrêmes polaires et tropicaux, sont les plus productives de tous les bas-fonds. Chaque année l'éclosion du plancton profite aux multitudes de poissons, oiseaux de mer et baleines.

Ces mers sont toutefois soumises aux saisons. Quand le Soleil disparaît en automne et que la manne du plancton se tarit, le festin s'achève pour les baleines. La plupart repartent vers l'équateur et retrouvent les nurseries tropicales.

UNE PÊCHE TRÈS RICHE

Les mers tempérées qui attirent les mégaptères sont familières aux humains vivant sous un climat tempéré. Après des années de vacances à la plage, nous savons que ces eaux sont froides et agitées en hiver et que, même en été, leur température n'est pas encore idéale pour la baignade. Sous l'eau, la visibilité est limitée. Ce sont pourtant ces conditions qui font la richesse des mers tempérées. Elles sont peu limpides parce qu'elles abritent de plus grandes quantités de phytoplancton que les mers cristallines des tropiques.

La lumière du Soleil n'est pas la même en hiver et en été mais, bon an mal an, les heures d'ensoleillement sont quasiment égales à celles des tropiques. La grande différence, c'est la quantité de nutriments présents dans les couches supérieures de l'océan, où s'effectue la photosynthèse. Les eaux tropicales sont calmes pendant la majeure partie de l'année mais, sous des latitudes plus élevées, les puissantes tempêtes hivernales brassent la mer et font remonter les nutriments. C'est d'autant plus vrai dans les bas-fonds où la proximité du fond marin les empêche de couler très profond. Les eaux côtières bénéficient également des nutriments charriés par les fleuves. Cela n'a rien d'étonnant si les mers tempérées peu profondes constituent les réserves de pêche du monde.

Les mers tempérées dépendent beaucoup des saisons. En hiver, quand le Soleil exerce son influence sur l'autre hémisphère, il n'y a chaque jour que quelques heures d'ensoleillement. En été, avec le retour du Soleil, c'est le contraire, et les mers connaissent jusqu'à 20 heures d'ensoleillement quotidien. L'énergie nécessaire servant à la photosynthèse fluctue énormément, et la température de l'eau change. En été, le Soleil réchauffe l'océan, mais l'eau diffuse mal la chaleur, laquelle ne quitte pas les couches supérieures

ÉCLOSIONS PRINTANIÈRES

Au printemps, les eaux superficielles regorgent de nutriments brassés par les tempêtes hivernales, et l'ensoleillement accru leur injecte une nouvelle énergie. Cela se traduit par une formidable éclosion de phytoplancton, lequel nourrit une masse considérable de zooplancton. Les copépodes – petits crustacés composant 70 % du zooplancton – font leur apparition. Ils servent de nourriture à toutes sortes d'animaux, dont ceux constituant le gros zooplancton, telle la méduse. Sur les côtes d'Écosse, les bancs de méduses de lune sont si denses qu'il faut parfois plusieurs minutes pour les traverser à la nage. Cette invasion liée au nombre de copépodes s'achève quand le plancton disparaît à la fin du printemps.

Dans l'hémisphère Sud, le printemps propose un spectacle du même ordre autour des îles Poor Knight, au large de la Nouvelle-Zélande. Ici, ce ne sont pas les méduses mais les cténophores (ou cténaires) qui grouillent dans l'eau. Ces prédateurs voraces se propulsent grâce aux bandes ciliées situées le long du corps. Ils ont souvent des tentacules vénéneux et poisseux qu'ils laissent pendre pour capturer leurs victimes. Il peut aussi y avoir des invasions de superbes argonautes ou de tunicates (ou tuniciers) pouvant atteindre 10 m de longueur – ces derniers ressemblent à des préservatifs géants qui aspirent l'eau à travers une muqueuse faisant office de filtre destiné à retenir les proies.

L'éclosion printanière du plancton attire aussi de grands bancs de poissons : harengs, sardines et anchois sont à la base de la plupart des grandes pêches industrielles en eaux tempérées. Ce sont pour la plupart des migrateurs qui passent l'hiver dans des eaux plus profondes, mieux abritées, et regagnent les bas-fonds au printemps.

C'est le cas du rassemblement annuel d'anchois sur le bouclier patagonien, au large de l'Argentine. La rudesse de la mer en hiver agite les nutriments. Il faut ajouter à cela le courant des Malouines qui court le long de la côte atlantique de l'Amérique du Sud, apportant les eaux froides et riches en nutriments de l'Antarctique. En septembre, le retour du Soleil dans l'hémisphère Sud provoque l'éclosion du plancton, donc l'arrivée des anchois. Dauphins sombres, otaries à fourrure, lions de mer, requins et manchots de Magellan (la plus grosse colonie au monde) viennent faire bombance et chassent parfois de concert. Les dauphins recherchent les poissons par groupes de 20, zigzaguant en tout sens et sautant hors de l'eau pour repérer les oiseaux plongeurs. Dès qu'ils ont trouvé un banc intéressant, certains dauphins concentrent les poissons en surface tandis que d'autres sautent pour s'interpeller. Les anchois forment des bancs extrêmement denses de centaines de mètres de diamètre. Quand des centaines de dauphins sont réunis, ils peuvent pousser les anchois vers la surface et s'en repaître à loisir.

FESTIN ESTIVAL

L'été offre le maximum d'heures de soleil et apporte le calme aux bas-fonds. On pourrait s'attendre à une période de grande productivité mais, après la frénésie printanière du phytoplancton, les choses se calment peu à peu. Le Soleil qui frappe les couches superficielles de l'océan crée une thermocline avec les eaux profondes plus froides. Cette barrière bloque la remontée des nutriments ; quand ceux d'hiver ont été consommés, le phytoplancton commence à mourir. Les poissons continuent toutefois à former de grands bancs et à migrer

CI-CONTRE *Des requins peau bleue engloutissent les anchois qu'ils ont regroupés en grosses boules. Au large du littoral californien, on trouve d'immenses bancs d'anchois aux endroits où les remontées d'eau froide ont apporté des nutriments.*

CI-DESSOUS *Méduses de lune attirées dans les eaux tempérées par la floraison printanière du plancton.*

CI-DESSUS *Parade nuptiale de puffins fuligineux. Au printemps, les eaux côtières nourrissent les millions d'oiseaux nichant sur les falaises..*

CI-CONTRE *Une baleine à bosse à la gorge recouverte de bernacles jaillit hors de l'eau. Après avoir passé l'été à se nourrir dans les eaux de l'Alaska, elle regagne les sites de reproduction pauvres en plancton au large d'Hawaï.*

pour suivre le plancton encore éclos. Au large de l'Écosse, les bancs de méduses de lune ont disparu, mais il reste des méduses solitaires. L'énorme méduse à crinière de lion peut dépasser une tonne, capturant des poissons et d'autres méduses avec ses tentacules de 50 m de long.

L'été est aussi la saison où les oiseaux de mer doivent nourrir leurs poussins. Ils passent l'hiver en mer, mais reviennent au printemps vers les sites de ponte traditionnels des eaux côtières. La distribution des colonies de reproduction est intimement liée à la disponibilité de la nourriture. Chaque année, les îles Aléoutiennes, au sud-ouest de l'Alaska, abritent la plus grande concentration d'oiseaux de mer – plus de 10 millions. On estime qu'il y a au moins 2,5 millions de stariques minuscules et de stariques cristadelles sur la petite île de Kiska. Les vols d'oiseaux sont si denses qu'ils ressemblent à des nuées tourbillonnantes.

Les dimensions de ces colonies témoignent de la richesse de l'environnement marin. Chaque année, 2 millions de tonnes de goberges sont arrachées aux eaux des Aléoutiennes ; le phytoplancton abondant attire aussi de grandes quantités de saumons, maquereaux Atka et harengs. À leur tour, ces poissons servent de pâture aux baleines à bosse hawaïennes revenues chaque année festoyer en Alaska.

C'est un spectacle hallucinant que celui des baleines surgissant au milieu des bancs, la gueule ouverte pour engloutir les poissons. Elles sont accompagnées de centaines de milliers de puffins fuligineux qui recouvrent de noir la surface de l'océan. Ne pouvant plonger qu'à quelques mètres en dessous de la surface, ces oiseaux profitent des poissons ramenés par les baleines. Étonnamment, une fois l'été terminé en Alaska, ils suivent le soleil jusque dans l'hémisphère Sud afin de bénéficier de l'éclosion locale de plancton.

PROFONDEURS HIVERNALES

L'automne réduit l'ensoleillement quotidien dont bénéficient les océans tempérés, mais le phytoplancton peut encore éclore brièvement. Les premières tempêtes automnales peuvent rompre la thermocline estivale, et une injection de nutriments venus des profondeurs provoque un ultime sursaut de la part de l'écosystème marin. Mais finalement, les jours raccourcissent au point que le système n'a plus assez d'énergie, et la production première vient à s'arrêter. Les oiseaux et les phoques ont fini d'élever leurs jeunes et regagnent le large où ils passeront l'hiver à trouver leur pitance. En se dispersant, ils augmentent leurs chances de découvrir de quoi manger.

Quand l'automne cède la place à l'hiver, les tempêtes redoublent de violence et la vie dans les bas-fonds est de plus en plus difficile. De nombreux poissons et même quelques invertébrés doivent migrer dans une eau plus profonde où ils seront à l'abri des turbulences. Ainsi, les homards de l'Atlantique gagnent les bas-fonds en été pour que leurs œufs bénéficient de la chaleur, mais en hiver, il leur faut parcourir 150 km pour retrouver le calme des profondeurs. Le requin-pèlerin, qui a passé l'été dans les eaux côtières où il s'est nourri de copépodes, doit aussi partir. Pendant l'hiver, il cesse de s'alimenter et se dote de nouvelles branchiospines qui lui serviront à capturer le plancton de l'été prochain. Ceux qui ne regagnent pas les profondeurs vont se réfugier près des côtes abritées. Chaque hiver, 8 milliards de harengs pénètrent dans les fjords de Norvège, dont les falaises assurent le calme et la sécurité des eaux. Ils ne seront dérangés que par les quelques baleines tueuses venues y aventurer.

CI-DESSUS *Migration de langoustes. À la fin de l'automne, les tempêtes survenues à Bimini, aux Bahamas, refroidissent l'eau et agitent les sédiments des bas-fonds : cette mosaïque de fragments de corail, de fragments de plantes herbacées et de substrat dur déclenche la migration de dizaines de milliers de langoustes. Le champ magnétique terrestre leur sert de boussole : en file indienne pour mieux garder le contact, elles marchent vers des eaux plus profondes.*

Les bancs de harengs sont si denses que les orques ont inventé leur propre technique de chasse. Au lieu de foncer dans la masse, ils battent les bords de celle-ci de leur queue puissante. Les harengs étourdis tombent alors dans la gueule des prédateurs. Pour tous les animaux restés dans les eaux tempérées, l'hiver est une saison où ils doivent se préparer au pire et attendre les occasions qui se présenteront à eux. L'océan lui-même recharge ses batteries quand les tempêtes hivernales font remonter les nutriments dont chacun aura besoin l'année suivante.

REMONTÉES D'EAU MARINE

Les remontées apportent en surface les nutriments des profondeurs et jouent un rôle clef dans la stimulation de la productivité des bas-fonds. Les plus importantes se situent sur le littoral occidental des continents bordant les océans Indien, Pacifique et Atlantique. Là, les vents dominants soufflent vers le large et chassent les eaux de surface. Elles sont remplacées par des remontées d'eaux froides, si riches en nutriments que près de la moitié de la pêche industrielle mondiale se trouve près des courants marins ascendants.

La plus grande remontée se situe sur le littoral occidental de l'Amérique du Sud, et la pêche à l'anchois y est impressionnante. Ces poissons nourrissent aussi un grand nombre de phoques et d'oiseaux. Au large du Pérou, certaines îles sont habitées par tant de fous et de cormorans que leurs déjections sont à la base de l'industrie du guano, utilisé comme engrais. Les années où sévit El Niño (tous les trois à sept ans), les vents de terre mollissent et les remontées ne sont plus là pour apporter une eau riche en surface : l'industrie de la pêche s'effondre et des milliers d'oiseaux meurent de faim.

On observe d'autres grandes remontées le long du littoral californien, au large de la Namibie et du Sénégal (littoral occidental de l'Afrique) et sur les côtes nord-est de l'Australie.

LA VIE SUR LE PLATEAU CONTINENTAL

Comparée aux vastes étendues relativement désertiques des fonds marins, la bande étroite du plateau continental est d'une richesse inouïe. Cela tient principalement au fait que ces bas-fonds bénéficient de nutriments en nombre suffisant. Au-dessus d'un plateau continental, la mer a rarement plus de quelques centaines de mètres de profondeur et l'action des vagues peut faire remonter l'eau sur 200 m. Près du littoral, les courants de marée contribuent au mélange des nutriments et l'apport des fleuves n'est pas négligeable.

Dans les océans plus profonds, la température est assez stable mais, quand on quitte l'équateur pour les pôles, celle des bas-fonds a tendance à baisser, ce qui agit fortement sur la quantité et la diversité de la vie. C'est pourquoi le fond de la mer sous les tropiques présente un plus grand nombre et une plus grande diversité de résidents que les eaux froides des latitudes plus élevées. Un autre facteur influence la vie dans les bas-fonds : le substratum, soit rocheux soit constitué de sable et de boue.

À DROITE *Agrégat d'ophiures au large des côtes écossaises. Elles se nourrissent de la matière organique abondante dans ces eaux. Leurs bras sont équipés de pieds en forme de tube qui leur servent plus à se nourrir qu'à marcher.*

CI-CONTRE, EN HAUT *Les plumes de mer sont des coraux spécialisés pour vivre sur des fonds meubles ; leur pied bulbeux leur sert d'ancre. Elles se nourrissent du plancton qu'elles filtrent et sont mangées par les étoiles de mer.*

CI-CONTRE, EN BAS *Les dollars de sable (proches des échinodermes et des oursins violets) sur le sol sableux, au large de la côte est des États-Unis. Leurs pieds tubulaires leur permettent de se nourrir de matières organiques et de s'enfouir dans le sable. Ils sont à leur tour mangés par les poissons plats et les limule*

UN SOL MEUBLE

Le sol des plateaux continentaux est en majeure partie recouvert de sédiments et de sable. Ici les animaux ressemblent à ceux que l'on trouve sur une plage ou une slikke (partie basse et vaseuse d'un marais littoral), sans toutefois dépendre des marées – ils échappent au risque quotidien de dessiccation ou aux variations de la salinité dues aux marées. La vie est donc plus facile, plus abondante aussi. À l'exception des lits de plantes herbacées marines tropicales, les plantes et les animaux sessiles sont assez rares sur les plaines uniformes de sable ou de boue parce qu'ils n'ont nulle part où s'approvisionner. Sans plantes, la production primaire est infime. Les animaux vivent alors des détritus déposés sur le fond et nombre

LES LITS DE PLANTES HERBACÉES MARINES

Les lits de plantes herbacées marines constituent les habitats les plus productifs qu'on puisse trouver au fond de la mer. Ils sont aussi parmi les plus féconds de l'océan en général. Il n'y a que 50 espèces de plantes herbacées et la plupart se trouvent dans les régions tropicales et subtropicales. Elles sont particulièrement importantes dans les Caraïbes et les eaux indopacifiques, où elles forment des tapis verdoyants immenses et épais.

Les herbacées sont les seules plantes de l'océan à fleurir. Ce sont aussi les seules à posséder des racines qui assurent leur position dans les baies et les lagons de sable où elles s'épanouissent. Ces racines contribuent à fixer le sable tout en permettant d'extraire les nutriments du substrat (contrairement aux algues privées de racines). Toute une communauté de mangeurs de détritus et d'herbivores dépend des herbacées : oursins violets, tortues et parfois poissons-perroquets broutent les lits tandis que de nombreuses créatures minuscules vivent autour et sur leurs feuilles. Les habitants les plus impressionnants sont sans conteste le lamantin des Caraïbes et de l'Ouest africain ou le dugong (ci-dessus) de l'Indopacifique. Ces doux géants sont les seuls mammifères marins authentiquement herbivores – ils peuvent manger 85 kg de plantes herbacées en une seule journée.

d'entre eux s'enfouissent dans le sable. Des vers polychètes (annélides) comme la sabelle ou le spirographe sortent de leur trou pour collecter les détritus avec leurs tentacules. D'autres comme le couteau ou la coque se nourrissent des détritus en suspension : leur siphon attire l'eau dans leur trou et filtre ce dont ils ont besoin. D'autres encore jouent les charognards. Les crevettes agissent souvent ainsi, tandis que des oursins comme le dollar de sable se sont aplatis et dotés de piquants. Dans les eaux plus riches, le sol peut être entièrement recouvert d'ophiures telle l'étoile de mer.

La vie au fond de l'eau paraît assez lente, mais une prise de vue en accéléré révèle ce que sont vraiment ces prédateurs. Les eaux tempérées accueillent des étoiles de mer pouvant atteindre 50 cm d'envergure. Elles se déplacent grâce à leurs pieds tubulaires. Parmi les autres prédateurs, il convient de citer des poissons comme le carrelet, la sole ou la limande – leur structure corporelle tout entière s'est adaptée à la vie au fond de l'eau. Ils sont parfaitement aplatis et un œil a rejoint l'autre pour leur permettre de se cacher sous le sable et de guetter les proies de passage. Les morues chassent également ici – les deux barbules sensorielles de leur gueule les aident à déceler la nourriture déposée sur le fond. Le sol d'un plateau continental est très riche : les morues, par exemple, peuvent peser jusqu'à 80 kg et se présenter en très grand nombre – avant d'être décimées par la pêche industrielle.

CI-CONTRE *Lions de mer jouant parmi les laminaires des bas-fonds des îles du Détroit, Californie. Ils chassent le poisson et les autres créatures marines parmi ces algues immenses bien arrimées au sol rocheux.*

CI-DESSUS *Au Canada, un sillon prélittoral riche de créatures vivant à la surface des rochers : anémones vertes géantes, oursins violets ou encore étoiles de mer ocre.*

CI-CONTRE *Forêt de laminaires au large du cap de Bonne-Espérance, Afrique du Sud. Elle abrite des bancs de poissons et de plus gros prédateurs. Des créatures miniatures recouvrent les frondes.*

LES FONDS ROCHEUX

Le substrat rocheux n'est bien souvent qu'une extension de la ligne de côte, mais les communautés présentes sont riches et productives – c'est un endroit où peuvent s'implanter solidement plantes et animaux sessiles. La compétition pour l'espace est énorme : les algues ont besoin d'ensoleillement pour pratiquer la photosynthèse, et les animaux se nourrissant par filtrage recherchent les courants d'où ils peuvent extraire le plancton.

Nager le long d'une paroi rocheuse sous-marine est un des plaisirs de la plongée en eau froide. La densité de la vie et la diversité des couleurs rivalisent avec ce que l'on peut voir sur un récif corallien. Les algues flottent dans une débauche de verts et de bruns, des éponges jaune vif et des coraux rose tendre s'accrochent aux rochers, les anémones de mer rutilantes sont omniprésentes. Regardez plus attentivement et vous découvrirez la délicate structure translucide des calmars ou les couleurs vives servant de mise en garde des limaces de mer (nudibranches) prédatrices. Les forêts de laminaires sont toutefois les communautés les plus productives des fonds rocheux – et quasiment de tout l'océan.

JUNGLES SOUS-MARINES

Imaginez que vous flottez dans une forêt pluviale tropicale juste en dessous de la canopée, côtoyez les singes en train de manger et observez le nid des aigles. Vous pouvez vivre le même type d'expérience dans les forêts de laminaires des bas-fonds tempérés. Au large de la côte ouest de l'Amérique du Nord, elles poussent en telle quantité qu'on trouve par endroits de vastes forêts de ces algues brun doré atteignant parfois 60 m de haut. Quand l'eau est claire, les rayons du soleil californien illuminent les forêts sous-marines comme la nef d'une cathédrale. Chaque recoin abrite un invertébré, des bancs de poissons se cachent parmi les frondes dorées et les phoques communs nagent autour de vous.

Il existe dans le monde entier des centaines d'espèces de laminaires, toutes limitées aux eaux froides et tempérées. La laminaire géante, la plus grande du monde, peut pousser de 50 cm par jour, tandis que ses frondes atteignent 100 m de long. Alors que les récifs coralliens sont plus variés sur la partie orientale des continents, les laminaires prolifèrent surtout sur les côtes occidentales. Cela tient à ce que les courants prévalant sur le littoral occidental apportent de l'eau des régions polaires et que les laminaires adorent vivre dans des conditions plus froides. En ce qui concerne la productivité primaire, une forêt de laminaires équivaut quasiment à une forêt pluviale : comme elle, c'est un univers tridimensionnel dont chaque partie est occupée par une espèce donnée.

Les laminaires sont rattachées au substrat rocheux par des sortes de racines rappelant celles des arbres des forêts pluviales. Entre elles vivent divers types de polychètes, des petits crustacés et des ophiures. Les frondes sont entièrement recouvertes de polychètes (vers vivant dans des tubes) et de bryozoaires (animaux coloniaux proches des polypes coralliens). L'un d'eux est particulièrement malin puisqu'il se protège en s'enroulant dans une feuille de laminaire qu'il coud ensuite avec un fil de soie. Des bancs de poissons mangeurs de plancton comme le tautog noir se protègent des requins parmi les algues géantes et n'en sortent que pour manger. D'autres, comme le poisson Garibaldi à la belle couleur orangée, ne mangent que des invertébrés. Lions de mer, phoques communs et loutres de mer chassent parmi les laminaires. Même les baleines grises y font étape lorsqu'elles migrent le long des côtes de Californie.

11
les abysses

Par-delà les plages, les récifs coralliens et les bas-fonds fertiles des étroits plateaux continentaux, l'océan abyssal couvre plus de 60 % de la superficie terrestre. Il régule le climat, conditionne l'atmosphère et abrite quelques-uns des animaux les plus méconnus et les plus extraordinaires de notre planète.

CI-DESSOUS *Le plancton dérive dans l'océan : on voit ici des copépodes et des larves de crustacés (crevettes).*

CI-CONTRE *Une jeune tortue verte s'abrite dans des algues. En pleine mer, ce sont les seules cachettes avec les épaves flottantes.*

PAGES PRÉCÉDENTES *Raie manta géante filtrant du plancton.*

Un étrange silence descend sur le bathyscaphe une fois fermée la lourde écoutille. Le bruit familier des brisants, le cliquetis de la machinerie, le cri des mouettes, tout cela n'est plus. À l'intérieur du submersible, il y a tout juste de la place pour trois personnes serrées les unes contre les autres. Personne ne parle. Chacun se consacre à ses propres réflexions. Il sait qu'il va prendre part à une expédition plus dangereuse à certains égards qu'un voyage dans l'espace. Les abysses de l'océan sont froids et obscurs, la pression y est parfois 300 fois supérieure à celle que nous connaissons à la surface de la Terre. L'explorateur des profondeurs sait qu'il va se rendre dans un des habitats les moins connus de notre planète et voir peut-être des animaux nouveaux pour la science. Soudain, le silence se brise quand une énorme grue s'empare du petit bathyscaphe (moins de 8 m de long), le soulève du bateau et le dépose sur l'océan. En attendant la permission de plonger, on ne peut que se sentir tout petit et très vulnérable. La terre la plus proche est à 322 km et, en ce point, l'océan a plus de 3 km de profondeur. Il faudra plus de deux heures pour atteindre le fond marin, deux heures au cours desquelles on traverse des mondes très différents.

LA VIE EN SURFACE

Le bathyscaphe ballotte dans des eaux chaudes, bleues et lumineuses, et de nombreuses formes de vie sont visibles à travers les minuscules hublots. Des crevettes se heurtent au verre épais, des tuniciers vitreux flottent non loin, les petits poissons présentent leurs flancs argentés. Le bathyscaphe ne met que quelques minutes pour parcourir les 200 premiers mètres, mais la lumière pâlit déjà alors que vous laissez au-dessus de vous la couche productive de l'océan. Même dans les mers tropicales les plus limpides, il n'y a plus assez de lumière en dessous de 200 m pour permettre la photosynthèse.

En pleine mer, le terrain n'est pas assez ferme pour autoriser la fixation des algues et des herbacées, de sorte que les seules plantes ici présentes – à l'exception des tapis d'algues flottantes qu'on voit dans la mer des Sargasses – sont planctoniques et minuscules. Certes, leur taille est ridicule, mais leur nombre impressionnant. Le phytoplancton – terme désignant les plantes flottantes pratiquant la photosynthèse, des algues principalement – est ici en grande quantité : il produit probablement la moitié de la masse de tous les organismes

vivant sur notre planète et libère la moitié de l'oxygène de l'atmosphère. Dans les eaux côtières peu profondes, l'énergie vient d'ailleurs – les fleuves véhiculent jusqu'aux estuaires des déchets organiques qui s'éloignent ensuite du littoral. Ici, en pleine mer, l'énergie utile aux animaux vient presque exclusivement du phytoplancton en pleine photosynthèse. Il ne faut donc pas s'étonner si la quasi-totalité de la vie marine se trouve dans les couches superficielles de l'océan.

CI-DESSUS *Une cuboméduse digère lentement son repas. Elle est capable de se propulser dans l'eau et se sert de quelques-unes des toxines les plus puissantes de l'océan pour paralyser ses proies : l'injection se fait à l'aide des cellules urticantes de ses longs tentacules.*

CI-DESSUS, À GAUCHE *Des cténophores se propulsent à l'aide des soies disposées tout autour de leur corps. Ces « rames » créent des arcs-en-ciel sous l'effet de la lumière blanche d'une lampe de plongeur.*

CI-CONTRE *Une ortie de mer à la dérive. Ses tentacules constituent un piège mortel avec leurs cellules urticantes susceptibles de paralyser des petits poissons et même d'autres méduses.*

UN MONDE SANS LIMITES

Pour les animaux qui vivent en pleine mer, le monde n'a pas de frontières. Le sol est si loin que rares sont ceux qui auront un jour l'occasion de l'entrevoir. Il n'y a nulle part où s'enfouir, aucun corail à éviter, aucun endroit où se cacher. Ils passent une vie errante, en suspension dans l'élément liquide. Même si certaines parties de l'océan sont meilleures que d'autres du point de vue de la productivité, il est difficile de savoir à l'avance où la nourriture sera la plus abondante. Il y a peu de remontées fiables. Les conditions changent d'une heure à l'autre, au même titre que les courants charriant les nutriments vitaux. Les animaux sont contraints à demeurer pélagiques, à errer dans les étendues de l'océan en quête de nourriture.

Il y a deux manières d'aborder un tel mode de vie : nager ou se laisser entraîner. Les animaux planctoniques n'ont guère la possibilité de se propulser et ils se contentent de flotter avec le vent et les courants. La crevette, la méduse et même l'énorme poisson-lune mènent aussi une existence planctonique. Les animaux nectoniques (capables de nager) quant à eux peuvent se déplacer librement : il s'agit de la plupart des poissons, des calmars, des

CI-DESSUS *Chaîne de tunicates. Ces colonies dépassent parfois les 10 m de long. Les individus peuvent être identiques ou, dans certains cas, jouer des rôlesbien précis.*

CI-CONTRE *Un ange de la mer, ou ptéropode – mollusque associé aux escargots et aux limaces –, bien adapté à la vie en pleine mer. Quasi transparent pour mieux se camoufler, il possède des « ailes » délicates pour l'aider à se maintenir en place au sein de la colonne d'eau.*

mammifères marins (dauphin, baleine, phoque, etc.), des tortues, des serpents marins et même des pingouins. Tout au bas de la chaîne alimentaire planctonique, des quantités d'animaux unicellulaires – zooplancton – consomment la majeure partie du phytoplancton ; trop petits, on ne peut les prendre au filet. Ceux que l'on attrape sont plus gros, dominés par de petits crustacées, les copépodes constituant 70 % de cette catégorie de zooplancton – c'est sûrement le groupe animal le plus nombreux sur Terre. Les autres crustacés importants forment le krill. Ces sortes de crevettes pouvant atteindre 6 cm de long constituent de vastes agrégats. Le krill est très important dans l'Antarctique parce qu'il sert de nourriture aux pingouins, aux phoques et aux baleines.

Les crustacés dominent le plancton de pleine mer, mais les plus beaux animaux planctoniques sont les vagabonds transparents – tunicates, larvacées, ptéropodes, cténophores, siphonophores et méduses. Dériver à 20 m de profondeur est assez dangereux mais tellement agréable. Le courant vous porte doucement et toute une gamme de créatures transparentes passent devant vous – toutes plus belles et plus extraordinaires les unes que les autres. Un tunicier ressemble à une turbine d'avion transparente – il extraie le phytoplancton en pompant l'eau à travers un mince filet muqueux placé au centre creux de son corps. Les tuniciers peuvent être solitaires ou former de longues chaînes de plusieurs mètres de long. Les ptéropodes sont de beaux escargots bien adaptés à la vie marine. Leur pied a pris la forme de deux « ailes » transparentes lui permettant de flotter et lui donnant l'air d'un ange de la mer. Une larvacée flotte dans une « maison » faite de mucus. Grâce à sa queue, elle attire l'eau sur des filtres muqueux capables de retenir le minuscule phytoplancton. Certaines larvacées sécrètent autour de leur corps un filet muqueux pouvant s'étendre sur 2 m. Quand les filtres d'une maison sont engorgés, la larvacée s'en débarrasse et se reconstruit une nouvelle maison en quelques minutes.

De nombreux prédateurs planctoniques dérivent aussi dans l'océan. Les plus gros sont les siphonophores, des colonies de polypes pouvant mesurer plusieurs mètres de long. Chose fascinante, chaque membre d'une colonie a un rôle différent. Certains forment des flotteurs gazeux permettant de maintenir la colonie tout près de la surface. D'autres laissent pendre dans l'eau de longs tentacules pourvus de cellules mortelles. Le siphonophore le plus connu est certainement la galère portugaise, autrement appelée physalie, avec son flotteur gazeux parfois long de 30 cm. Emporté par le vent, le flotteur dérive et entraîne la physalie et ses cellules.

Le corps arrondi d'une méduse, ou cloche, limite ses capacités à nager de sorte que, la plupart du temps, elle est portée par le vent et le courant comme les autres planctons. Les méduses présentant les plus grosses cloches font partie des animaux marins les plus dangereux – c'est le cas de la méduse à crinière de lion dont la cloche peut atteindre 2,4 m de diamètre. Grosse comme une tête humaine, la cuboméduse a des tentacules de 2 m de long dont les cellules contiennent une puissante toxine. Elle provoque une douleur immédiate et extrême ; la mort par crise cardiaque peut survenir en quelques minutes.

De toutes les tueuses transparentes qui dérivent dans l'océan, les plus belles sont certainement les cténophores (ou cténaires). Elles tirent leur nom des cils disposés le long de leur corps pour leur donner une manœuvrabilité limitée. Dans la lumière blanche des phares du bathyscaphe, leurs rangées de rames clignent comme des arcs-en-ciel avant de disparaître dans l'obscurité.

CI-DESSUS *Le cachalot est un des plus gros prédateurs de l'océan. Ce mammifère détient un record de plongée : il peut en effet attraper des calmars à 2 000 m de profondeur.*

CI-CONTRE *Un requin mako parfaitement caréné. C'est le plus rapide de tous les requins, puisqu'il est même capable d'attraper des marlins.*

Les créatures de l'océan capables de contrôler leurs mouvements forment le necton, bien moins abondant que le plancton, mais elles incluent les animaux marins les plus gros et les plus spectaculaires. Le necton est pratiquement toujours carnivore ; on trouve parmi celui qui mange du plancton de petits poissons comme le hareng, l'anchois et la sardine, susceptibles de se présenter en bancs énormes. On a ainsi vu un banc de harengs occuper 4,5 millions de m^3. Les prédateurs du plancton plus solitaires comptent dans leurs rangs le plus grand poisson du monde, le requin blanc (jusqu'à 14 m de long) et la raie manta, dont les ailes peuvent atteindre 5 m d'envergure. Ces deux géants sont conçus pour se déplacer à l'économie en quête de plancton. Au sommet de la chaîne alimentaire planctonique, on trouve les baleines vraies (dotées de fanons), qui parcourent d'énormes distances pour trouver leur nourriture. Ces mammifères ont perdu tous leurs poils et leur forme profilée quasi parfaite réduit la pression de l'eau.

Cependant, la majeure partie du necton ne consomme pas de plancton. La chaîne alimentaire est assez classique : les petits poissons sont mangés par des poissons plus gros, lesquels sont à leur tour mangés par des poissons plus gros encore. Parmi ceux-ci, les istiophoridés et les thons. Ces « bolides » de l'océan sont merveilleusement profilés et bour-

rés de muscles leur permettant de parcourir de grandes distances à toute allure. Les baleines et les requins sont tout au bout de cette chaîne alimentaire. Le cachalot est le plus gros cétacé consommateur de necton ; il peut plonger à de grandes profondeurs pour trouver des calmars géants (plus de 10 m de long). Les baleines tueuses sont des dauphins très intelligents qui capturent des poissons, des pingouins ou des phoques et chassent parfois de concert pour traquer des rorquals deux fois plus gros qu'eux. Le mako, le requin le plus rapide de l'océan, s'en prend à de gros istiophoridés comme le marlin et le voilier.

Tous les animaux occupant les couches superficielles de l'océan, du minuscule plancton à la grande baleine bleue, doivent résoudre deux problèmes propres à cet habitat. En premier lieu, ils doivent s'assurer de pouvoir rester près de la surface. La nourriture se trouve principalement dans cette strate chaude et ensoleillée, mais ce n'est pas tout : avec la profondeur, l'eau refroidit et le taux d'oxygène chute, rendant la vie plus difficile. Comme les cellules et tissus animaux sont plus denses que l'eau, les créatures du grand large doivent faire des efforts constants pour continuer à flotter. La pression a bouleversé leur mode de vie ainsi que la forme de leur corps. Le second défi consiste à trouver sa nourriture dans un environnement changeant et imprévisible : il n'y a pas d'autre solution que mener une vie errante et chercher en permanence de quoi manger.

COMMENT NE PAS COULER

Les animaux de l'océan ont adopté deux grandes stratégies pour éviter de couler au fond de l'océan. Ils peuvent augmenter leur surface de contact avec l'eau ou renforcer leur flottabilité. Les minuscules animaux planctoniques ont un avantage certain car leur petite taille leur apporte une surface de contact proportionnellement plus grande. Des

épines et des projections leur permettent de renforcer cette situation. Cela explique pourquoi les larves des animaux vivant au fond – homards et étoiles de mer par exemple – sont hérissées de toutes parts : elles sont conçues pour flotter près de la surface et être dispersées par les vents et les courants. Le seul insecte de l'océan recourt à une technique du même ordre. Le patineur d'eau (ou gerris) a des pattes effilées et se sert de la tension de surface de l'eau pour « patiner » sur celle-ci. La vaste cloche de la méduse est pareille à un parachute qui augmente la surface de contact. Les longues chaînes de tuniciers ou de siphonophores ralentissent également leur chute. Parfois les tuniciers vont encore plus loin en formant des cercles plats plus efficaces.

Les lipides – huiles et graisses – sont plus légers que l'eau, et un grand nombre d'animaux marins en stockent pour mieux flotter ; la plupart des œufs de poissons contiennent des gouttes de lipides leur permettant de surnager et d'être mieux dispersés. Le foie de nombreux requins et thons est dilaté pour contenir des huiles. Dans le cas des mammifères marins à sang chaud comme les baleines et les phoques, l'épaisse couche de graisse disposée sous la peau aide à flotter tout en renforçant l'isolation. On peut aussi flotter en emprisonnant de l'air. Même les minuscules bactéries du plancton cachent des poches d'air dans leur cellule unique. Toujours selon le même principe, la vessie natatoire des poissons contribue à leur flottabilité. Comme les flotteurs des plongeurs, elle doit sans cesse être réajustée en fonction de la profondeur atteinte par le poisson. La technique est cependant assez lente à mettre en œuvre. Les prédateurs dynamiques comme le requin doivent plonger très vite derrière leur proie et leur vessie natatoire est peu développée ; en revanche, leur foie dilaté les aide à rester en surface.

CACHE-CACHE

Dans l'immensité de l'océan, il n'y a pas d'endroit où se cacher et aucun terrain de chasse dont on puisse être certain à l'avance. Pas de fond sableux où s'enfouir, de laminaires aux frondes protectrices, de récif corallien permettant de s'embusquer ni de bas-fonds giboyeux. Proies et prédateurs participent à une partie de cache-cache terriblement exigeante, puisque les règles changent tous les jours. Les proies doivent trouver le moyen de se mettre à l'abri dans un monde où rien n'est cloisonné et les prédateurs faire preuve d'endurance et de minutie pour fouiller d'immenses territoires.

Les couches superficielles sont bien éclairées et de nombreux animaux ont de grands yeux très efficaces – même le zooplancton. En revanche, la turbidité de l'eau limite la visibilité, même dans les mers tropicales les plus claires. Les dauphins qui chassent en bande ont cependant appris à jaillir hors de l'eau pour mieux voir, repérer les endroits où les oiseaux plongent et peut-être se signaler les sites les plus prometteurs.

L'eau transmet bien les vibrations et il convient de s'y montrer sensible. La plupart des poissons ont, le long du corps, une ligne latérale particulièrement adaptée. Ces lignes permettent aux voiliers et marlins (istiophoridés) de repérer depuis la surface des poissons blessés ou aux proies de réagir à la dernière minute quand survient un prédateur. Elles servent aussi à coordonner les mouvements des bancs. De même que les étourneaux forment des groupes très denses pour échapper aux oiseaux de proie, bien des petits poissons constituent des bancs circulaires géants où des centaines de milliers d'individus empruntent simultanément la même direction.

Adoptée par de nombreux animaux planctoniques dont les méduses et même les escargots, la transparence est une autre façon de se cacher. Pour un necton chez qui les muscles sont obligatoires, c'est une chose impossible. D'autres poissons jouent sur les couleurs. Ils peuvent avoir le dos bleu foncé et le ventre blanc argenté. Vus d'en haut, ils disparaissent dans l'obscurité des profondeurs et, vus d'en dessous, la lumière scintillante de la surface les rend difficiles à distinguer. La meilleure façon de disparaître échoit toutefois aux poissons volants. Chassés par un thon ou un voilier, ils accélèrent, crèvent la surface et ouvrent leurs nageoires pectorales effilées. Une fois portés par ces « ailes », ils battent de la queue pour augmenter leur vitesse et, par vent favorable, parviennent à « voler » sur une centaine de mètres, assez pour échapper aux prédateurs.

CI-DESSUS *Le dessin à la surface de l'eau est produit par la queue du poisson, particulièrement développée qu'il agite pour obtenir une puissance supplémentaire. Cela lui permet de « voler » sur une distance pouvant atteindre 100 mètres, afin d'échapper aux prédateurs.*

CI-CONTRE *Le comportement rarement observé du requin-baleine. En position presque verticale, près de la surface, le requin est entouré d'un essaim de minuscules poissons s'abritant derrière lui pour éviter les thons affamés.*

Records de vitesse

Les poissons de mer les plus rapides et les plus spectaculaires sont les thons et les istiophoridés. La mâchoire supérieure de chacune des 11 espèces d'istiophoridés forme un éperon osseux pouvant atteindre 1 m de long. Le marlin bleu est le plus gros de tous (jusqu'à 900 kg), alors que le plus rapide est le voilier (jusqu'à 110 km à l'heure).

Excellents sprinteurs, les thons et les istiophoridés parcourent aussi de longues distances. Un thon rouge marqué et relâché au large du Japon fut repris en Basse-Californie, Mexique, à 11 000 km de là. Un autre traversa l'Atlantique en 119 jours, soit une moyenne de 69 km par jour en ligne droite (sans compter la distance parcourue pour trouver la nourriture).

Ces poissons font preuve de vitesse et d'endurance grâce à la forme quasi parfaite de leur corps mince et compact, la plupart du temps dépourvu d'écailles. Les yeux non protubérants sont recouverts de paupières transparentes. Les nageoires raides et étroites disparaissent dans des sillons le long du corps pour ne pas nuire au carénage. Le rôle exact de leur bec est encore mystérieux, mais il les aide certainement à se propulser dans l'eau. De nombreux thons et istiophoridés présentent aussi une arête ventrale et de petites nageoires caudales destinées à écarter l'eau de leur corps pour en réduire la pression – une méthode chère aux concepteurs d'avions supersoniques.

Le carénage est important, mais la propulsion l'est tout autant. Ces poissons ont une queue haute et large, courbée vers l'arrière, pour que le minimum d'effort produise le maximum de propulsion. Les muscles sont riches en myoglobine, qui stocke l'oxygène et renforce l'endurance. Un muscle est au mieux de sa forme quand il est chaud mais, dans les eaux froides de l'océan, les poissons perdent à travers leur peau la chaleur générée par leur musculation.

Les thons et les voiliers ont résolu ce problème : chez eux, les veines froides sont parallèles aux artères chaudes. Le sang veineux est ainsi réchauffé quand il revient au cœur. Les espadons qui chassent dans les eaux froides et profondes ont, derrière les yeux et le cerveau, des muscles spécialement réchauffés pour que ces organes vitaux demeurent le plus actifs possible. Le thon bleu est devenu un animal à sang chaud au point que, dans une eau à 7 °C, sa température peut dépasser les 25 °C. Il peut ainsi s'aventurer dans les eaux tempérées froides riches en vie, contrairement aux autres thons, limités aux eaux tropicales chaudes mais moins productives.

CI-DESSUS *Un thon bleu austral, bâti pour la vitesse et l'endurance. Pour perfectionner son profil, ses nageoires raides et étroites peuvent se dissimuler dans des sillons disposés le long du corps.*

À GAUCHE *Un marlin bleu – le plus gros des 11 espèces d'istiophoridés, puisqu'il peut peser jusqu'à 900 kg.*

CI-CONTRE *Un voilier à la dorsale déployée. Pendant la chasse et peut-être la parade nuptiale, les voiliers ne cessent de relever et de rabattre leur impressionnante nageoire dorsale. Ce faisant, ils peuvent rapidement changer de couleur, passant du bleu au noir le plus sombre.*

VOYAGE DANS LES PROFONDEURS

CI-CONTRE, EN HAUT *La méduse Octophialucium funerarium (6 cm de long) est quasiment transparente et pourvue d'une cloche semi-rigide. Les points blancs disposés sur les canaux irradiant de son boyau central sont ses gonades. Les tentacules ont été rétractés ou mis à l'abri, comme cela se passe parfois.*

CI-CONTRE, EN BAS *Le petit calmar Heteroteuthis dispar vit dans la zone crépusculaire comme l'indiquent ses gros yeux. Menacé par un gros prédateur, il projette un nuage de liquide lumineux.*

Le bathyscaphe ne passe que quelques minutes en surface. C'est aussi bien car, même par temps calme, il brinqueballe en tout sens et vous fait regretter de vous y être embarqué. Une fois donnée la permission de plonger, le pilote laisse l'eau entrer dans les ballasts. Vous voici parti pour un voyage de deux heures vers le fond de l'océan. L'environnement s'assombrit à toute allure, même lorsqu'on plonge dans des eaux tropicales. En quelques minutes, on atteint les 150 m de profondeur : pour l'œil humain, la lumière a quasiment disparu. Vous avez quitté la zone photique, cette couche superficielle où réside la vie, pour rejoindre les abysses.

Les profondeurs de l'océan constituent de loin le plus vaste habitat terrestre – en volume, il représente 80 % de l'espace dont la vie dispose sur notre planète, alors que la terre ferme ne compte que pour 5 %. Pour l'instant, nous n'avons encore exploré qu'un centième de cette immensité. Les fosses océaniques sont la dernière vraie frontière.

La pression de l'eau constitue l'obstacle majeur à l'exploration. En surface, nous subissons une pression d'une atmosphère (1 kg par cm^2). Tous les 10 m, la pression augmente d'une atmosphère. La plupart des plongeurs ne peuvent ainsi descendre plus bas que 30 m ; les plus expérimentés ne demeurent pas plus de 4 minutes à – 50 m.

On ne peut affronter la pression qu'en empruntant un submersible. La plupart ne peuvent toutefois pas aller en dessous des 500 m. La pression y est 50 fois supérieure à celle en surface et les gros sous-marins, conçus pour emporter des hommes et des armes, ne résisteraient pas. Notre bathyscaphe est, heureusement, plus petit. Trois passagers s'entassent dans une sphère de 3 m de diamètre. Les parois de 5 cm d'épaisseur sont faites d'acier et de titane, tandis que le verre des minuscules hublots a 18 cm d'épaisseur. Notre bâtiment peut descendre à 6 000 m. Même si 60 % des océans atteignent 1,6 km de profondeur, il existe dans le monde à peine 10 bathyscaphes susceptibles de plonger aussi bas. On comprend pourquoi il reste tant à explorer.

LA ZONE CRÉPUSCULAIRE

Vous regardez à travers les hublots et constatez que vers 150 m de profondeur, la lumière a quasiment disparu – un peu plus bas tout de même dans les eaux tropicales. La strate d'océan qui descend jusqu'à 1 000 m porte le nom de zone crépusculaire. Quasiment aucune plante ne pousse ici et la température extérieure ne dépasse pas 5 °C. Même à l'intérieur du bathyscaphe, il fait froid.

Vers 500 m, l'oxygène est au minimum. Le peu de gaz venu de la surface sert aux rares animaux qui vivent ici et il n'y a pas de plantes pour pratiquer la photosynthèse.

Il nous faut nous couvrir et recourir aux bonbonnes à oxygène. Le froid, le manque de lumière et d'oxygène et la pression accrue rendent ce milieu inhospitalier. Les rares animaux qui s'aventurent jusqu'ici sont particulièrement bien adaptés. La seule tortue capable de plonger aussi profond est la tortue luth. À la différence des autres tortues marines, elle a une carapace souple susceptible de résister aux variations de pression, mais ne peut malgré tout rester plus de 10 minutes à 500 m de profondeur.

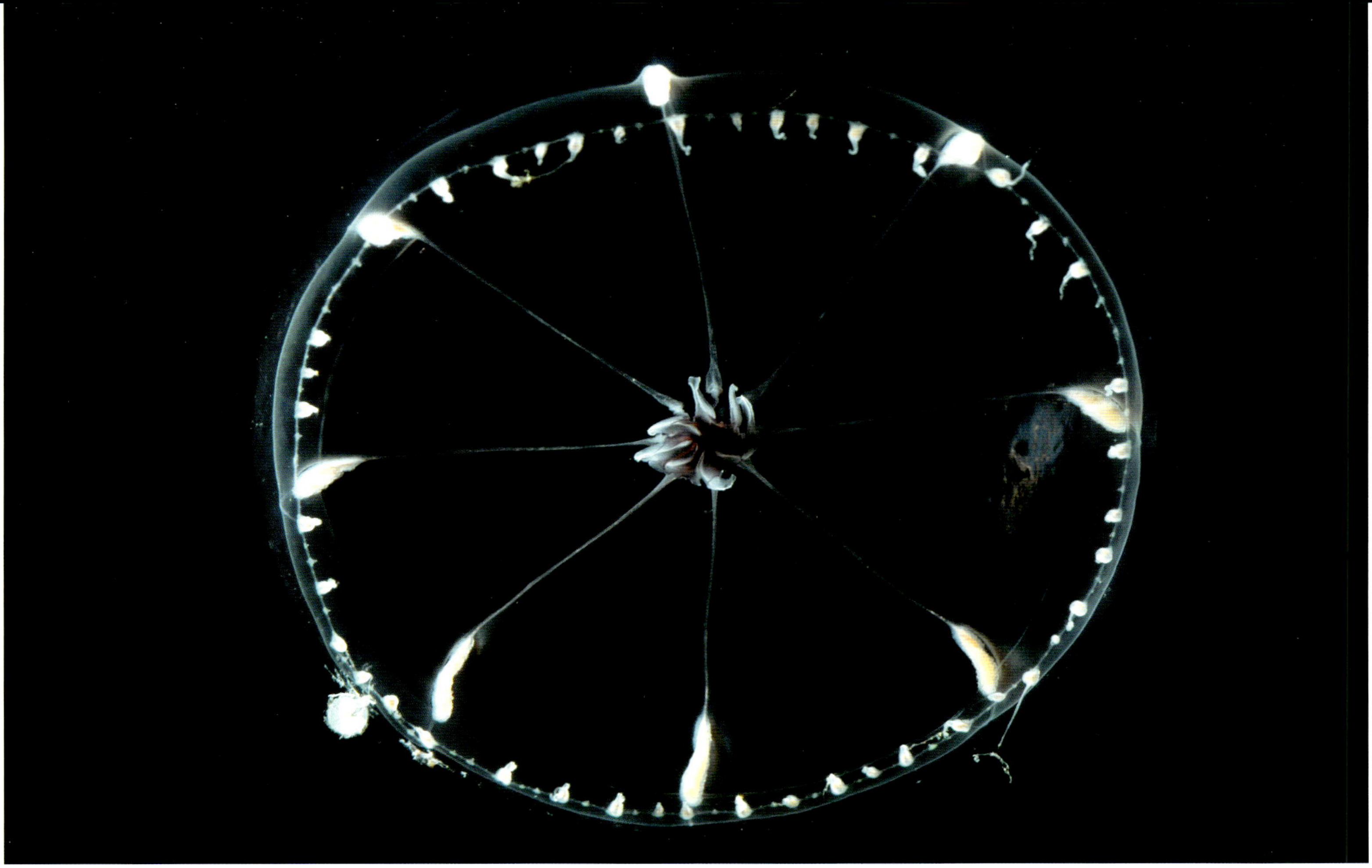

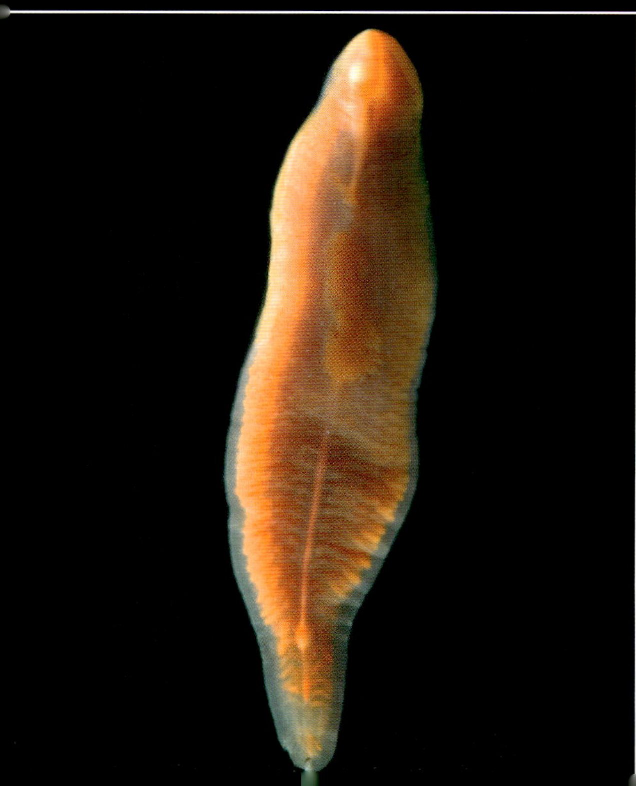

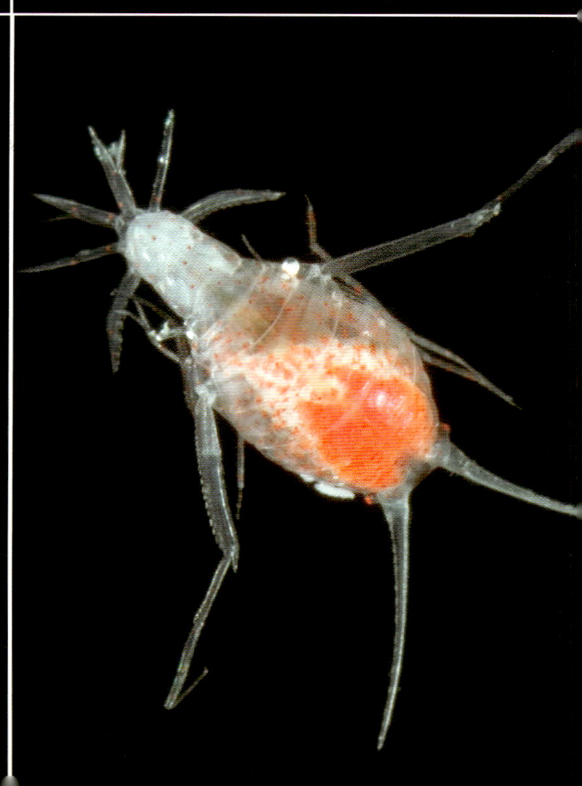

L'espadon peut atteindre 500 kg. Ses yeux immenses lui permettent de voir dans l'obscurité, mais il ne peut pas plonger au-delà de la couche présentant le minimum d'oxygène.

Parmi les champions de plongée, il faut citer l'éléphant de mer, capable de passer 2 heures à 1 500 m. Une couche épaisse de graisse l'aide à maintenir sa température et son sang en grande quantité lui fournit l'oxygène nécessaire. Il lui faut tout de même ralentir au maximum son métabolisme – en plongée, son cœur ne bat que six fois à la minute.

Pour les résidents permanents de la zone crépusculaire, le problème numéro un est celui du manque de nourriture. Seuls 20 % de l'énergie fixée dans la couche photique descend à de telles profondeurs. On trouve donc bien moins d'animaux qu'en surface, et encore sont-ils plus petits. En revanche, leur aspect est des plus féroces. Le poisson-vipère mérite bien son nom, avec ses innombrables dents pareilles à des aiguilles, trop longues pour rentrer dans sa bouche au point de lui remonter jusqu'aux yeux. Comme tant d'autres habitants de cette zone, il économise de l'énergie en attendant que ses proies se présentent à lui. Il peut faire le délicat et ses mâchoires extensibles lui permettent d'attraper des proies assez volumineuses.

La partie de cache-cache qui se déroule en surface est encore plus âprement disputée ici. Les prédateurs ont besoin d'une vue excellente. *Dolichopteryx*, par exemple, a des yeux énormes, aussi gros que la moitié de sa tête, alors que *Benthalbella* a des yeux tubulaires. Ces yeux remarquables sont très sensibles mais également capables de déterminer la taille de la proie.

Le peu de lumière vient de la surface, et de nombreux animaux ont les yeux tournés vers le haut. Le calmar *Histioteuthis* a un gros œil et un petit : on pense qu'il se place dans l'eau de telle sorte que le gros œil décèle la silhouette des proies illuminées par la pâle lumière venue d'en haut.

Les prédateurs font tout pour repérer leurs proies, mais celles-ci font également tout pour leur échapper. Petit et très aplati, le poisson-hachette ressemble à un timbre argenté. Son corps agit comme un miroir quand on le voit de côté – il renvoie toute la lumière venue de la surface et devient quasiment invisible. Vu d'en dessous, il est assez mince pour être comme inexistant. Pour renforcer son invisibilité, il se dote de cellules productrices de lumière, ou photophores, changeant de couleur selon l'intensité de la lumière, même quand le Soleil brille très haut dans le ciel. D'autres résidents de la zone crépusculaire – poissons, crevettes ou calmars – recourent également aux photophores pour créer un contre-jour qui dissimule leur silhouette.

UNE MIGRATION SPECTACULAIRE

Les animaux de la zone crépusculaire se contentent bien souvent d'attendre qu'une proie passe à leur portée. Ceux qui ne sont pas des prédateurs se nourrissent des détritus tombés des couches superficielles de l'océan. C'est le cas de la plupart du plancton, principalement des copépodes et du krill, qui mangent les excréments et les cadavres des habitants de la surface. Certains résidents présentent une tout autre stratégie. Chaque nuit, ils remontent de plusieurs centaines de mètres vers les bas-fonds riches en nourriture de la

CI-CONTRE, EN HAUT, DE GAUCHE À DROITE
Bolinopsis – *un cténophore lobé. Ce chasseur actif nage grâce à ses plaques semblables à des peignes, mais il peut aussi gonfler ses lobes et se propulser. Il mesure jusqu'à 15 cm de long et se nourrit principalement de copépodes qu'il introduit dans sa bouche à l'aide de ses lobes extensibles.*

Les couleurs arc-en-ciel d'une groseille de mer sont le fait du battement des cils disposés le long de son corps. Malgré sa beauté, ce redoutable prédateur se sert de deux longs tentacules collants pour capturer sa proie.

Méduse pélagique – une des nombreuses races de méduses, tunicaires et cténophores à interagir au sein d'une chaîne alimentaire complexe. Prédateurs et proies vivent dans un monde sans limites.

AU MILIEU, DE GAUCHE À DROITE
Un poisson-vipère. Les prédateurs crépusculaires ont souvent de grandes dents – ils mangent si rarement qu'ils doivent pouvoir attraper des proies de n'importe quelle taille.

Un poisson-hachette. Son flanc plat et argenté fait office de miroir – un camouflage parfait dans la zone crépusculaire.

EN BAS, DE GAUCHE À DROITE
Un nemertine. On trouve la plupart des vers dans les sédiments des fonds marins, mais cette espèce vit entre deux eaux.
Gigantocypris – *le plus gros ostracode connu, de la taille d'un petit pois. Les deux disques dorés sont ses yeux très sensibles ; ses antennes lui servent de pagaies. Il peut se rétracter à l'intérieur de sa « coquille ».*
Lanceola – *cet amphipode (cousin des crevettes) bioluminescent accompagne souvent les méduses. Dans la zone crépusculaire, sa couleur rouge s'assombrit et l'aide à se camoufler.*

CI-DESSUS *Cyclothone exhibant ses dents pareilles à des aiguilles. Les cyclothones font partie des poissons les plus nombreux de la zone crépusculaire. Chaque nuit, ils parcourent de grandes distances en quête de nourriture.*

zone photique. Seul problème, ces eaux superficielles regorgent aussi de prédateurs. L'échelle de cette migration quotidienne est proprement hallucinante – des millions et des millions de tonnes d'animaux –, laissant loin derrière les déplacements des gnous ou des oiseaux. Cela va de l'infime zooplancton ne parcourant pas plus de quelques dizaines de mètres aux poissons faisant chaque nuit un aller et retour de 1 000 m. C'est le cas des cyclothones (une espèce donnée, *Cyclothone signata*, est certainement la plus abondante des océans du globe) et des poissons-lanternes. De 5 à 15 cm de long, ils ont de grands yeux et des muscles robustes leur permettant de parcourir de longs trajets. Ils sont si nombreux que, lorsque le sonar fut mis en service pendant la dernière guerre, l'écho émis par leur vessie natatoire fit croire à tort que le son était renvoyé par le fond de la mer.

LA ZONE OBSCURE

Après une demi-heure de descente progressive, le bathyscaphe franchit la barre des 1 000 m. Noire comme de l'encre, l'eau n'est plus qu'à 2 °C. Nous sommes entrés dans la zone obscure. La pression est cent fois supérieure à celle exercée sur la surface et aucune lumière ne parvient jusqu'ici. Le pilote a coupé les projecteurs pour économiser de l'énergie mais, s'il les rallumait, vous auriez la chance d'entrevoir quelques formes de vie.

Ce vaste espace – trois quarts de l'eau de notre planète – abrite des animaux étranges comme la baudroie. Ces monstres portent des noms appropriés – poisson-grenouille ou chauve-souris des mers, par exemple. Ici, les créatures sont noires, mais le rouge foncé procure un camouflage tout aussi efficace – de nombreuses crevettes sont couleur rouge sang. Certaines baudroies abyssales ne mesurent que quelques centimètres de long. Elles se contentent d'attendre que leur proie passe à proximité de sorte qu'elles ont peu de muscles et des vessies natatoires inopérantes (aucun animal de la zone obscure n'effectue de migration verticale vers la zone photique : elle est trop éloignée et les variations de pression sont trop grandes). Toutes les baudroies sont pourvues d'une gueule énorme et d'un estomac extensible leur permettant de dévorer des proies de toutes tailles.

La vue est peu utile dans le noir, et les baudroies ont de tout petits yeux. En revanche, elles sont très sensibles aux vibrations et leur corps peut s'hérisser de sortes

BIOLUMINESCENCE

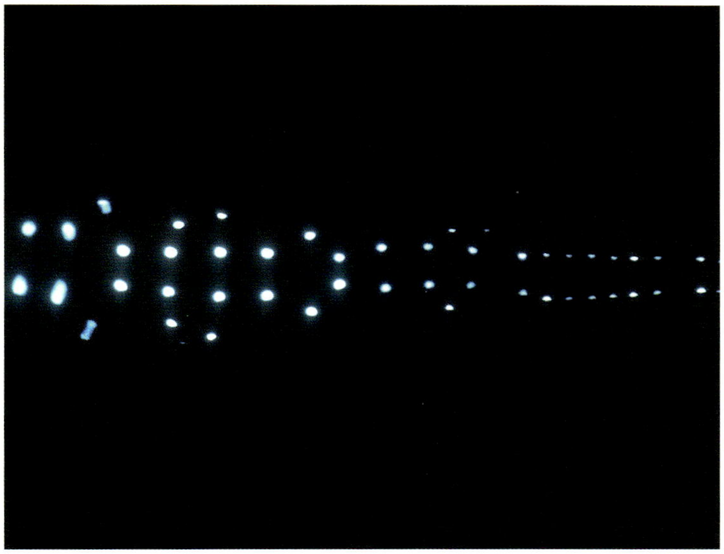

On sait aujourd'hui que près de 90 % des animaux vivant dans les profondeurs produisent leur propre lumière. La bioluminescence est due à une réaction chimique au cours de laquelle une substance appelée luciférine est oxydée (brûlée) grâce à un catalyseur nommé luciférase. La plupart des créatures émettent une lumière bleue qui pénètre bien l'eau, mais on a observé une luminescence jaune, verte et même rouge. Ses finalités sont multiples.

La baudroie recourt à la bioluminescence pour attirer ses proies, mais celles-ci peuvent s'en servir pour leurrer leurs prédateurs. La méduse *Atolla* illumine son corps comme un feu d'artifice lorsqu'elle est attaquée. Certains copépodes des profondeurs projettent loin de leur corps de petites quantités de bioluminescence pour confondre leurs prédateurs : ceux-ci poursuivent les lueurs mystérieuses et les copépodes en profitent pour s'enfuir. Dans la zone crépusculaire, toutes sortes d'animaux (comme le poisson-lanterne ci-dessus) produisent de la bioluminescence à l'aide d'organes appelés photophores. Soigneusement disposés sur leur corps, ils apportent à la fois camouflage et contre-jour. Certains photophores permettent de surmonter un obstacle de taille – trouver un compagnon ; les diverses espèces et les sexes opposés produisent des lumières différentes pour attirer le bon partenaire.

CI-CONTRE, EN HAUT, DE GAUCHE À DROITE *Un pycnogonide (araignée de mer) pouvant atteindre 30 cm d'envergure. Ses gonades sont sur ses pattes et il aspire sa nourriture par son énorme trompe en forme de tête.*

Une pieuvre surnommée Dumbo à cause de ses « paupières » semblables à des oreilles. Ces rabats de peau et ceux qu'elle porte entre les pattes l'aident à se déplacer lentement et à économiser son énergie.

CI-CONTRE, AU MILIEU, DE GAUCHE À DROITE *Aphyonus gelatinosa – poisson rosâtre, semi-transparent et quasi aveugle recouvert d'une couche gélatineuse. Il serait vivipare.*

Neocyttus helgae – on le trouve sur les plateaux continentaux vers 1 000 m de profondeur. Ses gros yeux lui servent probablement à repérer la bioluminescence.

CI-CONTRE, EN BAS, DE GAUCHE À DROITE *À 1 800 m de profondeur, un gros grenadier guette sa proie.*

Petite créature vermiforme découverte dans les sédiments. Elle se nourrit de neige marine – ensemble des détritus venus d'en haut. Les scientifiques estiment à au moins un million les petites créatures tapies dans les abysses.

d'antennes capables de repérer le moindre mouvement. Les baudroies ont une méthode de capture très originale. Le premier rayon de leur nageoire dorsale prend la forme d'une « canne à pêche » qu'elles agitent devant leur gueule démesurée. À l'extrémité de ce leurre vivent des bactéries symbiotiques créatrices de bioluminescence. Les proies sont évidemment attirées par la lumière avant d'être dévorées. Chaque type de baudroie a une « canne à pêche » qui lui est propre : elle peut être quatre ou cinq fois plus longue que son corps ou suspendue à son palais, entre ses dents redoutables.

LE FOND DE LA MER

Au bout de deux heures, le bathyscaphe s'approche lentement de son but. Le pilote n'a toujours pas rallumé les projecteurs, mais le sonar signale le contour du fond rocheux. Dans notre sphère minuscule, il fait de plus en plus froid et le pilote russe sort son arme secrète : des bottes en fourrure de mouton de Sibérie. Nous sommes à 3 000 m de profondeur et la température est inférieure à 2 °C. La pression est 300 fois supérieure à celle en surface. Le moindre trou dans la coque et nous serions morts en un instant.

Les phares s'allument à quelques mètres du fond. L'eau est limpide et l'on peut voir à 50 ou 60 m, mais on ne découvre quasiment rien. Les abysses sont si vastes et notre bathyscaphe si petit que notre exploration est aussi futile que celle d'un astronaute scrutant la face cachée de la Lune à l'aide d'une torche.

Au premier abord, le fond de la mer n'a rien de passionnant. Il apparaît boueux, plat, mort. Un examen plus minutieux nous révélera cependant des signes de vie animale sous la forme de traces laissées sur les sédiments. Elles sont souvent dues aux concombres de mer, de gros échinodermes blancs dont le nom décrit bien la forme. Les concombres de mer sont les aspirateurs des fonds marins : ils aspirent le sable d'un côté, extraient les bactéries et les algues qu'ils y trouvent et rejettent le sable traité sous forme d'excréments. Très nombreux, ils constitueraient 95 % de la biomasse des fonds abyssaux. Parmi les autres échinodermes communs, on trouve les ophiures et les oursins violets, qui se présentent sous des formes et des tailles très diverses. Ils sont habituellement solitaires, mais peuvent se présenter en groupes, très certainement pour se reproduire.

La nourriture explique aussi les grands rassemblements animaux. Deux pour cent seulement de l'énergie de la couche photique parviennent jusqu'ici. Les morceaux de choix sont revenus aux créatures vivant plus près de la surface, et les animaux benthiques (ceux qui vivent au fond) doivent se contenter de la neige marine – particules de cadavres et d'excréments venues d'en haut.

À l'occasion, la carcasse d'un gros poisson ou d'un mammifère marin arrive intacte – nombre d'animaux benthiques sont adaptés à ce genre de régime alimentaire. C'en est fini des délicats migrants verticaux de la zone crépusculaire ou encore des monstres étranges de la zone obscure. Ici les poissons sont grands et musclés, avec une longue queue et une grosse tête. Le grenadier (ou rat) en est un bon exemple. Avec son étonnante tête triangulaire abritant toute une batterie de cellules sensorielles, il ressemble à un gros têtard et peut parcourir lentement de grandes distances, à l'affût de ses proies potentielles.

CI-DESSUS *Lophius piscatorius, une baudroie (lotte) de plus d'un mètre de long en train d'avaler un poisson. Elle est posée sur le fond de la mer, tout près du système d'éclairage automatique du bathyscaphe. Dans l'obscurité des abysses, ses yeux lui permettent de détecter la bioluminescence et le mouvement – leur système sensoriel est extrêmement développé.*

CHEMINÉES VOLCANIQUES

Le bathyscaphe avance à vitesse réduite, et les contours du paysage changent sous nos yeux. Une pente prononcée se présente devant nous. Le lit de sédiments est remplacé par un ensemble de rochers pareil à un chou-fleur géant. C'est, sans le moindre doute, un environnement volcanique, et nous passons au-dessus de kilomètres d'une lave étonnamment fraîche. Le silence étrange des abysses est rompu – nous percevons au loin un grondement rappelant celui d'une usine. Des tourbillons de fumée dérivent dans l'eau. Et soudain se dresse devant nous une cheminée massive, bien plus haute que notre bâtiment.

Une fumée noirâtre s'échappe de son sommet et la brume de chaleur indique que la température de l'eau a considérablement augmenté en cet endroit. À l'aide d'un des bras manipulateurs du bathyscaphe, notre pilote place un thermomètre dans l'eau que crache la cheminée : 375 °C, plus encore que du plomb en fusion – de quoi endommager sérieusement notre submersible. Nous sommes arrivés devant un de ces légendaires fumeurs noirs, une de ces cheminées volcaniques qu'on trouve tout au long des crêtes médio-océaniques. Les chaînes médio-océaniques sont les plus grosses structures géologiques de notre planète (45 000 km de long). C'est là que se renouvelle le fond marin quand la lave en fusion jaillit de la croûte terrestre pour constituer des montagnes – elles peuvent atteindre 3,2 km de haut et former des crêtes de 80 km de large. On a trouvé des fumeurs noirs sur pratiquement toutes les chaînes médio-océaniques du monde, mais elles ne nous sont connues que depuis 1977. Cette année-là, des géologues en plongée au-dessus de la crête du Pacifique oriental, au large des Galápagos, virent des cheminées actives pour la première fois.

La découverte géologique était de taille, mais les biologistes allaient être plus surpris encore. Le bathyscaphe quitte l'ouverture de la cheminée pour redescendre le long de sa pente, parfois aussi haute qu'un building de 16 étages. C'est alors une explosion de vie. Dans le Pacifique oriental, elle est dominée par de gros amas de vers tubicoles blancs pouvant mesurer 2 m de haut. À leur sommet, de délicats plumets rouge vif se balancent mollement au gré des courants chauds.

Entre ces spirographes, on décèle toute une variété de crevettes, berniques, amphipodes et surprenants poissons roses. Au pied de la cheminée, d'épais lits de moules sont recouverts de polychètes blancs qui passent délicatement au crible les particules alimentaires de l'eau. La vie abonde encore, même lorsque le bathyscaphe s'éloigne de la cheminée, et l'on peut voir des palourdes larges comme des assiettes.

Les biologistes venus voir les cheminées hydrothermales des Galápagos eurent du mal à croire qu'une vie aussi dense – autant que sur les plus riches récifs coralliens – pouvait exister dans la nuit absolue des fonds marins. La photosynthèse y est de toute évidence impossible et la seule neige marine ne peut fournir l'énergie nécessaire au système. On finit par découvrir que cet écosystème complexe dépendait exclusivement de bactéries spécialisées, capables de fixer l'énergie du sulfure d'hydrogène déversé par les

CI-DESSOUS *Une image très rare de Lophius piscatorius en train de nager. Sa « canne à pêche » est repliée sur sa tête. Cette baudroie passe la majeure partie de son temps enfouie dans les sédiments : l'extrémité bioluminescente de son leurre s'agite en permanence au-dessus de son énorme gueule.*

CI-DESSUS *Vers tubicoles du type Riftia posés sur un fumeur. Leurs branchies rouges apportent du dioxyde de carbone, de l'oxygène et des sulfures aux bactéries vivant dans leur tube – ils sont transformés en matériaux organiques puis échangés contre des substances chimiques.*

CI-DESSUS, À DROITE *Un vers du type Alvinella pompejana posé près de l'ouverture d'une cheminée hydrothermale. Il doit son nom – « vers de Pompéi » – à sa capacité à survivre à des températures pouvant atteindre les 80 °C.*

CI-CONTRE, EN HAUT *Communauté corallienne des profondeurs (1 600 m environ) sur le mont Davidson, volcan sous-marin inactif au large de la Californie. Plusieurs espèces sont éclairées par le bathyscaphe – éponges jaunes, ophiures ou encore corail « chewing-gum ».*

cheminées. Les géologues savent aujourd'hui qu'il existe des cheminées hydrothermales sur toutes les crêtes médio-océaniques qu'ils ont explorées. Situées à des milliers de kilomètres les unes des autres, elles ont toutes développé leur propre écosystème en fixant l'énergie tirée des sulfures. Plus fascinants encore, ces écosystèmes semblables se sont chacun dotés d'animaux uniques. Les *Neolithodes* (page 305, en bas), ces crabes géants pouvant mesurer jusqu'à 1 m de diamètre vivent à 1 800 m de profondeur au large du golfe du Mexique. Leurs piquants les protègent des prédateurs et leur couleur est typique de nombreux animaux des abysses – aucune lumière ne pénètre ce milieu et un animal rouge a un aspect noir, ce qui lui donne un camouflage idéal.

À ce jour, nous n'avons visité que la centième partie du fond des mers – 300 millions de km² attendent encore notre venue – et tout indique que des écosystèmes inédits nous réserveront les plus grandes surprises.

INDEX

Les chiffres en italique renvoient aux illustrations

Cet ouvrage accompagne le film, *Un Jour sur Terre*, diffusé en France par la Gaumont en 2007, et la série télévisée originale de la BBC, *Planet Earth* diffusée pour la première fois en Angleterre en 2006.

Édition originale, 2006
BBC Books

Éditeur : Shirley Patton
Responsable du projet : Rosamund Kidman Cox
Conception graphique : Bobby Birchall, DW Design
Iconographie : Laura Barwick
Production : David Brimble

Édition française
© Flammarion, 2007
87, quai Panhard et Levassor
75647 Paris Cedex 13

ISBN : 2080116363
Dépôt légal : octobre 2007

Adaptation : Cécile Degorce
Traduction : Jacques Guiod
Relecture : Nathalie Sawmy

Imprimé et relié en Italie
par Printer Trento srl

ÉQUIPE DE PRODUCTION
Susan Aartse-Tuyn
Penny Allen
Justin Anderson
Vanessa Berlowitz
Lesley Bishop
Mark Brownlow
Andy Byatt
Huw Cordey
Dave Cox
Samantha Davis
Alastair Fothergill
Tom Hugh-Jones
Amanda Hutchinson
Kathryn Jeffs
Jonny Keeling
Mandy Knight
Mark Linfield
Conrad Maufe
Emma Peace
Joanna Verity
Sarah Wade
Martin Whatley
Jeff Wilson
Lisa Wilson

ÉQUIPE PHOTOGRAPHIQUE
Doug Allan
Doug Anderson
David Baillie
Barrie Britton
Keith Brust
Gordon Buchanan
Richard Burton
Simon Carroll
Rod Clarke
Martyn Colbeck
Steve Downer
Goran Ehlme
Justine Evans
Wade Fairley
Tom Fitz
Rob Franklin
Ted Giffords
Jeff Hogan
Mike Holding
Michael Kelem
Simon King
Richard Kirby
Peter Kragh
Ian McCarthy
Alastair MacEwen
David McKay
Mike Madden
Justin Maguire
Michael Male
Henry Mix
Shane Moore
Toshihiro Muta
Gavin Newman
Didier Noirot
Matt Norman
Ben Osborne
Haroldo Palo Jr
Mark Payne-Gill
Andrew Penniket
Mike Potts
Adam Ravetch
David Reichert
Mike Richards
Rick Rosenthal
Peter Scoones
Tim Shepherd
Andrew Shillabeer
Warwick Sloss
Mark Smith
Colin Stafford Johnson
Paul Stewart
Gavin Thurston
Jeff Turner
Nick Turner
John Waters
Mark Wolf

ASSISTANTS
Karel Allard
Glen Allen
Stan Allison
Reza Azmi
Claire Baker
Paul Beilstein
Ralph Bower
Paul Brehem
Milo Burcham
Tom Chapman
Tom Clarke
Dan Eatherley
Andy Eavis
Tim Fogg
Joel Heath
Chris Hendrickson
Daniel Huertas
Chadden Hunter
Richard Jones
Noah Kadlak Kartike
Jean Krecja
Huw Lewis
Paul Lickte
John Lucas
Trevor Lucas
Rob McCall
Gil Malamud
Nisar Malik
Frederique Olivier
Anatoly Petrov
Jason Roberts
Juan Romero
Graham Springer
Raj Suwal
Joanna van Gruisen
Josh Westerhold
Emilio White
Greg Winston
Paul Zakora

PRODUCTION
Alison Brown-Humes
Tom Clarke
George Chan
Sharmila Choudhury
Sue Flood
Anne McCarthy
Anna Mike
Hugh Miller
Jo Morton
Sue Storey
Nick Smith-Baker
Amy Young

POST-PRODUCTION
Ruth Berrington
Miles Hall
Jennifer Silverman

MUSIQUE
George Fenton
BBC Concert Orchestra
Sam Watts

MONTAGE IMAGE
Andrew Chastney
Tim Coope
Martin Elsbury
Jill Garrett
Stuart Napier
Andy Netley
Jo Payne
Dave Pearce

MONTAGE SON
Kate Hopkins
Tim Owens

MIXAGE
Graham Wild
Andrew Wilson

COLORISTE
Luke Rainey

GRAPHISME
Burrell Durrant Hifle
Tim Brade
Nick Brooks
Steve Burrell
Carys Hull

IMAGES EN LIGNE
Chas Francis
Steve Olive

REMERCIEMENTS

Le film et la série télévisée qui accompagnent ce livre sont le fruit d'un formidable travail d'équipe. Les auteurs du livre (producteurs de la série) sont extrêmement reconnaissants aux équipes de production, post-production et technique pour leur talent, leur dévouement et leur détermination. Le résultat des efforts déployés sur cette aventure d'exception n'apparaît pas seulement à l'écran mais aussi dans ces pages. Les histoires qu'ils ont dénichées et les voyages qu'ils ont entrepris sont à l'origine d'une grande partie du texte et nombre de leurs images exceptionnelles viennent illustrer ce livre.

Les noms cités ici ne constituent toutefois que la partie émergée de l'iceberg. Il a fallu quatre années pour réaliser *Un Jour sur Terre* et le tournage s'est effectué sur 200 sites répartis dans le monde entier. En tout lieu nous avons reçu une aide très précieuse. Le JAMSTEC (organisme japonais pour la recherche abyssale) nous a permis d'utiliser son bathyscaphe pour filmer des cheminées hydrothermales à 2 000 m de profondeur. La Australian Arctic Division a accueilli pendant un an notre équipe de télévision afin qu'elle passe l'hiver en compagnie des manchots empereurs. L'armée de l'air du Népal nous a emmenés au-dessus de l'Everest et les pilotes d'hélicoptère des forces aériennes du Pakistan nous ont conduits au cœur du massif du Karakoram.

Nous n'aurions pas trouvé l'insaisissable léopard des neiges sans l'aide des traqueurs pakistanais. C'est grâce aux connaissances d'un expert local que nous avons pu approcher les chameaux de Bactriane. Les peuplades des forêts de Papouasie-Nouvelle-Guinée nous ont autorisé à pénétrer sur leurs terres pour filmer les oiseaux de paradis. La liste serait très longue. Tout autour du monde, un grand nombre de personnes – scientifiques ou pisteurs, pilotes ou correspondants locaux – nous ont aimablement consacré leur temps et leur savoir. Les auteurs de ce livre les remercient de tout ce qu'ils ont fait.

Enfin nous aimerions remercier Shirley Patton chez BBC Books d'avoir commandité ce livre, Roz Kidman Cox, notre éditeur, Laura Barwick, notre documentariste, et le maquettiste Bobby Birchall pour le temps et l'énergie qu'ils ont mis dans ce projet.

CRÉDITS PHOTOGRAPHIQUES

1 NASA-BDH / BBC-Planet Earth ; **2-3** NASA-BDH / BBC-Planet Earth ; **4-5 en haut, de gauche à droite** : Jorma Luhta / naturepl.com ; NASA-BDH / BBC-Planet Earth ; David Tipling / naturepl.com ; AFLO / naturepl.com ; **4-5 au milieu, de gauche à droite** : Anup Shah / naturepl.com ; Richard du Toit ; David Noton ; Tim Laman / National Geographic Image Collection ; **4-5 en bas, de gauche à droite** : Peter Scoones; Christian Ziegler ; Chris Newbert / Minden Pictures ; Howard Hall ; **7** Adam Gibbs ; **8-9** National Geographic Collection ; **10-11** NASA-BDH / BBC-Planet Earth ; **12** AFLO / naturepl.com ;**13** Doug Perrine / naturepl.com ; **14-15** Martyn Colbeck; **16** Tom Murphy / National Geographic Image Collection; **17** Randy Morse / SeaPics.com ; **18** StockTrek / Getty Images ; **19** Ben Osborne / BBC-Planet Earth ; **20** Fred Bavandam / Minden Pictures; **21** Frans Lanting ; **22** NASA-BDH / BBC-Planet Earth ; **23** Ben Osborne / BBC-Planet Earth ; **24-25** NASA-BDH / BBC-Planet Earth ; **26-27** Milo Burcham; **28** Alan James / naturepl.com; **29** Fred Olivier ; **30** Doug Allan & Sue Flood ; **31** Stephen Dalton / NHPA ; **32-33 en haut** Pal Hermansen ; **32-33 en bas** David Tipling / naturepl.com ; **34** Pete Oxford / naturepl.com ; **35** Kevin Schafer / SeaPics.com ; **36-37** Pal Hermansen ; **38** Simon King / naturepl.com ; **39** Norbert Wu / Minden Pictures / FLPA; **40-41** Fred Olivier ; **42** Gerald Lacz / FLPA ; **43 en haut** Kevin Schafer ; **43 en bas** Tui de Roy / Minden Pictures/FLPA ; **44-45** Jason C Roberts ; **46-47** Jan Vermeer ; **48** Tim Voorheis / SplashdownDirect.com ; **49** John KB Ford / Ursus / SeaPics.com ; **50 de haut en bas** : Winifred Wisniewski / FLPA ; Kevin Schafer ; M Watson / Ardea.co.uk ; Pal Hermansen ; **51** Pal Hermansen ; **52-53** Kevin Schafer ; **54-55** BBC-NHU ; **56** Michio Hoshino / Minden Pictures / FLP ; **57 en haut** Sue Flood & Doug Allan ; **57 en bas** Frans Lanting / Minden Pictures / FLPA ; **58** Sue Flood / naturepl.com; **59** Fred Olivier; **60-61** Doug Allan / naturepl.com; **62-63 en haut** AFLO / naturepl.com; **62-63 en bas** Xi Zhi Nong / naturepl.com ; **64** Adam Gibbs ; **65** Thorsten Mills; **66** Jorma Luhta / naturepl.com; **67** Carr Clifon / Minden Pictures ; **68** Tom Clarke ; **69 à gauche** Michael S Quinton / National Geographic Image Collection ; **69 à droite** Dietmar Nill / naturepl.com ; **70** Paul Nicklen / National Geographic Image Collection ; **71 en haut** Michio Hoshino / Minden Pictures ; **71 en bas** John Goodrich / WCS ; **72-73** NASA-BDH / BBC-Planet Earth ; **74 de haut en bas** : David Noton ; AFLO / naturepl.com ; David Noton ; **76 en haut** Mark Linfield ; **67-67** Tom Clarke; **78** Tim Fitzharris ; **79** Angela Bird / naturepl.com ; **80** Mark Moffet / Minden Pictures ; **81** Gerry Ellis / Minden Pictures ; **82 à gauche** Art Wolfe ; **82 à droite** Paul Schermeister / National Geographic Image Collection ; **83 à gauche** DCI / Martin Klimek ; **83 à droite** Penny Allen ; **84 de haut en bas** BBC-NHU; **85** Tui de Roy / Minden Pictures; **86 en haut, de gauche à droite** BBC-NHU ; **87 en bas** Toshiji Fukuda ; **88** Art Wolfe ; **89** Toby Sinclair / naturepl.com ; **90-91 en haut** Jim Brandenburg / Minden Pictures / FLPA ; **90-91 en bas** Anup Shah / naturepl.com ; **92** Milo Burcham ; **93** Ben Osborne / BBC-Planet Earth ; **94** Chris Hendrickson ; **95** Chris Hendrickson ; **96 en haut** BBC-NHU ; **96 en bas** Art Wolfe ; **97** Michio Hoshino / Minden Pictures ; **98** Richard du Toi ; **99** Shin Yoshino / Minden Pictures; **100 à gauche** Jim Brandenberg / Minden Pictures ; **100 à droite** Bruce Davidson / naturepl.com ; **101 à gauche** Richard du Toit / naturepl.com ; **101 à droite** Igor Shiplenok / naturepl.com; **102-103** Joanna van Gruisen ; **104-105** Milo Burcham ; **106 en haut** Ian McCarthy ; **106 en bas** Art Wolfe ; **107** Gerry Ellis / Minden Pictures ; **108-109** Mitsuaki Iwago / Minden Pictures ; **110** BBC-NHU ; **111** Ben Osborne / BBC-Planet Earth ; **112 en haut, de gauche à droite** BBC-NHU ; **112 en haut** Ben Osborne / BBC-Planet Earth ; **113 en haut** Ben Osborne / BBC-Planet Earth ; **114** Anthony Bannister / NHPA ; **115 en haut** Art Wolfe ; **115 en haut** Tim Fitzharris ; **116-117 en haut** M&P Fogden ; **116-117 en haut** Tony Heald / naturepl.com ; **118 en haut** Rhonda Klevansky / naturepl.com ; **118 en bas** Huw Cordey ; **119** NASA-BDH / BBC-Planet Earth ; **120 de haut en bas** BBC-NHU ; **121** Altitude / Yann Arthus-Bertrand ; **122** Altitude / Yann Arthus-Bertrand ; **123** Tom Hugh-Jones ; **124-125** NASA-BDH / BBC-Planet Earth ; **126** Dan Rees / naturepl.com; **127** M&P Fogden ; **128-129** BBC-NHU ; **130 de gauche à droite** John Cancalosi / naturepl.com ; **131** Jeff Foott / naturepl.com ; **132 à gauche** M&P Fogden ; **132 à droite** Nigel J Dennis / NHPA ; **133 à gauche** Tim Fitzharris ; **133 à droite** Tim Fitzharris ; **134 de gauche à droite** M&P Fogden ; **135** Henry M Mix ; **137** Richard du Toit ; **138** M&P Fogden ; **139** Rolf Nussbaumer / naturepl.com ; **140** BBC-NHU ; **141** Paul Brehem ; **142-143 en haut** David Noton ; **142-143 en bas** Chadden Hunter ; **144** Altitude / Yann Arthus-Bertrand ; **145** Martyn Colbeck ; **146** Elio Della Ferrera / naturepl.com ; **147** Ingo Arndt / naturepl.com ; **148-149** Colin Monteath / Hedgehog House / Minden Pictures ; **150-151** NASA-BDH / BBC-Planet Earth ; **152** Konrad Wothe ; **153** Jeff Turner ; **154** BBC-NHU ; **155 à gauche** Sumio Harada / Minden Pictures ; **155 à droite** Art Wolfe ; **156** Colin Monteath / Minden Pictures / FLPA ; **157** Jeff Wilson ; **158-159** Martyn Colbeck ; **159** NASA-BDH / BBC-Planet Earth ; **160-161** NASA-BDH / BBC-Planet Earth ; **163** Jeff Wilson ; **164** Jeff Wilson ; **165** BBC-NHU; **166** Xi Zhi Nong / naturepl.com ; **167 de haut en bas** BBC-NHU ; **168** N.Shigeta / The Yomiuri Shimbun ; **170-171 en haut** D Brown / PanStock / Panoramic Images / NGSImages.com ; **170-171 en bas** Tim Laman / National Geographic Image Collection ; **172** Frans Lanting / Minden Pictures / FLPA ; **173** Huw Cordey ; **174** DCI / Ed Carreon ; **175** Kevin Downey; **176** BBC-NHU ; **177** Alastair Shay / osf.co.uk ; **178** Bruce Means; **179 en haut** M&P Fogden ; **179 en bas** Francis Furlong / SAL / osf.co.uk ; **180 à gauche** Dennis Belliveau ; **180 à droite** BBC-NHU ; **181** Kenneth Ingham ; **182** Jean-Paul Ferrero / Ardea.co.uk ; **183** BBC-NHU; **184 de gauche à droite** Kevin Downey ; **185 de gauche à droite** Gavin Newman ; **186 de gauche à droite et au centre** Kevin Downey ; **186 en haut à droite** Gavin Newman ; **186 au milieu de gauche à droite** Kevin Downey ; **186 en bas, de gauche à droite** Kevin Downey ; **188** Stephen Alvarez / National Geographic Image Collection ; **189** Gavin Newman ; **190-191** Kevin Downey ; **192** Kevin Downey ; **193** Gavin Newman ; **194-195** Chauvet / Brunel / Hillaire ; **196-197 en haut** Kevin Schafer ; **196-7 en bas** Peter Scoones ; **198** Mark Brownlow ; **199** Mark Brownlow ; **200** David Hosking / FLPA ; **201 en haut** Peter Scoones ; **201 en bas** BBC-NHU ; **202** Michio Hoshino / Minden Pictures ; **203 en haut** Brandon Cole ; **203 en bas** Chris Huss / SeaPics.com ; **204** NASA-BDH / BBC-Planet Earth ; **205 en haut** BBC-NHU ; **205 en bas** Anup Shah / naturepl.com ; **206** Anup Shah; **207** NASA-BDH / BBC-Planet Earth ; **208 en haut** NASA-BDH / BBC-Planet Earth ; **208 en bas** Mark Brownlow ; **209 de haut en bas** Ad Konnings ; **210 à gauche** Konrad Wothe / Minden Pictures / FLPA ; **210 à droite, de haut en bas** BBC-NHU ; **211 à gauche** Didier Noirot ; **211 à droite** Mark Brownlow ; **212 en haut** Tony Martin ; **212 en bas** Pete Oxford / naturepl.com ; **213** Frans Lanting ; **214** Sergio Brant Rocha ; **215** Suthep Kritsanavarin / OnAsia.com ; **216 en bas** Peter Scoones ; **216-217** Pete Oxford / naturepl.com ; **218 de gauche à droite** Peter Scoones ; **219** Michel Loup ; **220** Mark Brownlow ; **221** Doug Wechsler / naturepl.com ; **222-223** NASA-BDH / BBC-Planet Earth ; **224-225 de haut en bas** Christian Ziegler ; **226** Nick Garbutt; **227** M&P Fogden ; **228** Christian Ziegler ; **229** Christian Ziegler ; **230** Christian Ziegler ; **231 en haut** Luiz Claudio Marigo / naturepl.com; **231 en bas** Martin Wendler / NHPA ; **232-233** NASA-BDH / BBC-Planet Earth ; **234** Christian Ziegler ; **235 en haut** M&P Fogden ; **235 en bas** Pete Oxford / naturepl.com ; **236 à gauche** M&P Fogden ; **236 à droite** Tim Laman / National Geographic Image Collection ; **237** M&P Fogden; **239 de haut en bas** Christian Ziegler ; **240** Christian Ziegler ; **241 à gauche** Christian Ziegler ; **241 à droite** Staffan Widstrand / naturepl.com ; **242** Christian Ziegler ; **243** Christian Ziegler ; **244 en haut à gauche** M&P Fogden ; **244 en bas à gauche** Christian Ziegler ; **244 à droite** Tim Laman / National Geographic Image Collection ; **245** Christian Ziegler ; **246** Barrie Britton ; **247 à gauche** BBC-NHU ; **247 à droite** Barrie Britton ; **248** Tim Laman / National Geographic Image Collection ; **249** Kevin Schafer ; **250** Nick Gordon / osf.co.uk ; **251** Christian Ziegler ; **252-253 en haut** Todd Pusser / naturepl.com ; **252-253 en bas** Chris Newbert / Minden Pictures ; **254** Kenneth D Knezick ; **255** Doug Allan & Sue Flood ; **256** Chris Newbert / Minden Pictures ; **257 en haut** Fred Bavendam / Minden Pictures ; **257 en bas** Kenneth D Knezick ; **258-259** Chris Newbert / Minden Pictures ; **259 en bas** Didier Noirot ; **260** Fred Bavendam / Minden Pictures ; **261** Adam White / naturepl.com ; **262-263** Peter Scoones ; **264-265** Altitude / Yann Arthus-Bertrand ; **265 en haut** Georgette Douwma ; **266** Jurgen Freund ; **267 en haut** Bill Curtsinger / National Geographic Image Collection ; **267 en bas** Sam Abel / National Geographic Image Collection ; **268** Richard Herrmann / SeaPics.com ; **269** Fred Bavendam / Minden Pictures ; **270** Ben Osborne ;**271** Masa Ushioda / CoolwaterPhoto.com ; **272-273** Doug Perrine / SeaPics.com ; **274** Dan Burton / naturepl.com ; **275 de haut en bas** Fred Bavendam / Minden Pictures ; **276** Norbert Wu / Minden Pictures ; **277** Jurgen Freund / naturepl.com ; **278** Brandon Cole ; **279** Doug Perrine / SeaPics.com ; **280-281 en haut** Norbert Rosing / National Geographic Image Collection; **280-281 en bas** Howard Hall ; **282** Peter Parks / imagequestmarine.com; **283** Mark Conlin / SeaPics.com ; **284** David Wrobel / SeaPics.com ; **285 à gauche** Peter Parks /imagequestmarine.com ; **285 à droite** Paul A Sutherland / SeaPics.com ; **286** Phillip Colla / SeaPics.com ; **287** Peter Parks / imagequestmarine.com ; **288-289** Francis Gohier / Ardea.co.uk ; **289** David B Fleetham / SeaPics.com ; **290** BBC-NHU ; **291** David B Fleetham / SeaPics.com ; **292** Doug Perrine / SeaPics.com ; **293 à gauche** Masa Ushioda / SeaPics.com ; **293 à droite** Mike Parry / Minden Pictures ; **295 de haut en bas** David Shale / naturepl.com ; **296 en haut à gauche** David Shale / naturepl.com ; **en haut au centre** David Shale / naturepl.com ; **296 en haut à droite** Ingo Arndt / naturepl.com ; **296 au milieu de gauche à droite** Peter Herring / imagequestmarine.com ; **296 en bas de gauche à droite** David Shale / naturepl.com ; **298** David Shale / naturepl.com ; **299** Peter Herring / imagequestmarine.com ; **301 en haut de gauche à droite** David Shale / naturepl.com ; **301 au milieu de gauche à droite** David Shale / naturepl.com ; **301 en bas à gauche** BBC-NHU ; **301 en bas à droite** David Shale / naturepl.com ; **302** Ian Hudson / Serpent Project ; **303** Ian Hudson / Serpent Project ; **304 à gauche** image courtesy of University of Washington ; **304 à droite** Peter Batson / imagequestmarine.com ; **305 en haut et en bas** BBC-NHU ; **310-311** Daniel Gomez / SplashdownDirect.com